The Theory of Credit Enhancement

增信原理 (第二版)

——CDS 究竟是个什么鬼？

王祚君◎著

立信会计出版社
LIXIN ACCOUNTING PUBLISHING HOUSE

图书在版编目(CIP)数据

增信原理/王祚君著. —2 版. —上海:立信会计出版社,2017.12

ISBN 978 - 7 - 5429 - 5641 - 5

Ⅰ.①增⋯ Ⅱ.①王⋯ Ⅲ.①企业信用—信用衍生产品—研究 Ⅳ.①F830.95

中国版本图书馆 CIP 数据核字(2017)第 298179 号

责任编辑　　戎其玉　余　榕
封面设计　　南房间

增信原理(第二版)

Zengxin Yuanli

出版发行	立信会计出版社

地　　址	上海市中山西路 2230 号	邮政编码	200235
电　　话	(021)64411389	传　真	(021)64411325
网　　址	www.lixinaph.com	电子邮箱	lxaph@sh163.net
网上书店	www.shlx.net	电　话	(021)64411071
经　　销	各地新华书店		

印　　刷	上海天地海设计印刷有限公司		
开　　本	787 毫米×1092 毫米	1/16	
印　　张	19.75	插　页	2
字　　数	333 千字		
版　　次	2017 年 12 月第 2 版		
印　　次	2017 年 12 月第 1 次		
书　　号	ISBN 978 - 7 - 5429 - 5641 - 5/F		
定　　价	88.00 元		

如有印订差错,请与本社联系调换

序

信用增级，或曰增信，是 20 世纪 70 年代国际金融市场上最为重要的创新之一。增信，简言之，涉及转移、减少信用风险，可以稳定资本市场或有利于投资者。增信是一种对固定收益产品（FIS）的资产收益和信用风险进行分离与重组的技术或工具。作为金融创新工具，增信是以（担保）机构信用和（资本）市场信用为基础的。

增信基本原理是，高信用等级者将其信用出售给低信用等级者，或者低信用等级者将其信用风险/风险资产让渡给高信用等级者，从而使低信用等级者获得同高信用等级者一样的信用，降低风险和融资成本。低信用等级者包括 FIS 及其发行人、融资者；高信用等级者，包括增信产品和增信机构。出售、让渡不仅涉及担保、买卖等资产转移的不同法律概念，还涉及资产转移的定价及其定价管理。

并非所有 FIS 及其发行人、融资者都需要增信。例如,短期债券,无论其信用等级高低与否都没有必要增信。又如,工商银行的 1 年期债券如果增信,则属于浪费;垃圾债券如果增信,则增信风险太大。两者都会产生不必要的增信成本。有的增信对象属于选择性的,例如 1～3 年期债券,无论债券信用等级高低与否,还是财务透明度高的增信对象,都将依据债券持有人的风险偏好选择增信,这是因为增信对象未来风险走向不够明朗所致;有的增信对象应该属于法定的,例如 3 年期或 5 年期以上的债券,无论债券信用等级高或低,还是财务透明度高或低,都将依据法律规定进行增信,这是因为增信对象具有确定的未来风险,比如银行存款法定保险制度。引伸一下,5 年期以上的债券或长期的"钢贸债"在 10 年前都是高信用等级债券,大家觉得增信没有必要。但是,到最近几年,"钢贸债"却成为信用违约的代名词。也就是说,接收存款(长期 FIS)的商业银行都需法定增信,那么有什么理由不对发行长期债券的一般企业进行法定增信,特别是那些财务透明度不高的央企、地方国资或地方政府融资平台。可惜在"债转股"行政干预下,"钢贸债"并未有效教育中国资本市场及其投资者。

自 1973 年黄金与美元脱钩以后,美国开创了主体信用或者主体增信时代。虽然在 20 世纪最后 30 年里,美国增信机构的金融担保业务总量达到 1 万亿美元,但在 20 世纪末最后几年,随着主体信用让位于市场信用,产品增信迅速取代机构增信。2008 年美国金融危机前,CDS 名义总值达到 63 万亿美元之巨。CDS 的迅速崛起,特别有赖于 2000 年美国世通公司倒闭案对资本市场及其投资者的极好教育。启于但不止于 CDS 的增信产品及其增信衍生产品,广受青睐的原因在于:①增信产品不再以增信机构信用(资本金及其 10 倍杠杆率),而是以增信产品通过市场交易所产生的市场信用进行增信,在不增加额外增信资本的条件下最有效地满足了 FIS 市场规模化发展的需求;②增信产品是以市场信用为基础的产品增信,应该具有比主体增信机构增信具有更高的信用等级,是超越一般意义上的、更为高级的信用等级。因此,信评机构也就无法以主体评级或 FIS 评级的方法和手段对其进行评级,如同股票无需评级一样,而且因增信产品所增信的 FIS 同样也应获得最高信用等级。从这个意义上讲,增信产品是信评机构控制资本市场的终结者。

国际清算银行曾将金融创新分为四种类型:风险转移创新、流动性提高创新、信用创造创新和权益增加创新。应该说,增信产品 CDS 及其未来的创新增信产品,都具有这四种类型的创新功能,并与我们以前了解的股票、证券投资基金、债券、存款及其资产证券化产品不同,甚至完全相反。经过 2008 年美国金融危机的重大考验,CDS 作为增信产品在全球资本市场上日趋成熟。2016 年 9 月底,中国银行间债券交易商协会正式引进 CDS,正式认可 CRMW,这足以证明中国正在推动"产品增信取代机构增信"这一历史潮流。

但是，无论 CDS 还是 CRMW，都属于选择增信。并且，CDS、CRMW 作为选择性增信产品，并未改变增信对象的信用等级，也因产品单一性而无法克服随机违约率，也就无法说明自身的信用等级。然而，中国现存的 FIS 市场却有 2/3 属于法定增信，难以适用 CDS，如果没有创新增信产品，信用评级难免受制于三大国际评级机构。同时，未来将要启动的"一带一路"熊猫债也属于法定增信，同样也罢脱不了三大国际评级机构的制约与庞大的评级成本，甚至有碍于实现"一带一路"和人民币国际化这两大国家战略。因此，了解增信原理，创新增信产品，以适应中国特色的 FIS 市场和新时代的国家战略，王祚君先生撰写的《增信原理》一书出版，可谓恰逢其时。

《增信原理》全书约 30 万字，分为 16 章，包括了基本原理、法律结构、市场基础、增信载体、增信定价及其定价管理等内容。作者把增信从信用风险理论中独立出来，自成一体，独树一帜。它不仅总结了美国从金融担保的机构增信过渡到 CDS 的产品增信这一历史演变和历史进步，而且根据增信原理，倡议创设符合中国特色社会主义市场经济所需要的创新增信产品及其增信衍生产品，可为推动"一带一路"和人民币国际化这两大国家战略作出积极贡献。

黄泽民

2017 年 10 月

前言

因 2005 年有幸参与中国证监会的企业资产证券化业务（ABS）规则的起草工作，笔者开始对增信工具进行关注，并于 2006 年年底前参与了商业银行对 ABS 首批试行业务中的 5 个具体增信协议的起草、制定工作，至此中国增信的历史帷幕拉开了。当时认为，在中国只有商业银行才有资格成为 ABS 的增信机构。但是中国银监会为了防范商业银行的业务风险，于 2006 年年底下文禁止商业银行对 ABS 进行增信，于是增信问题始终萦绕于脑海。

由于商业银行被禁止参与增信业务，2006 年笔者考察了保险业务与增信业务的相似性，看到美国保险机构也参与增信业务后，认为可以建立以保险公司为增信机构的中国式增信制度。于是，笔者 2007 年在"中国证券报"上第一个呼吁建立中国增信制度。但后来又逐渐认识到，不仅大型保险机构参与增信存在诸多问题，而且在信用违约风险随机概率化条件下，所有机构（主体）增信都存在巨大风险。

2008 年下半年,笔者与天津市政府合作,希望通过设立固定收益产品交易平台(地方金融债权交易所),推出增信产品。在进一步探索美国增信制度后,笔者发现,增信经历了实物增信(黄金与美元挂钩制度)、主体增信(金融担保制度)和产品增信(CDS 交易制度)三个历史阶段。实物增信属于货币学范围;主体增信已经在 20 世纪末完成历史使命;而产品增信虽然经历了 2008 年美国金融危机的严峻挑战,却仍然生机勃勃。尽管天津设立了中国第一家地方金融资产交易所,却与中国第一个增信产品失之交臂。

2009 年年底,中国成立了第一家增信公司——中债信用增进投资股份有限公司(下称"中债增信"),它于 2010 年推出了中国第一个增信产品——信用风险缓释凭证(CRMW),它是中国式 CDS 的规制产品或权证型增信产品,属于投资增信类型。中债增信推出 CRMW,完全有利于改善中国商业银行及其他金融机构的资产质量,但是由于中国利率市场化深度不够,使得 CRMW 效果不佳,进展缓慢。

2013 年,中国证监会专门设立了债券部门,希望扩大中国证交所的债券(FIS)市场规模。当时中国证交所的 FIS 市场规模不足 1 万亿元人民币,其主要产品是公司债。ABS 却因禁止商业银行增信于 2007 年年中停止发行。尽管 2013 年中国证监会正在重启 ABS 发行工作,但产品风险仍然制约着发行进程。

2016 年 9 月底,中国银行间市场交易商协会正式认可 CRMW,并将其制度化后推向中国银行间债券交易市场。与此同时,我国正式认可并引进美国的 CDS,也将其推向中国银行间债券交易市场。自此,中国增信制度完成了从主体增信阶段向产品增信阶段的过渡。

由于中国资本市场与美国的不同,一方面,中国利率市场化深度不够,CDS/CRMW 的功效无法正常发挥;另一方面,中国央企、地方国资与融资平台的 FIS,所占中国 FIS 市场比例高达 60%以上,总量可达百万亿元人民币,但均属于融资增信类型,并不适合投资增信类型的增信产品(CDS/CRMW)。

更重要的是,习近平主席提出的"一带一路"思想已经上升为中国最重要的国家战略。"一带一路"项目融资及其沿途国家融资在未来二三十年内将高达百万亿元人民币,为中国带来了如第二次世界大战后美国"欧洲复兴计划"的历史机遇;人民币国际化虽然日趋成熟,但中国国内缺少极具投资价值的商品和资产,债券市场深度不够,缺少资产回笼渠道,阻碍了人民币国际化的步伐。因此,在中国发行以人民币计价的"一带一路"项目债及其沿途国家的国债,不仅可以为"一带一路"国家战略迅速推进提供数额巨大的资金引擎,而且可以加速人民币国际化的步伐。此外,以人民币计价的"一带一路"项目债及其沿途国家的国债,也应属于融资增信类型。

因此，开发适合融资增信类型的增信产品（SCEP）及其增信衍生产品（BTCE），便是中国 FIS 市场或者中国金融监管机构的当务之急。SCEP 及其衍生产品（BTCE）不仅克服了融资担保公司的资本金约束及其赌徒地位，也可避免 CDS 的系统性风险，更可以支撑起中国以融资增信为主的上百万亿元人民币级水平的 FIS 市场。

然而，增信理论却因美国金融担保（主体增信）没落而逐渐消失，取而代之的产品增信（CDS）仍停留在信用风险、产品定价模型及其衍生产品的研究上，使得美国控制的三大评级机构继续对全球资本市场，特别是全球 FIS 市场保持着话语权与垄断权。因此，将增信理论仅限于主体增信的思维方式，使得近几年中国国务院常务会议始终关注于融资担保，却无法解决中国庞大的增信需求。有些专家倡导建立千亿元、甚至万亿元人民币的国家级融资担保基金，其实只是杯水车薪；还有些专家提议健全融资担保的再担保体系，实际上也无法有效运行。

如前所述，CDS/CRMW 的推出，尽管产品增信取代了主体增信，是中国增信历史的一大进步，却因 CDS/CRMW 属于投资增信类型，在中国适用对象和适用范围有限；又由于利率市场化深度不够，CDS/CRMW 无法发挥正常功效，因此也就无法真正全面解决中国 FIS 市场的增信需求。同时，应该特别指出的是，尽管中国 1 400 多家金融机构都在学习 CDS/CRMW 的具体操作规范，却并不了解 CDS/CRMW 的增信原理，也不了解产品增信并不仅止于 CDS/CRMW，更不了解目前中国更需要什么样的增信产品及其增信衍生产品。因此，笔者撰写本书，希望更多的中国人包括各大院校师生重视增信理论，金融监管当局更快地推动中国增信制度建设，金融业界更好地了解增信产品及其原理；与此同时，更希望为中央及其各级地方政府迅速推进"一带一路"、人民币国际化这两大国家战略添砖加瓦。

由于笔者才疏学浅，又急于推动中国增信制度建设，本书仍有许多不够精致之处，尚有问题应解而未解，当然也存在难解之谜，甚至可能存有谬误之处，希望广大读者见谅，方可仁者见仁，智者见智，亦可取其精华，去其糟粕。另外，感谢北京师范大学数学系张明先生和东航财务部门的林青谊女士在制作数据方面的帮助，感谢立信会计出版社戎其玉、余榕女士对此书的出版所付出的辛勤劳动。

王祚君

2017 年 10 月

于上海

目　录

第六章　增信载体 / 75

不同的增信载体，具有不同的增信风险与管理成本，因此增信定价也不同。增信产品因其增信风险小，管理成本低，增信定价准而优于增信主体，并可以满足 FIS 市场规模化发展的需求。

第七章　增信定价基础 / 95

尚无信用历史的，以信用等级之差所形成的信用利差作为定价基础；已有信用历史的，以违约率与信用利差的平衡作为定价基础。

第八章　增信定价与价值管理 / 117

信用风险定价理论反映了增信历史发展进程中的阶段性观念，而不是终极真理。增信定价必然独立于信用风险定价，还包括信用风险转移与载体管理成本。

第九章　增信主体与增信业务 / 135

增信合约标准与否，或可否转让，决定了不同的增信业务及其增信定价、增信风险。

第十章　合约增信产品及规制增信产品 / 155

CDS 是合约增信产品的唯一代表，又主要因交易对手风险而被规制为清算型增信产品,中国则因大陆法系而被规制为权证型增信产品。

第十一章　增信物权与增信衍生产品 / 185

增信衍生产品是增信物权中的一种可交易流通的动产形式。增信物权的有限责任抛开了传统的无限增信责任,从而为增信衍生产品确立了与风险资产价值相匹配的新型增信价值观念,打开了产品创新思路。

第十二章　增信产品创新 / 199

中国与以美国为代表的西方国家不同,以融资增信类型为主,因此根据增信目的和增信原则,依据增信定价基础和增信交易结构,创新增信产品是整个增信历史发展的理性选择。

第十三章　复合增信产品 / 215

对适合融资增信类型的风险资产通过标准增信合约,以零售、代理和批发形式进行买卖交易,最终将其置于 SPV 名下并由管理人发行增信衍生产品,称为复合增信产品。

第十四章　增信管理 / 233

增信管理,就是增信定价管理,与增信价值管理不同,主要根据不同定价模式、不同价格影响因素进行价格管理。

第十五章　增信会计制度 / 257

基于市场信用的增信产品及其增信衍生产品,与基于主体信用的增信业务,在会计处理及其会计制度上具有完全不同的属性。

第十六章　增信历史与监管演变 / 279

增信是市场经济发展的产物,也只有在市场经济中得以发展和完善。

第一章　概论

增信是一种为了有效化解 FIS 及其发行人/融资者的信用风险,以防对资本市场的意外冲击/震荡的金融工具/金融产品,是一门关于信用风险转移与定价管理的独立学科。

第一节　概念

一、定义与特征

增信(Credit Enhancement，CE)，是信用增级的简称，也称"信用增进"或"信用加强"，属于"舶来品"。有的人认为，增信是指运用各种有效手段和金融工具确保债务人按时支付债务本息，以提高资产证券化交易的质量和安全性，从而获得更高级的信用评级。也有人认为，增信是为提升资产证券信用评级而采用的技术手段，目的是提供防范信用风险和不能收到还款的保险，从而增加债券的可销售性。但有一点的观点是一致的，即增信分为内部增信和外部增信这两种增信工具。

首先，增信必与债务、收到还款、支付本息等信用风险相关，而且仅存在于包括债券、债务概念的固定收益产品(Fixed Income Securities，FIS)中，不可能存在于其他金融产品中，尽管还包括 FIS 发行人/融资者。其次，增信涉及信用风险的转移(防范不能收到还款，确保支付本息)；有转移就有承载，增信又涉及承载信用风险的载体，即增信载体(金融工具、技术手段)。但是，却很少有观点涉及信用风险转移的交易价值(定价管理或成本管理)。实际上，从民事担保转向商事担保(增信)后，担保责任转化为及时偿付义务，增信定价仍始终处于增信研究的核心地位。前述绝大部分概念没有涉及增信定价或交易价值，只能说明还未从民事担保的法律概念走向商事担保的经济/金融概念。因此，那些没有交易价值的，或者并无价值判断的，或者并无真实交易的，似有增信功能的概念，都应该被排除在增信之外。

内部增信，是指 FIS 的发行人、融资者及其关联人提供增信，即非独立第三方提供增信，关联增信的本质在于无法实现风险转移及其增信定价。内部增信范围较广，包括：①关联担保。关联担保是由 FIS 发行人及其关联人(股东，实际控制人等)进行的担保。②后续债券。同一企业正在发行的债券，相对于即将到期的 FIS 来讲，属于后续债券。后续债券对即将到期的 FIS 似有风险转移作用。③股权融资。股权融资对债权融资也似有风险对冲作用。内部增信，看似具有某些增信作用，但是，却没有发生风险转移，或者支付风险转移对价。

内部增信的另一种表现，是在资产证券化(Asset Backed Securities，ABS)中一些所谓的"内部增信工具"，即次级权益(凭证)、现金抵押账户、超额抵押、利差账户/现金抵押账户、资产出售方提供追索权等概念。

次级权益，与优先级证券相对，应该难以称之为增信工具/产品。首先，次级权益本身并没有定价，因此也无法对所承载的优先级证券信用风险进行具体定价。其次，次级权益大多又因限制/禁止流通而无法实现交易价值，当然也无法称其为"次级证券"。但是 ABS 分档权益中可流通的夹层证券，不仅具有自身定价，并以自身价格对优先级证券所转移的风险资产进行覆盖。如以单一资产证券化，即使夹层证券也可能不属于增信工具/产品，因为存在风险资产转移及其风险概率测算等问题。

其他诸如现金抵押账户、超额抵押、利差账户/现金抵押账户、资产出售方提供追索权等概念，如同次级权益，均无对优先级证券所转移的信用风险进行具体定价，否则也无需这些所谓"增信工具"。进一步来说，提供这些内部增信工具的人，如为 ABS 发起人/原始权益人，或者结构化金融产品/结构化债务融资工具的融资人，或者 ABS 资产出售方，或者单一资产证券化，实际上都会存在"关联担保"之嫌。

外部增信，是指独立第三方为 FIS 进行增信。首先外部增信为增信业务，包括金融担保或融资担保(Financial Garranty，FG)，信用风险缓释合约(Credit Risk Mitigation Agreement，CRMA)，金融资产远期买卖(Financial Asset

Forward Trade，FAFT)；其次外部增信为增信产品，包括信用违约互换(Credit Default Swaps，CDS)，信用风险缓释凭证(Credit Risk Mitigation Warrant，CRMW)，及其衍生增信产品，包括信用联结债券(Credit Linked Notes，CLN)、ABS(Asset-Backed Securitization)夹层证券；最后外部增信为本书力推的创新增信产品及其增信衍生产品，包括集合增信产品(Assemble Product of CE，APCE)和复合增信产品(Business Trust for CE，BTCE)。外部增信，不仅为无关联的第三方(增信载体)增信，而且支付与信用等级相应的风险转移对价，构成了增信本质内容。

综上，增信定义或增信概念，是指信用风险的转移及其定价管理。增信本质特征应该具有如下三个方面。

1. 信用风险

信用风险，作为增信的最大公约数，首先，只能存在于 FIS 之中，不可能存在于其他金融产品之中；其次，在理论上，信用风险却可转移至任何增信载体之中，包括增信机构 FG、CRMA、FAFT，增信产品 CDS/CRMW，创新增信产品 APCE，增信衍生产品 CLN 与 ABS 夹层证券，以及创新增信产品 BTCE 等。

金融产品、证券产品及其衍生产品，各式各样，各领风骚。例如，股票、期货等金融产品中并不存在信用风险，不可能对其进行信用评级(下称"信评")，给予信用等级。与信用风险相关的，一般来说，只有 FIS。作为 FIS，到期可否按约兑付，会否发生信用违约，依据发行人的信用等级及其 FIS 发行期限的不同，应具有不同的结果，既可能会按约兑付，也可能发生信用违约，以及这种违约发生的概率是多少等。这些不同的结果，就是 FIS 所具有的不确定性，即信用风险。因此，只有在 FIS 中，存在着信用风险，需要进行信评，给予信用等级，并因此产生增信。

FIS，即固定收益产品，是指一切具有固定收益的债性产品。债券，只是 FIS 中的一个品种。除债券外，FIS 还包括：票据及其债务融资工具，有利率限制的信托产品及其各种金融机构的理财产品，应收账款，存款与贷款及其他衍生产品，包括保理、ABS 等各种结构化融资产品。总之，FIS 比债券范围广泛得多，故增信对象不可仅为债券，而是 FIS。

2. 信用风险转移

不同发行主体或不同资产发行的两个或多个相同或不同类型的金融产品或 FIS，相互之间并不转移信用风险。这样，要么每个金融产品不存在信用风险，要么每个 FIS 都存在着各自内在的信用风险，却毫无关联。一个金融产品或 FIS 并不承载另一个 FIS 所转移的信用风险，一个 FIS 并不将信用风险转移到另一个金融产品或 FIS 之中。因此，两个或多个金融产品或 FIS，它们相互之间并未因转移信用风险而相关为增信关系。

比如两个并存的 FIS，贷款与债券，两者之间并无任何关系，任何一个 FIS 的信用风险都是独立的，相互之间并没有直接作用或直接影响，即两者是不可能具有增信关系的。同理，两个金融产品之间也不存在信用风险的转移，也就自然被排除在增信之外。就 CDS 来说，并不意味着自动成为增信产品，而是必须存在信用风险转移的 CDS，才是增信产品。

信用风险转移，可以采用不同的法律概念，既有初级阶段的民事担保，也有高级阶段的商事担保，即信用买卖/风险资产交易。采用民事担保的法律概念进行转移信用风险的，只是注重从行为角度强调法律责任。因为行为本身无法定价，也就必为行业监管，少有经济定价观念。采用商事担保的法律概念，即以信用买卖/风险资产交易方式进行转移信用风险，从信用风险角度强调转移、交易的对价，无需行业监管。

如果一个 FIS 的信用风险发生转移，不会也不可能发生只有信用风险转移、却没有承载信用风险的事情，它必然有一个承载从 FIS 转移出来信用风险的载体。这个承载信用风险的载体，就是增信载体。如果增信载体是法律主体，那它可能是增信机构（FG、CRMA、FAFT）；如果增信载体是合约产品，那它可能是 CDS/CRMW；如果增信载体是 FIS，那它可能是 CLN/ABS 夹层证券；如果增信载体是 SPV，那它可能是 APCE/BTCE。如果增信载体是其他权益产品，那它有可能是另一种创新型增信产品。运用什么法律概念去实现信用风险转移，用什么载体去承载转移出来的信用风险，涉及人类智慧，或者管理成本，即信用风险转移及其定价管理。

3. 定价管理

从商事角度讲，转移 FIS 的信用风险，必须要有对价。因此，增信应该具有交易价值，即增信定价。增信定价，不简单等同于信用风险的定价，而是关于信用风险转移对价。信用风险的转移对价，不仅包括信用风险成本/定价，而且包含着信用风险的转移、信用风险载体的管理成本/定价。

只是从 FIS 中转移出相关信用风险，却未对其进行定价，也不能称为增信。根据交易契约理论，企业是市场交易成本。那么，信用风险则是企业最大边际成本。转移 FIS 的信用风险，就需要对这个边际成本进行定价；否则，没有对价的增信,如同关联担保,尽管历史源远流长,却被排除在增信范围之外。

在关联担保中,虽然在法律上转移了 FIS 的信用风险,但这个信用风险仅止于法律责任,并未对转移的信用风险进行定价。要么没有担保收费,要么担保收费在一个合并报表上。没有定价的关联担保,在 ABS 中的名称繁多,诸如现金抵押账户、超额抵押、利差账户和资产出售方提供追索权等概念,大多由 ABS 发起人所作的担保行为,一般还都被视为"内部增信工具"。其实,前述这些概念大部分只不过是关联担保在专业领域的名称而已。关联担保,形式上源于关联关系,表现为缺乏对价关系,实质上是民事担保。因此,关联担保就不可能成为商事担保,或者经济学上的信用增级(增信)。作为内部增信,或以各种各样名义出现的关联担保,基本上就难免被排除在增信之外,不可能成为增信学科的研究范围。

外部增信,比如金融担保,是作为独立第三方进行增信的,与 FIS 发行人没有任何关联关系。因为 FIS 及其发行人存在信用风险,FIS 持有人为规避这一信用风险,愿意对所分离、转移的信用风险支付对价。独立第三方作为增信者,承载信用风险及其所支付的对价,相当于通过拥有一个风险资产并进行经营管理,获取增信收益。可见,金融担保的定价,尽管仍以担保行为转移信用风险,却以信用进行"出租""出售",则为增信初级阶段的产物。正因为如此,中国融资担保的半只脚跨进了增信的门槛。当 CDS 面世后,即形式上的信用买卖,实际上的风险资产交易,这种所谓"信用违约互换"的形式,则是增信的发展阶段。最后,创新增信产品及其增信衍生产品,依据风险资产交易形式,才将增信带入高级阶段。

但是,如果独立第三方(担保机构)进行担保的担保对象,或者 FIS 及其发行人/融资者,没有经过信评,或者经过信评无法给予信用等级,或者属于垃圾级信用等级,并且独立第三方按照担保行业收费,即依据担保行业内在规则或者潜规则进行担保收费,属于民事担保,也不属于增信范围。这就是说,没有经过信评,或者经过信评无法给予信用等级,或者属于垃圾级信用等级的企业,应该无法成为增信对象,即使融资可以担保,也不能或者无法进行增信。

二、民事担保转为商事担保

1. 民事担保

民事担保,是指因信用让渡而承担法律责任的一种法律行为。民事担保,起源于关联担保,进一步发展为独立第三方的担保。民事担保的重要特征,首先是主体性。只有健全且强有力的主体,才具有这种人格权利(信用),并通过担保而让渡这种人格权利(信用)。从这个角度看,初级阶段的增信是基于信用转移或交易,而非风险(资产)转移,合乎情理,自然而然。其次是责任性(义务性)。让渡这种人格权利(信用)的核心,在于法律上的担保责任,或者履行担保义务,而非因让渡所应产生的对价。即使担保人以其物理上独立的、价值上有限的有形或无形的财产(权利)作为担保物或者出质物,也无法割断主体的担保责任。这种担保物或者出质物,仅仅作为主体担保责任的附属物,只是担保责任的"物证"而已。当这种"物证"价值不足时,仍需追究主体的担保责任,无论连带责任担保,还是一般担保。在最高额担保中,尽管主体的这种无限担保责任,可以止于某个价值,而决非这种"物证"。因此,从这个角度看,民事担保起源于关联担保,合情合理,顺理成章。

独立第三方的担保,为民事担保转化为商事担保,或者说为增信的产生和发展提供了可能。作为独立第三方,担保如果摆脱了关联关系,那么,担保需要建立对价关系,即担保需要对价。但是,担保作为一种行为,其本身是无法定价的。于是,基于担保的初始原理,担保就是让渡人格权利(信用),便可对信用进行定价。根据所谓价值理论,当这种信用存在于主体中时,尽管有其价值,如果不产生让渡,或者不发生转移,就不会产生交易价格。也就是说只有在担保信用让渡产生时,信用(让渡)才有可能定价。

众所周知,在担保法下的民事担保中,任何法律主体只要愿意,都可以成为担保主体(人们是否接受是另一回事)。但是,从独立第三方的担保开始,便产生了美国或中国 FG 的专业担保主体,即只有行业监管和持牌经营的专业担保机构,可以开展 FG 业务,并不是任何法律主体都可以从事 FG 的业务。由此可见,一方面,担保市场要求建立可以让渡信用的专业担保机构;另一方面,担保行业认为,信用(让渡)是一种国家权力、经济资源,必须进行垄断经营或持牌经营,并受行业监管。

在行业监管和持牌经营的专业担保机构看来,对信用(让渡)进行定价,只是一种行业定价。在中国担保业务的初期,担保对象都是没有经过信评的,或者经过信评无法给予信用等级,或者属于垃圾级信用等级的企业,因此担保定价都是根据行业内部规则或潜规则进行定价,即行业定价。基于这种状况,这种担保业务就不属于增信范围。在美国则不同,从民事担保脱颖而出的金融担保业务,一开始便由专业的信用等级体系介入。一方面,建立高信用等级的债保机构,通过金融担保业务,即出售或出租"信用"所产生的信用等级差(下称"信等差"),及其信等差所产生的信用利差(下称"利差")进行信用(让渡)定价。另一方面,担保对象都是经信评的地方政府债和市政债,尽管无实质风险,却有形式风险的定价。因此,美国金融担保业务,尽管也属于行业定价,但通过信等差所形成的利差作为增信定价基础,并且注重及时偿付责任,才使金融担保业务完全踏入了增信这个大门。

独立第三方的担保,已经摆脱了关联关系,开始转化为商事担保。尽管有些仍以"金融担保"为名,实质上却在开展出售或出租"信用"业务,并以及时偿付作为担保责任的核心原则,这些独立第三方担保,就是商事担保,也就是所谓的增信,是增信的初级阶段。

当独立第三方可以进行担保,即进行信用让渡及定价时,独立担保物或出质物也随之产生。独立第三方的独立担保物或出质物,仅以此物价值为限,不再追究担保人/出质人的担保责任,为独立担保物或出质物,即增信物权。增信物权为增信衍生产品的丰富与发展提供了广阔前景。

2. 商事担保

商事担保,亦称"投资担保",是指以信用买卖、风险(资产)交易或合并形式实现信用风险转移的一种担保。称其为一种担保,只是与民事担保相对而言的。商事担保与民事担保不同。首先是交易形式不同。商事担保是一种因信用买卖、风险(资产)交易或合并所建立的商事交易关系,而不是民事担保关系。其次是交易对象不同。商事担保的买卖对象是信用或风险资产;民事担保的担保对象却是被担保人,尽管第三方独立担保也不自觉地延伸至信用的"出售"或"出租",因此也被认为是一种商事担保。再次是交易定价不同。商事担保的交易定价,是信用定价或风险定价。民事担保没有交易定价,因为担保是一种行为或责任,无法定价,尽管第三方独立担保也不自觉地延伸至信用定价或行业定价,因此也被认为是一种商事担保。最后是交易载体不同。商事担保的交易载体,可以是法律主体,即担保机构或增信机构,也可以是金融产品,即增信产品。民事担保的交易载体,只能是法律主体,不可能是金融产品或增信产品,就是第三方独立担保也仅限于法律主体。

商事担保,或者增信,通过信用买卖或风险资产交易或合并形式,并以及时偿付的现金交易反映了担保关系的核心责任,实现了与民事担保关系及其担保责任不同的法律形式或法律构架。如同民事信托在向商事信托转化中,在保留信托责任的核心原则下,从信托行为走向信托投资(买卖),实现了与民事信托关系及其信托责任不同的法律形式或法律构架。因此,商事信托,其本质可概括为"资产转移并由他人管理";同理,商事担保,或者增信,其本质为"信用风险转移及其定价管理",或者"风险资产转移与价格管理"。

第二节　研究对象与研究范围

从增信定义上看,增信是一门关于商事担保,即信用风险转移与定价管理,或者风险资产转移与管理的学科。那么,增信学科的研究对象与研究范围也就可以确定了。

一、研究对象

增信的研究对象首先是信用风险,这是核心的研究对象。但如果将研究对象仅限于信用风险,那就是信用学科或固定收益产品理论,不是增信学科。这里的信用风险仅限于 FIS,不涉及货币信用问题。关于贵金属与货币,国家信用与货币的关系则属于货币学范围。增信学仅关注 FIS(市场)及其对 FIS 进行增信的信用来源与类型。增信学科的研究对象除信用风险外还包括信用风险转移、承载载体及其定价管理。信用风险转移,是增信学科的一个重要研究对象。它不仅区别于信用学科,而且又区别于仅属于法律学的民事担保。信用风险转移的定价管理认为,不同的增信载体有着不同的增信风险,因而增信定价也不同,这与信用学科定价理论不同。

1. 信用风险

信用风险,作为增信对象,是 FIS 及其发行人/融资者这个事物的两个面,即"两面一体"。信用风险,其实就是一组加强语词,可以分拆为单独的"信用"或"风险",即信用/风险。相对而言,风险成本与信用定价也是具有同一含义,只是从不同角度去阐述信用/风险的价值问题。因此,从信用角度说,信用好的,风险就低,信用定价或风险成本所形成的金融资产也就便宜;从风险角度讲,风险高的,信用必然差,风险成本或信用定价所形成的金融资产也就较贵。

FIS 作为金融产品,或者金融资产,是主要的增信对象,只是一种形式上的增信对象。其实,FIS 在本质上就是一种信用风险,或者是一种风险资产,信用风险/风险资产才是真正的增信对象,是一种本质上的增信对象。这种信用风险是指以下三种可能性:一是 FIS 发行人/融资人根本无法支付,或者不想支付;二是即使支付,也可能不是按时支付;三是即使及时支付,支付时间与资产买方的债务到期和支付时间不同。

在广义概念中,信用风险是指一切信用事件,包括公司/主体的债务增加、信等下调、加速到期、破产重组、废止营业、停止支付(延期偿还、拒绝偿还债务、无力偿还债务)、信用违约等。广义概念存在于投资增信中,特别是在 CDS/CRMW 中广泛应用。在狭义概念中,信用风险,或违约风险,仅指信用违约或不能兑付。狭义概念仅用于融资增信,比如中国的 FG、FAFT。因信用风险范围不同,不同基本类型的增信定价有所不同。按不同风险分类,信用风险又可分为以下三大类别:

(1)银行分类。根据巴塞尔新资本协议,银行内部将信用风险分为企业型、银行型、国家政府型、零售型、专案融资型、证券型六大类型的信用风险。每个类型的信用风险具有不同特点,但 2A 信用等级以上贷款主体的违约率应该在 1% 以内。

(2)信用等级分类。穆迪、标准普尔、惠誉国际三大信评机构将信用风险按信用等级分类,有的分为四等十九级,不同信用等级具有不同的信用风险。3B 以上信用等级为投资级,增信机构一般愿意为投资级 FIS 进行增信;3B 以下信用等级为投机级,增信机构一般不愿意为投机级 FIS 进行增信。

(3)信用事件分类。根据 ISDA 定义及其 CDS 实践,标的主体出现的信用事件包括:债务增加、信等下调、加速到期、破产重组、废止营业、停止支付(延期偿还、拒绝偿还债务、无力偿还债务)、信用违约等。但这些信用事件其实与债保业务的信用违约不是一回事,即发生信用事件不一定发生信用违约,这些信用事件与信用违约的关系可以分为三层:第一层,债务增加、信等下调、加速到期等信用事件离信用违约比较远;第二层,破产重组、废止营业等信用事件离信用违约比较近;第三层,停止支付则基本上与信用违约无间隙了。

信用风险或违约风险,具有以下特征:

(1)随机概率。信用风险的发生是有概率的,而且这种违约率(Probability of Default, PD)是随机发生的。为了应对这种随机概率化的信用风险,产生了各种定价模型,这是增信定价的核心。因为没有信用风险,就没有增信。当然,信用风险经过范围规定,可以产生不同的增信定价。比如,投资增信将信用风险通过信用事件来表达,信用风险中的极端情况信用违约成为信用事件的垫底事件。这样,原本基于违约率的增信定价,必然加入了处置回收率(Recovery Rate, RR)

作为定价因素。

（2）计量定价。作为交易成本，应在计量基础上进行定价，以应对随机概率。在融资增信中，FIS的信用风险又转化为信用违约，并以违约率所支撑的信用等级和信用利差来反映FIS的信用违约。因此，增信量对于违约率的确定，甚至下降具有重要的作用。

2. 信用风险转移

信用风险转移，涉及法律上的与转移相关的专业概念，涉及商事（经济）上的基础交易，即增信形式。现有法律上关于信用风险转移的专业概念，主要包括担保形式、买卖形式与合并形式。站在行为这个角度反映信用风险转移的，就是担保概念这个增信形式，即担保形式；站在信用风险这一增信对象角度实现信用风险转移的，就是买卖/交易或合并概念这个增信形式。买卖/交易或合并的增信形式包含着信用买卖、风险资产交易或合并。在强调信用买卖的同时，又不失对风险的关注；强调风险资产交易的同时，又关注信用。因此，在这些不同的基础交易结构中，其实具有法律同构性，它们只是从不同角度切入，由不同法律管辖/监管而已。

不同的增信形式，决定了不同的增信载体。金融担保，作为金融行为，必为行业监管和持牌经营。因此，在金融担保这种增信形式下，必然会将信用风险转移至增信主体（增信机构）。在信用买卖、风险资产交易或合并这些增信形式下，把信用风险作为定价对象并最终形成合同权益（信用资产/风险资产）进行交易。买卖、交易或合并，作为一般市场行为，摆脱了行业监管和持牌经营，可以把定价信用/风险资产通过标准化的买卖、交易或合并，将定价信用/风险资产转移至增信载体。增信载体可以是增信机构，也可以是增信产品。

不同的增信形式，决定了不同的信用定价/风险成本。金融担保，站在行为角度对信用风险进行转移。因担保行为本身只有法律责任，无法经济定价。因此，金融担保只能采取协商定价方式，那就必然采取行业定价。行业定价，即形式定价，稍许精确的，以所谓信用等级之差作为定价基础，比如早期美国的金融担保；粗略一点的，就只有行业统一定价，比如中国的融资担保。买卖，站在信用/风险这一增信对象角度进行转移，即以信用/风险作为定价对象，并将定价信用/风险资产进行买卖交易。

3. 信用风险的转移载体

信用风险转移的法律概念，或现有增信形式，包括担保、买卖与合并。但是，应该了解,信用风险的媒介工具,却是增信合约,增信合约将信用风险转移至承载信用风险的载体。信用风险载体,承载着从 FIS 转移出来的信用风险(亦称为增信载体,或增信者)。信用风险,从哪里/什么载体上转移,又最终归于哪里/什么载体,载体应是信用风险的宿主/归宿。当载体是 FIS 时,信用风险归于 FIS,是 FIS 的信用风险,即 FIS 风险;当信用风险从 FIS 转移出来并进行定价后,又需转移或归于其他载体,这个其他载体即为增信载体。

通过非标增信合约,信用风险可以转移至增信主体或增信机构,这个转移过程叫作增信业务,包括 FG、FAFT 和 CRMA;通过非标增信合约,信用风险也可以转移至物权,转移载体却是增信物权,如同担保物权;通过标准增信合约,信用风险可以转移至标准增信合约,形成合约型的增信产品,包括 CDS,或者单一增信产品;通过合法规制,信用风险可以转移至规制增信产品,包括规制的 CDS 和 CRMW;通过设立特殊目的载体(Special Purpose Vehicle,SPV),信用风险当然也可以转移至 SPV,形成 SPV 型的增信产品,包括同信等或不同信等的 APCE;同理,信用风险自然可以转移至金融产品,形成增信衍生产品,包括 CLN 和 ABS 次级分档证券,以及创新增信衍生产品 BTCE 等其他各种形式的创新增信产品。

4. 信用风险的定价管理

管理成本,不仅体现核心成本,反映形式成本,最终通过增信载体得以实现。可见,增信定价与信用风险定价有较大区别,即增信定价范围或定价因素要大于或多于(信用)风险定价。

基于信用风险特征,信用风险在实际运用中可用违约率(Probability of Default,PD)来表达。违约率何以确定?是在同一行业、同一信用等级的 FIS 及其发行人/融资者在信用违约历史数据中去寻找与统计,还是寻求风险中性的定价模型,或是在一定数量的增信项目/增信额度中去发现违约损失(Default Loss,DL)。进一步来说,如何利用信用违约历史数据作为信用等级的信评基础,又如何基于信用等级寻求市场化的信用利差进行风险定价;违约率、信用等级与信用利差,三者在历史与现实之间如何在风险定价中实现相互转化;当 DL 产生时,增信载体能否承受,是否具有足够偿付的增信收益,增信收益是否能够覆盖 DL。

不难发现,在信用等级相同条件下的利率与违约率的平衡,可否在增信条件下转化为利差(S)等于违约率(S = PD);如果 RR 暂不计入,增信收益(Credit Enhancement Fee,CEF)可否等于违约损失,这应该是增信定价(Credit Enhancement Price,CEP)所追求的核心成本。

　　不同的增信形式,具有不同的形式成本。从增信概念开始出发的,是美国的金融担保。在金融担保这个法律概念的条件下,信用风险转移是站在担保这一行为角度开展的。行为本身除了法律责任外,却是无法进行担保定价的。由于担保是行业监管、持牌经营的,担保定价因此转化为行业定价,即行业潜规则定价。由于美国掌握着信用评级机构和评级标准,利用信用等级套取信用利差,便是金融担保的行业定价。不仅如此,中国的融资担保也是如此照搬照抄。基于行业定价的金融担保/融资担保,因行业定价获得的增信收益与违约损失在随机违约率条件下难以取得平衡,具有很大风险,担保机构处于赌徒地位。

　　信用买卖,尽管买卖角色不同,却都是站在信用风险作为增信对象的角度开展的。信用买卖包括 CDS、CRMW,在交易形式上,是站在信用等级较高的增信机构一方,出售或出租“信用”给信用等级较低的、需要增信的 FIS 发行人/融资者,后者因购买/租用前者信用而支付对价。尽管“出售或出租”在名义上称为“互换或缓释”,也许当时只是为了避免监管、合理避税所为。买卖双方所开展的信用交易,在这两个产品设计上就是为了追求套期保值和套利目标,而不是单纯的担保行为。因此,信用风险作为交易对象,自然追求信用定价作为对 CDS/CRMW 的产品定价。

　　风险资产交易,却是将风险资产作为交易对象进行转移信用风险的。风险资产交易,目前主要是 FAFT。其实,风险资产交易是站在需要增信的 FIS 发行人/融资者角度,把 FIS 的信用风险及其对价所形成的风险资产转移给经营风险资产的专业管理机构。这个专业管理机构与金融担保概念中的增信机构不同,不会长期持有这种风险资产,而是通过买卖风险资产获取经营利润,可以单独或打包出售,甚至发行创新增信产品,由市场投资者进行投资追求利益。风险资产作为交易对象,当然把增信载体的管理成本作为统合成本。作为初次风险资产交易,或增信业务,相对于后续批发或发行创新增信产品来说,其实已经属于零售业务,根据零售成本进行零售定价。后续批发买卖,根据批发成本进行批发定价,最终发行创新增信产品,根据产品成本(价值)进行产品定价。当然,产品成本(定价)就是最终定价,或管理成本,批发成本(定价)与零售成本(定价)都须统合在产品成本(定价)中。

　　由此可见,核心成本在不同的增信形式中体现为不同的形式成本,最终又归于增信载体的管理成本。增信定价,就是核心成本通过形式成本来反映最终的管理成本。管理成本,看似是增信载体的管理成本,实际上却是一种统合成本,包含着核心成本和形式成本。信用风险成本,只是增信成本中的核心成本或价值成本(下称"核心成本")。除核心成本外,增信定价/增信成本还包括信用风险转移成本,即因增信形式不同所产生的成本(下称"形式成本"),核心成本、形式成本最终都包含在增信载体的管理成本中(下称"管理成本")。管理成本不仅是管理增信载体的成本,也是管理增信形式的成本,最终也是管理信用风险的成本,它是一种统合成本,也就是定价管理的基本概念。增信学科的研究对象为信用风险(增信对象)、信用风险转移(增信方式)及其定价管理。这个定价管理,既包括信用风险定价,又包括风险转移定价,最终统合到增信载体定价。

二、研究范围

增信的研究范围就是研究与增信交集的各个不同学科。第一,增信研究对象涉及信用风险学科,特别是风险定价理论,涉及概率论、质数公理、大数据理论等各种数理统计理论与学科。第二,为什么要增信,怎么增信,增信对货币市场、资本市场有什么作用等这些增信目的、增信原则、增信效益等问题,这些涉及经济学、社会管理学等学科。第三,信用风险如何分离、转移,分离、转移的法律概念是什么。承载信用风险的载体是什么,是法律主体还是增信产品,这些涉及法律学科。第四,增信交易双方如何将风险资产记账,增信业务与增信产品在会计入账上有什么不同,增信会计方面有什么争议,这些涉及会计学科等。第五,如何投资增信,哪种增信投资比较有效益,投资回报如何,这些涉及投资学科。第六,增信价值与交易如何管理,增信产品如何设计,增信市场如何运行,这些涉及产品(市场)管理学科。

第三节　增信目的

一、不同层次的认识

有人认为,增信目的就是使所购买的金融资产无法为投资者偿还的可能性最小化,从而使其所带来的损失最小化。这是"利率换风险"的典型说法,而且是站在投资增信这个角度而言的。也有人认为,增信目的就是降低发行成本,这是站在融资增信这个角度而言的。如果从较低信用等级的融资者角度看,易于发行 FIS,才是增信目的。由此可见,站在不同角度、不同层次,对增信目的的认识有所不同,这还将涉及对增信目的和增信功能相互关系的认识。前述所谓的增信目的,只是站在具体角度和操作层面来谈,实际上只涉及增信功能的层面,而非增信目的。

所谓增信目的,就是指有效化解 FIS 的信用风险,以防对资本市场的意外冲击/震荡。第一个层面,就是化解信用风险。第二个层面,就是防止冲击/震荡。因此,站在增信学科角度,首先是对 FIS 的信用风险进行有效预防和化解,实现"损失最小化""利率换风险""降低发行成本""易于发行"等增信功能。其次是与前述化解风险这一增信目的直接相关的,就是维护资本市场的稳定性,也就是防止对资本市场的冲击与震荡。

如果进一步扩大到更深层面,则涉及增信作用和增信意义的层面,与增信目的相距甚远。比如,为地方政府债务周转提供有效金融工具,为地方政府债务扩容提供市场信用基础;为各类公司提高直接融资比例创造市场信用基础,为广大个人投资者拓宽广泛的 FIS 产品,不只仅限于国债;促进中国 FIS 利率全面走向市场化,减少货币超发对利率市场的扭曲作用;有效地支持人民币国际化,以及"一带一路"沿途国家融资等诸如此类的增信作用和增信意义。

二、增信目的的解读

1. 有效化解 FIS 的信用风险

根据契约论,企业是一种市场交易成本。企业本身又存在许多成本,但信用风险又是企业最大的边际成本。因此,对于市场交易来说,这个企业最大边际成本是需要覆盖或分化的,即化解信用风险。所谓覆盖或分化,就是对信用风险进行增信定价。有效的增信定价,从传统增信的粗放型行业定价,发展到现代增信的模型化产品定价。如果增信定价无效,就不能有效地覆盖/分散这个企业最大边际成本,也就无法效益最大化地化解信用风险。

覆盖风险,就是要对信用风险这个市场交易成本进行有效的增信定价,包括模式管理来覆盖信用风险。因此,覆盖风险就是以有效的增信定价全面或正面承担信用风险这一市场交易成本,这正是融资增信这个基本类型所需求的,目的就是用以稳定 FIS 市场及其满足规模化发展的需求。在增信历史实践中,应对信用风险,除了覆盖风险,就是分散风险。分散风险,就是要对信用风险这个市场交易成本进行有效的分散或延伸。在投资增信这个基本类型中,有的是全额分散风险,有的却是局部分散风险。

2. 以防对资本市场的意外冲击/震荡

意外冲击/震荡,是指 FIS 信用违约在不可预见的条件下发生,可能对资本市场造成极大的冲击/震荡。因此,在产品管理或产品设计中,可以设置一些信用事件,并将信用违约作为信用事件的垫底,以防突发的信用违约对资本市场的意外冲击/震荡。在模式管理中,运用集中管理模式,防止随机概率化的信用违约对资本市场的意外冲击/震荡。

第四节　研究作用和实践意义

增信,对一个国家来讲,其最重要的金融作用,是有效支撑并满足 FIS 市场规模化发展的需求。西方国家从传统债保向信用违约互换(CDS)转化,说明两个问题。其一,支撑并满足一国 FIS 市场规模化发展的需求,不是一些有牌照的增信机构资本金能承担的,哪怕有 10 倍资本杠杆率。目前,我国 FIS 市场规模已达百万亿元人民币级,"一带一路"项目债,"亚投行"及其银团贷款证券化,在未来 20 年也将形成另一个百万亿元人民币级规模。其二,资本有效。一个百万亿元人民币级的 FIS 市场,难道需要设立 10 万亿元人民币级的增信机构? CDS,就是把资本效益最好的企业机构作为增信机构,打破所谓持牌经营,资本效益低下增信机构的垄断,通过分享经济模式,使增信对接上资本市场,反过来又支撑起庞大的利率市场、资本市场。

增信最直接的金融作用,是实现 FIS 的市场预期,具有风险收益的匹配性。如果预期不对,特别是对高信用等级长期 FIS 的误解,与股票相比,匹配性不够。中国 FIS 市场 2016 年上半年以来集中爆发信用违约事件,都是金额大、期限长、高信用等级的 FIS,在产业转型中原本高信用等级的融资主体信等被下调、无法兑付,甚至破产,可能导致资本市场重大冲击而产生连环反应。低信用等级的 FIS,期限短与违约概率大,如果 FIS 违约,金额小对市场冲击不大,最主要是,这也符合投资预期,一分风险一分利。

增信可以真正促使利率市场化,使利率取决于市场信用,而非仅仅依赖国家信用。众所周知,利率与信用等级相连,有什么信用等级就有什么利率。增信就是通过高信用等级对低信用等级增信,可以使低信用等级产品获得高信用等级的市场利率,以降低融资成本。随着人民币加入特别提款权(Special Drawing Right,SDR),人民币国际化日趋明显,主权信用是否仍需支撑债券信用,还是从中撤离,相信不久未来将会显露庐山真面目。增信的具体作用和意义如下。

一、抑制人民币超发,跨越中等收入陷阱

创新增信产品可以促使国家信用坚守在货币及其货币市场,放弃或退出 FIS 市场。这样,中国就可有效抑制人民币超发现象,跨越中等收入陷阱,保障中国在 21 世纪中叶顺利进入全球发达国家之列。

二、有效抵御评级机构的负面影响,大大提升国家信用

国家信用退出 FIS 市场,专注货币市场,大力发展创新增信产品。这样,中国就可以从地方政府债(包括地方平台债)、市政债、央企国资债和金融机构不良资产/影子银行(负债)撤出,不仅可以抑制人民币超发,而且国家信用可以得到大大提升,达到并维持 3A 信用等级。同时,由于国际三大评级机构无法对创新增信产品及其增信的 FIS 进行评级,将大大减少、抑制国际三大评级机构在全球 FIS 市场、资本市场上的非凡影响力和垄断控制力。

三、深化利率市场化改革,降低融资成本

由于目前国家信用支撑着 FIS 市场,在刚性兑付与货币超发相对盛行之下,利率市场化改革遭受重大挫折,使得长、短期利率倒挂,隔夜利率和无风险利率居高不下,货币政策与货币工具对 FIS 市场直接干预产生扭曲效果。这样,地方政府债(包括地方平台债)、市政债、央企国资债等融资成本高昂,不利于中国经济的迅速发展。一旦国家信用撤离 FIS 市场,由市场信用为基础的创新增信产品取而代之,不仅可以将这些 FIS 的信用风险转移至市场化的创新增信产品中,也可以大幅度降低融资成本。

四、有效地支持人民币国际化、"一带一路"等国家重大战略

目前,由于人民币超发,导致人民币汇率加剧贬值,实际上对人民币国际化、"一带一路"等国家重大战略带来负面影响。因此,国家信用从 FIS 市场撤出,以市场信用取代国家信用,可以有效地限制人民币超发,从而有效地支持人民币国际化和"一带一路"等国家的重大战略。通过"一带一路"这一国家重大战略,吸取美国第二次世界大战后"马歇尔计划"的宝贵经验,加大加快发行"一带一路"沿路国家及其建设项目的、经增信的人民币债券。这样,不仅可以减少中国外汇资本的投入,而且可以大幅地增加人民币债券国际化交易带来的巨额外汇资本;不仅可以转移国内剩余生产能力,而且可以支持企业的转型升级;不仅可以把超发的

人民币引导到实体企业,而且可以解决我国金融产品空转问题或低效问题;不仅可以使人民币国际化进程加快,而且人民币长期预计可以大幅升值,与美元平分天下。

五、创立适合中国乃至全球经济迅速发展的 FIS 市场和增信市场

创新增信产品的诞生,将彻底改变中国乃至全球 FIS 市场的整体结构。国家信用退出 FIS 市场后,除了财务透明企业的 FIS 市场及其现行增信产品(CDS/CRMW)市场外,将会产生适合中国乃至全球的基本设施建设的 FIS 市场及其创新增信产品(APCE/BTCE)市场,将彻底打破美元及国际三大评级机构对全球 FIS 市场、资本市场的控制权和垄断权。与此同时,中国及其他发展中国家,乃至欧美发达国家的基本设施建设"历史欠账"也可以获得所需融资资金,亦就可以大大促进全球经济发展。

第二章　增信原则与增信对象

在应对风险、承担风险的原则下，不是所有信用风险都需要增信的，有的需要选择增信，有的需要法定增信。

第一节　概述

　　增信原则，就是预防、分散、覆盖信用风险所应遵循的基本原则。简言之，增信原则就是应对风险、承担风险的原则。增信最直接的目的就是指有效化解 FIS 的信用风险，以防对资本市场的意外冲击/震荡。增信原则就是对待这个目的的态度，或者遵循的基本原则。首先，FIS 信用风险是否需要分离，增信有没有必要，这涉及主动性承担原则。其次，在增信业务中，由增信主体应对风险、承担风险。在增信产品中，则由增信产品及/或其发行人/管理人应对风险、承担风险。最后，在增信管理及其产品设计上，不仅应有真正承担信用风险的增信产品，而且也应有因价值管理规避/对冲信用风险的增信产品，同时还需防止信用风险直接冲击资本市场。

　　无论预防风险，还是分散风险，或者覆盖风险，最终都须应对风险、承担风险。这既是增信定价的目标，又是增信目的所追寻的最终结果。预防、分散、覆盖信用风险，实现增信目的，在遵循增信原则条件下，首先要确定增信对象；其次根据增信对象的主要特征进行分类，形成基本增信类型和一般增信类型。

增信对象,是指具有信用风险的 FIS 及其发行人/融资人。尽管所有 FIS 及其发行人/融资人都可以成为增信对象,但不是所有 FIS 及其发行人/融资人都需要增信。增信与否,是基于 FIS 各种分类的分析与判断,涉及对 FIS 信用风险的认识。

增信对象,从形式上看,是 FIS 及其发行人/融资人。其中,既可以对 FIS 进行增信,主要存在于增信业务或融资增信中;又可以对 FIS 的发行人/融资人进行增信,主要存在于 CDS、CRMW、CLN 等现行增信产品之中。从本质上讲,增信对象却是 FIS 及其发行人/融资人的信用风险。FIS 的承载者是其发行人/融资人,信用风险的承载者却是 FIS,因此增信对象在本质上是指向信用风险。从载体上看,承载信用风险的是 FIS,增信对象又可以直接指向 FIS。这样,FIS 是否需要增信,什么样的 FIS 才成为增信对象,取决于 FIS 不同的信用等级、不同的期限和不同的财务透明度。

在确定了增信对象以后,可以发现,除了高信用等级、长期限的 FIS 及其发行人/融资者需要增信,对于那些财务透明度不高的对象也需要增信。根据财务透明度高低不同,增信分为融资增信与投资增信这两大基本的增信类型。这个基本类型,不仅涉及增信目的,即以覆盖风险或分散风险,有效化解 FIS 的信用风险,以防对资本市场的冲击/震荡,而且涉及主动性或选择性承担信用风险的增信原则,更是基于增信对象不同,即财务透明度不同的 FIS 及其发行人/融资者。

第二节 增信原则

一、宏观原则

1. 主动性承担原则

这是指有意识地把信用(违约)风险从 FIS 中分离出来并进行承担,这应该是国家/政府、社会/市场对信用风险这个市场交易成本的认可和承担的基本态度,也就是实现增信目的所应遵循的基本原则。即使在美国,地方政府债、ABS 和"两房债"等,都是以主动性承担原则为主的。中国作为世界上最大的发展中国家,在人民币国际化过程中,"一带一路"建设项目繁多,更需要遵循主动性承担原则。目前,全球按照主动性承担原则进行增信的,就是存款法定保险制度,融资增信产品大多都遵循主动性承担原则,比如单一增信产品、复合增信产品及其集合增信产品（SCEP）等。

2. 选择性承担原则

这是指信用风险这个市场交易成本，需要由分散或递延等方式来承担的原则，属于规避信用风险的承担原则。对于上市公司银行贷款、上市公司债券及其他债务融资工具，因其透明度较高，可以按照选择性承担原则，即采取分散或递延的承担方式。现行增信产品大多都是遵循选择性承担原则，比如 CDS/CRMW。

3. 预防性承担原则

这是指信用风险需要以预防方式来承担，也是属于规避信用风险的承担原则。对于信用风险，可以把其作为信用事件进行有序分列，把违约风险列为信用事件的末端，在违约风险产生之前就可通过其他信用事件进行风险控制或对冲。比如现行增信产品 CDS/CRMW，都是采取各种序列的信用事件，作为信用交易触发事件，并以信用违约作为最底层的信用事件，以防信用违约对投资者带来过大的投资损失。为了应对信用风险的随机概率性质，融资增信产品通过价格管理及其模式管理，主要包括集合管理模式，可以有效地预防、消化、吸收这种随机概率性的违约风险对资本市场的意外冲击/震荡。

二、微观原则

1. 风险量化与分散承担原则

针对某个价格量化的增信项目，应采取分散承担原则。在 FG、CRMA 等增信业务中，针对某个价格量化的增信项目，一般是无法进行分散式或分担式增信，都是单一增信机构对单一价格量化的增信项目进行增信，并且进而因担保限制或合约限制无法转让、让渡可以数量上可以分拆的，价格量化的增信项目，从而无法分散某个价格量化的增信项目的所有信用风险。一旦发生信用违约，必将对增信机构产生重大损失。

在 CDS、CRMW 等现行增信产品中，某个价格量化的增信项目，既可以由多个产品卖家进行增信，也可以由单个产品卖家进行增信后再分拆给多个产品卖家，分散了某个价格量化的增信项目的所有信用风险，并由多个产品卖家分别按量承担增信义务进行赔偿。在创新增信产品中，无论是单一增信产品、复合增信产品，还是集合增信产品（SCEP），都将由单个增信机构进行增信后批发给增信产品发行人，再通过增信产品发行分散了所有增信项目的信用风险。

2. 风险概率与集中覆盖原则

在应对随机概率性的信用风险上,尽管现行增信产品在定价模型上号称可以覆盖信用风险,但在现实中却是无法真正全面覆盖信用风险的。对于CDS、CRMW卖方(增信者)来说,信用风险(信用事件)的发生,尽管可以分散承担,但还是产生投资损失,除非可以组成结构优化的增信资产池,才可足以抵御任何单一的随机概率发生的信用风险。

创新增信产品、复合增信产品及其集合增信产品(SCEP),都以结构优化的增信资产池作为增信产品的基础支撑,用以抵御任何单一的随机概率发生的信用风险对创新增信产品及其投资者所带来的冲击和震荡。

3. 资本效率与规模支撑原则

在FIS市场规模化发展的今天,增信需要在资本效率最大化的条件下,达到支撑FIS规模发展的目标。如果不讲资本效率,只讲规模支撑,增信本身可能也将无法存在。比如,目前我国FIS市场规模已达数百万亿元人民币,如果按照资本金10倍杠杆率计算,增信机构的资本金至少需要十万亿元人民币,先不说增信机构(增信业务)风险如何巨大,就是这十万亿元人民币投入就涉及资本效率问题。但是,如果让现有数十万亿元人民币的资本机构从事增信产品投资,同样支撑数百万亿元人民币的FIS市场规模,那么,这样的增信产品,就可以在达到规模支撑的同时,无需社会投入新的资本,达到社会资本效率最大化,这也许是共享经济的一个典范。因此,2016年9月底,中国银行间市场发文让将近1 400家市场投资者参与CRMW/CDS投资,就是资本效率与规模支撑原则的体现,让所谓建立千亿级/万亿级国家融资担保基金,或者完善再担保体系的"砖家"建议束之高阁,成为历史。

综上所述,增信原则主要包含着三方面的内容:

(1) 应该区分哪些信用风险是符合增信目的的,是需要由社会或市场来承担的,即应该由社会或市场承担的市场交易成本;哪些不符合增信目的,应该由投资者承担的,即不是所有FIS信用违约都需要由社会或市场承担的。

(2) 区分哪些信用风险因为利益导向/价值管理需求,可以分散承担的,由谁来承担FIS的信用风险,即不是所有参与增信的人都要承担FIS的信用风险。

(3) 如何将随机违约风险给产品投资者所带来的损失降到最低或者完全覆盖,即违约损失可否减少,甚至完全覆盖。即哪些模式管理可以降低信用风险,甚至完全覆盖信用风险。

第三节　增信对象

一、名称表达

1. 不同名称

增信对象,即 FIS 及其发行人/融资者的信用风险,可以表达为 FIS、信用风险,或者信用违约,也可称为担保对象,信用保护对象,或者标的资产。这些不同名称,其实都是反映信用风险所赖以存在的不同基础、不同形式、不同载体。信用风险又通过信用事件、信用等级、信用利差及其违约率来反映。增信对象,基本上可以分为三个方面或三个层次来表达。

1) 信用风险

这是增信对象的根本、核心内容。从根本上讲,增信交易流通的,就是这个核心内容,信用风险。在所有涉及 FIS、信用产品及其衍生产品、增信产品等方面,均以此核心内容进行探讨、论述。

2) FIS

这是信用风险的唯一产品载体,其他金融产品均无法承载信用风险。因此,FIS 作为信用风险的唯一产品载体,也可被称为增信对象。在涉及金融产品的信用风险时,本书会以 FIS 名义进行探讨。

3) FIS 的发行人/融资者

作为 FIS 的发行人/融资者,不仅是 FIS 的载体,更是是信用风险的唯一主体载体。在涉及担保对象,或者 CDS/CRM 的标的资产时,都以信用风险的主体载体作为增信对象,或者作为信用保护对象。

2. 核心名称

信用风险,作为增信对象及其核心内容,可以存在于 FIS,也可以存在于 FIS 发行人/融资者,只是从不同角度、不同载体去看待信用风险。

1) 信用事件

信用事件是信用风险的具体体现和序列,信用违约只是信用事件的垫底。信用风险通过信用事件,不仅反映了不同的、具体形态的信用风险,而且从中也可进行信用风险排序,将信用违约作为最底层的序列,可以有效地防止、降低信用违约所带来的损失。

2) 信用等级

信用等级(亦可称为"信等")与信用风险呈反比关系。信用等级越高,信用风险越低;信用等级越低,信用风险越高。信用等级又划分为投资级与投机级;或者高信用等级,较高信用等级,低信用等级,较低信用等级等。

3) 信用利差

信用利差与信用风险呈正比关系。信用利差越小,信用风险越低;信用利差越大,信用风险越高。

4) 违约率

违约率与信用风险呈正比关系。违约率越低,信用风险越低;违约率越高,信用风险越高。

5) 风险资产

信用风险,经定价后形成风险资产。因此,风险资产是信用风险的价格表现,是增信载体实际转移、承载、经营的对象。

3. FIS 分类

1) 按信用等级分类

FIS 可分为投资级的信用等级,包括高信用等级(3A～2A＋)、较高信用等级(2A～A＋)、低信用等级(A－～3B);投机级的信用等级,包括较低信用等级(3B～B)。但是,按中国式信用等级,投资级的信用等级包括较高信用等级(3A～2A＋)和较低信用等级(2A～2A－);投机级的信用等级,无评级。

2) 按存续期限分类

FIS 可分为长期(5 年以上)、中长期(3～5 年)、中短期(1～3 年)、短期(1 年以下)。

3) 按财务透明度分类

FIS 可分为财务透明与财务不透明。财务透明的,可将信用风险转化为多种多层次的信用事件,违约风险仅为垫底的信用事件;财务不透明的,信用风险转化为违约风险。因此,FIS 的信用风险在分类中转化为信用等级。根据信用等级在各个期限、财务透明度等分类中的表现不同,才能最终确定增信对象。

二、增信的必要性

1.“一分风险一分价”

有些金融观点仅站在金融产品的风险与利率或定价这一角度,以所谓“一分风险一分价”思维,否认增信必要性。因此,探讨增信对象,首先是讨论增信的必要性,即哪些 FIS 不需要增信,哪些 FIS 需要增信,这样才能真正了解增信对象。

一味以"一分风险一分价"观点否认增信必要性,实际上是站不住脚的。

无需增信的 FIS,既不需要由社会或市场来承担的,也不需要增信者承担,而只是由 FIS 投资者/持有人自行承担信用风险及其违约损失。无需增信的 FIS,也就是非增信对象,主要包括下述 FIS 类型:

1) 低信用等级 FIS

低信用等级 FIS 是指 3B 信等以下的投机级 FIS。按照一般人的理解,较低信用等级的 FIS 需要增信,而较高信用等级的 FIS 无需增信。理由是较高信用等级的 FIS 风险低,不存在发行问题,违约率也较低,如果增信,则会产生增信费用而增加了 FIS 的融资成本。因此,高信用等级 FIS 及其发行人不愿意增信,或者 FIS 发行市场不太接受增信。作为初步发展的 FIS 市场,中国增信(融资担保)认识及其制度设计就是这样形成的。但是,这种增信的直观认识所形成的增信制度是非常有害的。这不仅使中国融资担保机构处于非常危险境地(2013—2014 年度,中国担保公司倒闭率达 10% 以上),而且会建立更有危害于金融市场的增信制度。因此,从不同信用等级 FIS 的风险特征入手,真正认清增信对象,才能完善增信制度。

低信用等级的 FIS 特征是金额小、期限短、利率高、违约率高,因此,其信用风险是可以预期的。这种 FIS,不但从高利率上反映其风险度,而且更注重资产处置收益率(或资产抵押率),不会简单地得到并给予信用融资。正因为如此,难以信用融资的,当然也不太可能为信用增级(增信)。其一,这种 FIS 的利率较高。投资这种资产,在合格投资者心理预期上,就是所谓"高风险高收益"的 FIS,必然已有心理准备,或者有对冲组合资产进行优化配置。其二,这种 FIS 的发行金额相对较小。这样,不仅信用违约不会对市场带来大的冲击,而且更应加强资产合理配置。其三,这种 FIS 的期限较短。对融资者的融资行为和偿债能力可作出较为正确的判断。所以,这种低信用等级 FIS,即使没有增信,如果发生违约,也在合格投资者预期范围,并且由于低信用等级的 FIS 占全部 FIS 的比例较低,因此也不会引发系统性风险。

低信用等级 FIS 存在增信需求,比如希望降低融资成本,或者易于发行,但却不应成为增信所选择的增信对象。如果对其增信,应该有相应政策配套实施。比如中国中小企业的融资担保,应该是有许多融资担保政策配套实施。另外,中国式融资担保与风险投资并举,可以通过提高投资收益达到与融资担保违约风险的平衡。中国融资担保却主要对无信用等级与低信用等级 FIS 进行增信,并以行业定价为基础,融资担保机构犹如赌徒,风险必然巨大而无法避免。正因为如此,中国融资担保只是半只脚踏进了增信的门槛,还未正式进入增信的大门。

2) 短期限、高信用等级 FIS

高信用等级 FIS,特别是 3A 信用等级 FIS,对于大多数机构投资者来说,是最安全、风险最小的。而且,高信用等级 FIS 评估有效期为 1 年,超过 1 年并不有效。根据这个特性,1 年期的、高信用等级 FIS,完全可以不用增信;否则,就有增加融资成本或减少投资收益之嫌,除非为下述选择增信的需要。

其实,以"一分风险一分价"否认增信必要性的观点是非常有害、有失偏颇的,是长期"刚性兑付"造成的错误认识。有个惨痛教训案例,某大基金公司的总经理,从基金规模仅为二三百亿元人民币的小基金,经营到基金规模为二三千亿元人民币的大基金,数年内基金规模增长 10 倍,基金管理费和利润也呈几何级上升趋势,其可谓俊才倍受青睐。但是,由于其持有数百亿元"钢贸企业债",导致基金损失惨重,这位俊才前两年不得不辞职,从公募大基金明星转战私募小基金新兵,人生跌入谷底。谁之罪? 如果中国资本市场上存在 CDS 等增信产品,也许这位俊才命运不至于如此,但 2010 年开始,中债增信已经推出 CRMW,包括这位俊才在内的业内人士可曾关注? 如果 CRMW 并不适用于"钢贸企业债",就应该明白继续持有"钢贸企业债"的风险何在,那么,卖出"钢贸企业债"才是出路。

2. 适应信用变化需求

1) 企业生命周期理论

FIS 及其发行人/融资者的信用是变化的,不是一成不变的。基于"企业生命周期"理论,有的处于具体行业快速上升的发展阶段,或者行业结构调整完成的受益者,信用或者信用等级会上升或上调;有的处于具体行业的衰退期,或者行业结构调整完成的淘汰者,信用或者信用等级会下降或下调。依据"企业生命周期"理论,企业都具有生命周期,先由朝阳(创业)期,再向高峰(成熟)期发展,最终走向衰落(破产)期。当然,这个生命周期又包括正常与非正常两种生命周期。

因为信用变化,有些 FIS 及其发行人/融资者,由不用增信转化为需要增信,成为增信对象。比如,一些原本信用不佳的初创企业,短期融资时并不是增信对象。但是,初创企业经过高速发展,迅速成为信用卓著的大型企业,长期融资时就可能变成增信对象。有些 FIS 及其发行人/融资者,由需要增信转化为不需要增信,由增信对象转变成非增信对象。比如,一些原本信用尚好的名牌企业,因行业转型未成功而转变成信用不佳的没落企业,短期融资时可能不会成为增信对象。

2）信用等级仅为 1 年有效

这种所谓"信用等级"，是指专业信用评级（信评）机构给予 FIS 在 1 年内的信评结果，并不自动表示未来若干年都具有这个信用等级，尽管有信评机构的跟踪信评，但跟不上 FIS 及其发行人/融资人的信用变化。即使信用等级高的 FIS，其信用风险也具有偶发性、突发性、断崖式爆发的特点。这个特点可能导致 FIS 投资者血本无归，如同当年宏伟高大的"泰坦尼克"号游轮无法预测冰山来临而葬身海底一样，犹如目前我国债市发生的大规模钢贸企业违约事件一样，都是高信用等级 FIS 这种特征的典型表现。因此，对非专业人士或机构来说，这种高信用等级具有相对蒙蔽性。

根据有关信用风险及其信用评级的理论与实践，信用等级是信评机构对主体或产品信用风险/信用违约率的信评结果，这个信评结果具有相对客观性。基于信用风险的信用等级，尽管巴塞尔协议关于银行信评与三大国际信评机构的信评存在差异，特别是长期信评观点有所不同。但是，对于当期信评（1 年期信评），无论如何，巴塞尔的银行信评与三大国际信评机构的信评还是趋同的。经信评所产生的信用等级在 1 年内具有相对客观性，被增信的 FIS 及其发行人/融资者的信用等级，在获得这个信评结果时是可以确定的。

但是，这个信用等级无论高还是低，并不意味着未来若干年内这个信用等级可以保持不变。也就是说，高信用等级 FIS 及其发行人/融资者的长期信用等级并不确定，或者不具有稳定性。在 FIS 有效期间，如果 FIS 及其发行人/融资者的信用等级没有被信评机构下调，FIS 的价格可以确定不变。但是，由于长期信用等级的不确定，FIS 及其发行人可能会牵动 FIS 价格波动或触发违约风险。

综上，依据上述企业生命周期理论和信评理论，即使现在信用等级高的企业，只是表明这个企业在 1 年内违约风险极低，至于 3 年或 5 年后的信用风险究竟如何，是否能继续保持 3A 信用等级，这是不能确定的。美国 2008 年金融危机中倒闭的雷曼兄弟、世通能源等高信用等级企业，说明了企业信用等级在长期来讲是不确定的。从眼前来看，今天全球高信用等级的石油化工企业，在新能源，特别是石墨烯、新材料电池行业的不断成长后，谁也不能保证中国"3 桶油"企业在未来若干年后还能继续保持高信用等级。从长远角度看，随着互联网金融的发展，有人预测传统商业银行 20 年后也有可能从金融界消失，但许多传统商业银行在目前却是 3A 信用等级。

3. 信用等级越高,长期风险越隐蔽

高信用等级的大型企业,因为需要降低成本,所发行的 FIS 期限一般都比较长,或者追求长期的 FIS。但是,这样高信用等级的大型企业,其信用等级也是 1 年内有效,并不适用于未来若干年。同时,这样高信用等级的大型企业,往往处于行业发展的顶峰期,未来若干年可能会走下坡路,如果产品结构调整不到位,很可能信用等级会被下调,因此长期信用风险具有不确定性。但是,大型企业却容易欺骗投资者的理性思维,会产生偶发性、突发性、断崖式爆发信用风险的特点。

作为比较与借鉴,可以参考银行存款法定保险制度。存款作为一种特殊的 FIS,在利率上,比 FIS 低一些。一般来讲,银行风险要比一般企业小一些,更重要的是,存款保险制度使存款真正成为"上封顶而下保底"的固定收益产品。存款保险制度,实际上就是对存款这种特殊 FIS 的增信,商业银行作为高信用等级的大型金融机构,为什么银行存款还需要保险(增信)呢? 这与上述高信用等级的 FIS 风险特征完全一致,特别是长期信用风险不确定,可能导致商业银行破产,累及商业银行存款这一基本金融功能,并引发系统性风险。作为金融机构的商业银行,其信用等级应该比其他机构/企业高一些,既然银行因长期信用风险或信用等级不确定而被世界各国政府强制采取存款保险制度,那么,信用等级高的一般商业资本机构或者大型企业发行的长期限 FIS,进行法定增信也是非常必要的。

4. 特殊增信对象

因为国家、地方基础设施建设需要进行融资,或发行地方政府债、市场债的,或者因为国际战略规划投资需要,或者人民币国际化发展需要,需要为"一带一路"沿途国家、沿途项目所需要发行的以人民币计价的他国债券或他国项目债。由于这些 FIS 财务透明度不够,无法在正常资本市场上获得融资,或者融资利率很高。为此,对于这些财务不透明的 FIS,又为国家需求,可以采取法定增信。

三、增信认识基础

FIS,与股票、存款三分天下,是世界各国金融界的三大基本业态,也是投资者基本投资对象或投资产品。因此,对增信的认识,应该从 FIS、股票、存款的风险收益特征及其相互关系中去认识,更应该从增信与 FIS 的关系中去理解。

一般而言,股票的风险收益特征是"上不封顶、下不保底",收益大、损失也大,股票价格波幅较大,收益也不具确定性,投资风险相对较高。因此,股票的风险收益特征决定了股票不需要增信。

存款作为一种 FIS,对于大众投资者来讲,其风险收益特征应该被认为是"上封顶而下保底"。在存款保险制度全球基本普及的今天,存款保险(增信)不仅是确定无疑的,而且也是法定的,值得提醒的是,它是限额存款保险制度。在限额存款保险制度下,对普罗大众而言,个人有限存款才具有"上封顶而下保底"特征。除此之外,企业存款、大额存款并不具有"上封顶而下保底"的特征。因此,拥有企业存款、大额存款的各种法律上的人,必然希望寻求其他类似替代产品来达到"上封顶而下保底"的目的。

作为 FIS 整体来言,风险收益特征应该是"收益小而损失小"。一方面,FIS 收益小,或收益固定,价格波幅也较小;另一方面,FIS 被认为信用风险或违约率被限制在较小范围内,或在预期(见)范围内,或者,投资者对信用风险或违约率有确定的认识,有承受违约损失的心理准备。

相对股票投资来讲,FIS 的投资特征为"上封顶而下不保底"。从投资收益来看,FIS 是有最高限制的,收益固定且不可突破。从投资损失来看,FIS 不仅不保值增值,而且可能血本无归。因此,当 FIS 背离投资者心理预期发生信用违约时,投资可谓损失严重,甚至本息尽丧。此时,FIS 的投资风险就远远高过股票,可谓"收益小而损失大",这是任何投资者都不愿看到的。关键问题是,什么样的信用等级、多长期限、融资者什么样透明度的 FIS,是与投资者心理预期发生背离的信用违约? 在什么时候是没有心理准备而发生信用违约的?

如果对 FIS 进行增信,对于融资者来讲,不仅易于发行,而且降低发行成本。众所周知,利率高低或发行成本,完全基于发行主体或产品的信用等级。信用等级高的,风险较低,因而利率也较低;信用等级低的,风险较高,因而利率也较高。如果 FIS 通过增信,使低信用等级的 FIS 及其发行人获得较低的利率,那么,融资者就获得了较低的融资利率,降低融资成本。正因为如此,降低融资成本,成为各国政府关注增信的着力点,也就成为增信的关注点。增信的 FIS,对于投资者来讲,不仅节约了交易成本,包括但不限于审查、咨询产品的时间和费用,更重要的是,较为符合投资心理预期。

从投资选择来看,限额存款保险制度,对厌恶风险的投资者并不适用,而无限额保险的 FIS 却是他们最为中意的。因此,如果站在这个角度,无论是对高信等的 FIS,还是对低信等的 FIS 进行增信,对 FIS 投资者来说,都是必要的。大范围的 FIS 违约风险,会对 FIS 市场带来剧烈冲击和振荡,导致 FIS 市场急剧萎缩,甚至演变成金融危机。可见,增信对于 FIS 来讲,可使 FIS 回归其风险收益特征的本来面目,即"收益小而损失小",或"收益小而无损失",这才是增信的根本目的。

当然,有的投资者偏好高风险高收益债券。一方面,这部分投资者已经有了违约风险预期的;另一方面,这部分投资者可能已经做了资产优化配置,或者对冲业务。否则,如果FIS出现信用违约,对于投资者来讲肯定是一个噩梦。如果是资产管理机构为了一己之私,为了多挣管理费而一味追求高风险、高收益产品,却无视FIS违约风险,则是资产管理机构道德风险,应该按"出民入刑"原则进行处罚。

历次重大危机,包括21世纪初的美国安然公司倒闭案、2008年美国金融危机中轰然倒下的雷曼兄弟公司、中国近两年"钢贸企业债"等信用违约事件,都是原来信用等级非常高,甚至"不可一世"的债券发行人。但是,现在对于大多数投资者来说,却变成了"苦债"。正因为高信用等级FIS具有金额巨大的特点,如果发生信用违约,才会对资本市场带来巨大冲击和剧烈震荡。21世纪初开始疯行的CDS,也就是因为其成为所谓高信用等级的安然公司违约债的"保护天使",才受到投资者热捧。世界各国设立的银行存款保险制度,则是最好的法定增信教材。

因此,只有在比较了FIS、股票、存款等投资产品的特征,真正认识到风险与利率关系后,所谓"一分风险一分利"的FIS定价理论,才有现实意义。对可预期的违约风险,可从FIS定价中得到认知。关键是对不可预期的违约风险,无法从FIS定价中得到认知。因此,无法从FIS定价中认知的,不可预期的违约风险,对于这种FIS必须予以增信,甚至法定增信,如同个人存款保险制度。可以想象,因破产可能性促使全球银行,即使较高信用等级的银行,也必须遵循法定存款保险制度,何况一般企业的债券/FIS。

综上,吸收、转移或分离FIS信用风险,目的就是让FIS回归其风险收益之特性。因此,采取主动性承担原则,增信(行业)就伴随着FIS市场和资本市场共同成长和发展。从目前来看,FIS市场规模化发展,离不开增信;而且,增信形态或增信类型的变化/转换,都是为了适应规模化发展的FIS市场。

四、两大增信对象

1. 法定增信对象

根据"有效化解FIS的信用风险,以防对资本市场的意外冲击/震荡"的增信目的,遵循"主动性承担"的增信原则,把有些信用风险进行法定增信,从增信对象,或 FIS 及其发行人/融资者那里分离转移出来,由社会或市场承担。

至于由增信机构承担,或哪个增信机构承担,还是由增信产品承担,形式上是由政府规制来决定的,实际上是由市场决定的。在市场化担保,或非关联担保刚起步时,增信对象多为地方政府债和市政债,于是,无论美国的金融担保,还是中国的融资担保,增信业务成为社会有效资源,增信机构成为行业监管的、持牌经营机构。但是,随着市场化的增信对象出现,FIS 市场规模化发展,随机信用风险难以控制,增信机构将处于赌徒地位。当增信业务不再属于社会有效资源时,市场化的增信产品必然登上历史舞台,信用风险最终将由市场化的增信产品承担;否则,要么任凭 FIS 市场因信用风险跌宕起伏,要么社会资源无法有效分配,无法调集巨额资本用以增信。由此可见,增信应该属于分享经济。

要建立分享经济,需要先打开一个稳定而巨量的增信市场。没有巨量的增信市场,分享经济无法有效运行,甚至成本或风险超过增信主体。关键在于是否存在一个稳定而巨量的增信市场,以往是如何存在的。上万亿元人民币的“钢贸企业债”违约事件说明了这个增信市场确实存在,只是我国通过非市场化的“债转股”行政手段加以解决。但是,“钢贸企业债”违约事件只是说明市场存在的必然性,这只是第一次集中爆发,绝不会是最后一次。对于目前中国 FIS 市场每年都发生近千亿元人民币的违约损失,却不知如何设置正确的增信制度与增信产品,正是这个市场的无奈与悲哀。

目前全球第一个法定增信产品——法定存款保险,就是以银行及其存款业务(FIS)作为法定保险对象,并由政府指定机构进行保险。在当前条件下,政府指定机构承担银行信用风险尚可经营获利。但是,一旦中国存贷利差保护政策的取消,未来市场化的银行业务经营风险巨大,银行倒闭将对存款市场带来巨大冲击,而政府指定的承保机构也将面临巨大挑战和风险,能否持续经营,拭目以待。

同理,下述 FIS 类型,同样需要进行法定增信,才能遵循增信原则,并实现增信目的。反之,作为分享经济,也必然要求一个稳定而巨量的增信类型和增信市场,并迅速达到最快与最佳经济效益,才能使分享经济体现出惊人的社会效益和经济效益。

1) 长期限的、高信用等级 FIS

一般来说,高信用等级 FIS 发行人/融资者,都可能是经营卓越的大型企业集团,信用风险或违约率应该说是非常之低。根据商业银行的风控数据表明,2A 信用等级的企业违约率应该在 1% 左右,3A 信用等级的企业违约率应该在 0.2% 之内。因此,高信用等级这种大型企业集团所需的 FIS,一般具有融资金额大、期限长、利率低等特征,而且往往可以得到信用融资,因此也就符合信用增级(增信)的基本要求。

这种高信用等级大型企业集团的 FIS 作为增信对象,其增信优点之一,是增信期限长、违约率低,而且短期违约可能性极低,可以形成增信收入与违约损失的平衡点。其增信优点之二,是金额大、利率低,又可建立增信资金池以应对可能发生的随机违约率。

尽管高信用等级 FIS 的短期信用是好的,信用风险是低的,这是可以预期的。但其长期信用风险是具有不确定性的,难以预期的。因此,高信用等级、长期的 FIS,必须成为增信对象,而且应该是法定的,如同银行存款法定保险;反之,高信用等级、短期的 FIS,增信却是没有意义的,可能会增加融资成本。

2)财务不透明但国家需求的 FIS

法定增信对象还有一类叫作财务不透明但国家需求的 FIS,包括地方政府债、市政债、央企国资的 FIS、人民币国际化过程中的以人民币计价的他国债券。

2. 选择增信对象

选择增信对象,是指非法定增信对象,而由 FIS 投资者/持有人根据自身风险偏好,对有些 FIS 及其发行人/融资者进行选择增信。选择增信对象,就是遵循"选择性承担"的增信原则,把有些信用风险进行选择增信,从增信对象,或 FIS 及其发行人/融资者那里分离转移出来,由增信机构或增信产品承担,由 FIS 投资者/持有人承担风险转移成本。选择增信对象,包括如下几个方面:

1)短期的、高信用等级 FIS

(1)短期(1 年期内)的、高信用等级 FIS,具备下述两个状况的,可以选择增信:其一,信用等级出现断崖式下坠,直至突然出现信用违约或破产倒闭,"跟踪信评"根本无法正常跟进。其二,出现行业转型危机,大面积破产倒闭,"跟踪信评"根本无法正常跟进。但是,为这种信用风险进行增信,不应属于主动承担原则,应由 FIS 持有人承担这个增信风险或增信成本,即选择增信。也正因为如此,CDS/CRMW 这类投资增信产品存在才有了套利期限和套利空间。因为持有长期CDS/CRMW 的卖方,经过一个较长时间后可在短期(1 年期内)进行反向操作(买入),不仅可以进行风险对冲,而且可以实现套利目标(长短期利差)。而在短期(1 年期内)进行卖出 CDS/CRMW 操作的卖方,则认为 1 年内的这种短期的、高信用等级的 FIS 及其发行人/融资者,风险应该较低,可以获得风险利差(增信收益)。

（2）1~3 年的中短期的、高信用等级 FIS,可以采取选择性承担的增信原则,同样可以遵循选择增信的基本原则,由 FIS 持有人承担信用风险,或者 CDS/CRMW 卖方,即增信者承担增信风险。也正因为如此,长期的 CDS/CRMW 这类投资增信产品的存在,也就有了基本的套利期限和套利空间。

2) 短期的,较高信用等级 FIS

（1）3 年期限以下的、较高信用等级 FIS,可以采取选择投资增信,也可采用融资增信;可由 FIS 持有人承担增信成本,也可由 FIS 发行人/融资者承担增信成本。

（2）1 年期限以下的、较高信用等级 FIS,可以采取选择投资增信,由 FIS 持有人承担增信成本,正是 CDS/CRMW 这类投资增信产品的增信对象。

五、调整增信对象

20 世纪 70 年代初,增信初始阶段的美国债保业务,或者说债保业务所基于的行业资本金,就足够满足当时 FIS 市场发展的需求。随着资本市场的不断发展,FIS 市场规模化发展将不可避免,美国也开始从初始阶段的美国债保业务走向高级阶段的增信产品,CDS 的诞生,就是适应了 FIS 市场规模化发展的需求。

同样,FIS 市场规模化发展是资本市场深化的表现,中国近十年来的 FIS 市场规模化发展就证明了这一点。中国目前的 FIS 市场总量已为百万亿级水平。评级机构标准普尔 2014 年 6 月 16 日发布报告称,截至 2013 年年底,中国公司债规模达 14.2 万亿美元,超过美国的 13.1 万亿美元规模,成为最大的公司债发行国家,这比该机构预期时间早了 1 年,而且中国企业的融资需求还将不断增长。标准普尔预计,到 2018 年,中国公司新增债务和融资需求将达到 20.4 万亿美元,约占全球总量的 1/3。

中国以往 FIS 市场没有规模化发展,都是以传统担保方式对短期的、金额小的、低信用等级的 FIS 进行增信。因此,随着中国 FIS 市场迅速的规模化发展,中国需要将增信对象调整为对长期的、金额大的、高信用等级 FIS,2016 年 9 月底前中国正式出台了 CRMW,并引进了 CDS,将增信对象调整为长期的、金额大的、高信用等级 FIS,这样才能满足中国 FIS 市场规模化发展的需要。

第三章　增信投资与增信效益

增信效益是增信投资的必然诉求，不同的投资方式将得到不同的增信效益。

第一节　概述

　　增信投资，就是投资增信载体，包括投资增信主体和投资增信产品。

　　投资增信主体，就是投资增信机构的股权，即股权投资。在人们尚未认识、了解增信主体/增信机构的增信风险，或者"刚性兑付"盛行，或者国家信用还支撑着FIS市场，或者货币超发仍为常态时，增信投资主要是间接投资，或者股权投资。因为增信投资者并不与增信直接相关，而是与增信主体/增信机构的股权相关。通过持有增信主体/增信机构的股权，间接承担增信风险并享有增信收益。投资增信主体，也是一种有限投资。因为增信主体/增信机构都是有限责任公司，意味着股权投资只是承担有限责任。也就是说，增信主体/增信机构因增信风险而倒闭破产，增信投资者以其股权投资为限承担相应投资责任，而不会承担无限责任，进一步追究增信投资者的投资责任。

　　投资增信产品，包括现行增信产品 CDS/CRMW 在内的，以及未来可能产生的创新型增信产品，当然也包括增信资产、增信资产池的交易，即各种增信资产投资。在人们认识、了解到增信风险应由市场承担，不应实行"刚性兑付"，国家信用应该撤出 FIS 市场,应该打破货币超发、"中等收入陷阱"恶性循环之后,增信投资开始转向这种直接投资,或者产品投资。投资增信产品,直到目前为止,所有现行增信产品 CDS/CRMW,还是承担无限责任的。当然,投资增信衍生产品,比如 CLN/ABS 夹层证券,是承担有限责任的。为了适应投资有限责任的历史潮流,未来创新型增信产品及其创新型增信衍生产品,都应该以有限责任为基础,扬弃无限责任对投资者的制约与限制。

增信效益,是指增信投资的经济效益,包括宏观效益和微观效益。

宏观效益,是指资本市场需要投入多少资本进入增信行业,又可获得比其他投资领域更高的增信效益。比如,整个 FIS 市场有多少价值的 FIS,或者什么类型的 FIS 需要增信,或者多少资本才可支撑需要增信的 FIS。如果这么多的资本用于支撑增信,或者投资增信,增信效益如何,是否比原有资本市场或投资领域具有更好的投资效益,即增信效益。

微观效益,是指具体增信的投资效益,包括股权投资与产品投资两个方面的增信效益。

增信效益与股权投资存在两个重要方面的关系。一方面,通过比较增信效益,可以发现,股权投资尽管属于间接投资,但是在刚性兑付、国家信用支撑 FIS 市场和货币超发等非市场因素消失后,增信主体/增信机构在随机概率的信用风险作用下,处于赌徒地位,增信风险巨大,因而股权投资效益不得而知。另一方面,由于增信主体/增信机构的 10 倍资本金杠杆率,无法满足 FIS 市场的规模化发展,否则需要资本市场投入过多资本,但是收益与风险极其不相适应。因此股权投资与增信效益之间存在利益相悖的巨大矛盾。

增信效益与产品投资同样存在两个方面的重要关系。其一,产品投资尽管突破了增信主体/增信机构 10 倍资本金杠杆率的限制,可以对接上整个资本市场,可以适合 FIS 市场的规模化发展。但是,由于所有现行增信产品 CDS/CRMW,只适用于投资增信类型,不适用于融资增信类型。对于中国 FIS 市场来说,融资增信类型可以占到 FIS 市场的 2/3。因此,必须加紧开发适用于融资增信类型的创新增信产品及其增信衍生产品。其二,现行增信产品都须承担无限责任,对增信投资来说,尽管可以通过专业技术进行产品优化组合,但仍然具有相当风险,这也是制约产品投资的重大因素。因此,产品投资需要更多的有限责任的增信产品及其增信衍生产品,以符合有限责任的投资历史潮流。

增信效益,应该包括杠杆效益最大化、边际效益最大化和规模效益最大化。

三大效益的最大化,涵盖了增信主体、增信行业及其整个资本市场对增信效益的追求。

第二节　增信投资

一、股权投资

股权投资源于创立增信机构,股权转让,资产重组或破产重组。其中,有的是主动投资,似乎机会难得;有的是被动投资,不得已而为之。如果为主动投资,比如增信机构创立、股权转让,那么投资人看好增信机构盈利能力;如果为被动投资,比如资产重组或破产重组,那么投资人可能为"两其害,择其轻",不得已而为之。

股权投资,对于增信投资来说,只是间接投资。即使整个增信行业盈利,也不代表某个所投资股权的增信机构盈利;反之,即使整个增信行业不盈利,也不能绝对地否认某个所投资股权的增信机构盈利。即使某个所投资股权的增信机构盈利,也不代表增信业务盈利;反之,即使某个所投资股权的增信机构不盈利,也无法否定增信业务盈利。因此,股权投资属于行业投资管理,对于增信投资来说,属于间接投资。

股权投资,对于社会资本来说,是需要筹集新资本投入的。新资本投入,就是要比较行业投资收益。如果增信行业收益丰厚,自然会吸引投资;否则,就是另有隐情或企图,属于机会投资。如前所述,增信机构(增信主体)在开展增信业务时存在诸多增信风险。就理论上而言,增信机构的股权投资应该被认定为风险极大、不值得投资或投资效益极差。

股权投资,作为行业投资,无论美国,还是中国,增信机构的股权投资在早期都是一种机会投资,属于有价值的投资。究其原因,早期各国的 FIS 市场化深度不够,增信业务的市场化程度也不高,国家(政府)信用还在起着作用。无论美国地方政府债、市政债,还是中国的地方政府平台债、央企国资企业债,都实行"刚性兑付",或者信用风险可以控制和调节。因此,凡是为这些 FIS 增信的增信机构,都获得了盈利。随着 FIS 市场不断深化,增信业务市场化程度不断提高,FIS 的信用风险和市场风险不断显现,增信机构的增信业务风险也水涨船高。为了分散增信机构的风险,增信产品应运而生。

1. 早期股权投资

专业增信机构开创于美国 20 世纪 70 年代初,正值美元与黄金分离之时。美国专业增信机构以"金融担保"名义开展增信业务,受金融监管并持牌经营,为地方政府债、市政债及其 ABS 作信用支持或信用增级。作为信用支持/信用创造机构,自然为美国投资者所倾心,因此,增信机构的股权投资属于一种机会投资。据说,直至 20 世纪末 30 年内,以五大增信机构为首的 15 家增信机构所增信的 1 万亿美元债券从未发生过违约偿付事件,也没有被下调过信用等级。因此,增信机构的股权投资收益应该为正收益。但由于这些增信机构为非上市机构,因此无法了解这些增信机构的具体投资收益。在百年基础设施建设的最后 30 年,美国地方政府债和市政债总量只有 1 万亿美元,融资增信业务在美国迅速萎缩。随着增信产品(CDS)的兴起与快速发展,增信产品无需行业监管和持牌经营,任何人都可以对增信产品进行直接投资。作为间接投资,美国增信机构股权投资开始走下坡路。

尽管为了市场份额进行过资产重组,比如 CapMAC(资本市场保险公司)于 1999 年并入市政债券投资者担保公司(MBIA),MBIA 成为世界最大的金融担保公司,五大增信机构也改为四大增信机构。在 1997 年中期以来亚洲评级普遍降级的影响下,由四大增信机构之一的 CapMAC 与亚洲开发银行、新加坡政府投资公司、马来西亚雇员储蓄基金共同组建的亚洲担保(ASIA Ltd)被标准普尔由 A 级降到 BB 级,这是一个金融担保机构第一次被降级。在 2008 年美国金融危机中,有大量增信机构遭受巨大损失,信用等级被下调,如四大增信机构之一的金融担保保险公司(FGIC)被下调为 2A。

在中国,融资担保机构早期作为银行对中小企业贷款的附属工具或形式要求而成立,近 8 千家融资担保机构大多为虚假出资或抽逃资本金,尽管近万亿元人民币的行业资本金,实际融资担保额仅为 2.4 万亿元,资本杠杆率仅为 2.4 倍。在 2013 年前中国盛行"刚性兑付"的条件下,或者只是形式担保的条件下,融资担保机构也成为一种机会投资。随着 FIS 市场上打破"刚性兑付",近几年来融资担保机构倒闭率竟高达 10% 以上。资本金较大的融资担保机构,资本杠杆率高达 20~30 倍,尽管信用评级为中国式评级的 3A,但增信后的 FIS 实际利率却达不到应有的利率水平。融资担保收益加上对外投资收益可达 10% 左右,但经营成本一直居高不下,净利润仅为 4% 左右。此外,中国融资担保机构资本金投资物业比例都很高,资本金流动性较差,根本无法进行及时偿付这种制度安排。一旦发生增信偿付,一般只能进入诉讼解决。在这个意义上讲,中国的融资担保业务还未真正成为美国式的金融担保增信业务。因此,尽管在"刚性兑付"彻底打破前,融资担保机构的股权投资仍属机会投资,特别是地方政府平台融资仍然需要大量融资,还有一些国资及其行业为了所谓融资需求而投资设立融资担保机构。但已有迹象表示,私人资本已不愿进入这个风险行业了。

2. 后期股权投资

现行增信产品产生以后,作为金融监管、持牌经营的增信行业股权投资基本完毕。因为高信用等级资本机构都可以参与增信产品交易实现增信投资目的,而无需投资增信机构的股权,或设立新的增信机构。因此,作为专事于增信产品的中债增信和中证增信,就其设立本身,或者公司股权投资,又是与现行增信产品产生目的相悖的。除非:①假借增信产品创新名义,绕开担保/保险概念,以信用买卖之名,从事传统增信业务。②设立与现行增信产品不同的创新型增信产品,需要设立创新型增信产品发行机构和增信资产管理机构。

新型增信机构的股权投资方兴未艾,与以往不同的是,①新型增信机构都是号称进行增信创新,从事创新增信产品或增信基金,不再关注融资担保业务。②注册资本金平均要比以往融资担保公司大得多,都在 40 亿元人民币以上。③希望成为增信资产的管理人或做市商。④以 FIS 行业协会出面协调进行股权投资。银行间交易商协会规避行业金融机构参与股权投资,以防利益冲突。中证协会则以券商为主,并未作利益冲突防范之举。

当任何高信用等级资本机构都可以参与增信产品交易实现增信投资目的时,作为独立的增信机构,其存在与发展就倍受质疑。其实,这些增信机构只剩下名义而已,与其他高信用等级资本机构并无二致。中国有些“砖家”建议设立专业增信机构,根本上是为自己寻找一个可以依靠的大资本“养老院”,是浪费社会资本/社会资源的一种“创举”。

二、产品投资

产品投资,无论在宏观上,还是微观上,都要优越于股权投资,这是两个不同层次的增信投资。股权投资是增信投资的初级阶段,属于间接投资;产品投资是增信投资的高级阶段,属于直接投资。股权投资,受制于行业监管和持牌经营,只是非常有限资本有机会进行增信机构股权投资。但是,增信机构股权投资,不仅增信风险居高不下,而且无法满足规模化发展的 FIS 市场。

产品投资,打破了金融监管、持牌经营的限制,使任何高信用等级资本机构都可以参与增信产品交易,使增信投资连接上了庞大的资本市场,使增信产品获得了庞大的资本市场支撑,极大地丰富和发展了增信市场;同时,获得庞大的资本市场支撑的增信产品,又可以满足 FIS 市场规模化发展的需求。

值得欢欣鼓舞的是,产品投资所带来的这种局面,却没有增加任何新的社会资本投入,只是社会资本(资源)得到最佳运用和优化配置,并得到最佳投资效益。可以这样来看,增信产品投资,其实是共享经济的最早典范。

1. 效益最大化

从宏观上讲,产品投资具有效益最大化的优势,包括杠杆效益最大化、边际效益最大化和规模效益最大化。如前所述,在股权投资条件下,因众多增信风险使增信机构步履艰难,投资效益面临巨大风险。增信产品,不仅可以克服增信机构(主体)的所有增信风险,而且无需社会资本(资源)专业投入以满足 FIS 市场规模化发展的需求,只是利用现存高信用等级资本机构的信用专业从事增信产品交易,达到增信目的。如同众筹经济或共享经济,利用社会剩余资源达到效益最大化,从而符合效益最大化的经济原理。

2. 价值投资管理

从微观上说,股权投资属于行业投资管理,产品投资属于价值投资管理,表明了增信投资从初级阶段走向高级阶段。产品投资,无需筹集新资本投入,也无需进行行业投资收益比较,也不存在资本金从另一个行业流向增信行业,或者为增信行业/增信机构股权投资而截留为资本金。所有高信用等级的资本机构都可以参与增信产品投资,其参与产品投资的依据,仅仅为价值管理和价值发现。此外,对于增信投资来说,产品投资是直接投资。哪怕整个增信行业不盈利,某个增信产品投资仍然可以盈利;反之,哪怕整个增信行业盈利,也不能否认某个产品投资亏损。某个增信产品投资盈利,也不代表其他增信产品投资可以盈利;反之,即使某个增信产品投资不盈利,也不能推定某个增信产品投资是否盈利。因此,产品投资与股权投资不同,属于价值投资管理,而非行业投资管理。

第三节　增信效益

一、杠杆效益最大化

无论在宏观与微观上,还是在股权投资与产品投资上,杠杆效益最大化都是必须的,也是增信投资追求增信效益的必然诉求。

从微观上、或股权投资上讲,作为增信机构,开展增信业务,必然与其资本金相关,即资本信用。资本信用是开展增信业务的基础,而且资本信用具有杠杆作用。中国七部门联合发布的《融资性担保公司管理暂行办法》规定,融资担保额度不得超过担保机构资本金 10 倍,或净资本的 10 倍。因此,增信效益最大化,与增信资本金杠杆率有关。假设增信机构不对外投资,如果加大资本金杠杆率,净利润就是正效益。资本金杠杆率为 10 倍,净利润为 5%;如果资本金杠杆率为 20 倍,净利润为 10%;如果资本金杠杆率为 5 倍,净利润为 2.5%;如果资本金杠杆率为 1 倍,净利润为 0.5%。因此,杠杆效益最大化与增信效益是正相关关系。但是,资本金损益对杠杆效益最大化、增信效益产生难以估量的影响,并以同等杠杆量影响着增信效益。

从宏观上、或产品投资讲,增信机构的资本金 10 倍杠杆率,如果要满足规模化发展的 FIS 市场,增信机构的资本金可能要么严重不足,要么效益低下。但是,如果增信行业或增信机构在不增加社会资本投资条件下,可以通过增信额度或增信资产转移,或通过增信产品释放增信机构资本金 10 倍杠杆率的限制。这样,从理论上讲,通过增信额度或增信资产转移的增信机构,其资本金杠杆率就应该是无限的,不会受制于 10 倍杠杆率。因此,在以市场信用为基础的增信产品中,资本金杠杆效益与增信效益属于正相关关系。通过增信资产交易或发行增信产品,可以有限的增信机构资本支撑起巨大的增信资产规模,产生至少几十倍甚至数百倍的资本杠杆率,这是共享经济特有的杠杆效益最大化的特有典范。

二、边际效益最大化

边际效益最大化,也必然是增信投资追求增信效益的客观反映。从微观上讲,增信涉及资本信用,边际效益最大化就是指如何在运用好资本信用的同时,运用增信机构资本金进行对外投资,来加速资本周转率,以期获得增信收益以外的超额增信效益。从宏观上讲,边际效益最大化,是指如何运用社会资本进行增信投资,或者说以什么样的资本来做增信,在最节约、最少量动用资本的条件下收到同样的增信效益。

1. 对外投资

站在增信机构角度,所谓边际效益最大化,就是在资本金 10 倍杠杆率条件下,资本金除了用于支撑增信业务,并在增信资产优化配置条件下,还可用于对外投资。假设增信机构在不加大资本金杠杆率条件下开展对外投资业务,资本金杠杆率为 10 倍,净利润为 5%,并且资本金投资获取 4% 净利润,那么,净利润总额为9%。同样资本金杠杆率,但资本金投资与否,对净利润有着不同作用。资本金对外投资,净利润可能是正效益;资本金不对外投资,净利润肯定是无正效益。因此,呈正效益的资本金对外投资可能实现边际效益最大化,并与边际效益最大化可能呈成正相关关系。

当然,资本金对外投资也可能因投资失败而产生负效益,因追求边际效益最大化反而成为负资产的根源。这样,呈负效益的资本金对外投资与增信效益应该是相反关系。因此,资本金对外投资既是边际效益最大化的必然要求和反映,也可能因资本金损失会对增信机构或增信业务产生重大影响,特别是在资本杠杆率比较充分的时候,资本金损失会对增信业务会产生较大的风险敞口,并进而可能影响增信机构的信用评级。由此可见,对边际效益最大化来说,资本金对外投资是一个变量。变量为正时,可以实现边际效益最大化;变量为负时,则难以实现边际效益最大化,并且可能带来风险。

2. 兼营翻转

对外投资,相对于增信机构的增信业务这一主营业务来说,属于兼营业务。然而,随着增信产品的出现,增信机构以哪个业务为主营,是增信业务还是对外投资? 专业增信机构是否需要存在和发展,是否可以改变为增信产品创设机构或者发行人? 这些都涉及增信效益最大化的根本问题。

假设,增信行业/增信机构新增资本金,资本金杠杆率相同,增信收益相同。如前所述,对外投资是实现边际效益最大化的变量之一,即存在对外投资收益不确定性(风险)问题;反之,如以现行较高信用等级的资本机构进行增信,那么,较高信用等级的资本机构就意味着较好的对外投资已经呈现正收益,是不存在对外投资收益不确定性(风险)问题的。因此,如以现行较高信用等级的资本机构作为增信机构,对整个资本市场来讲,就是实现了边际效益最大化。

假设资本杠杆率相同,以对外投资收益4%为基础目标,增信效益总体为9%。这就存在一个选择,是以新资本投入增信行业,还是以现行较高信用等级的资本机构(投资收益已经超过4%)作为增信机构开展增信业务,来获取这可能实现的9%增信效益。这个选择结果是明确的,就是选择现行较高信用等级的资本机构作为增信机构开展增信业务,因为现行较高信用等级资本机构的对外资本投资回报率是明确的。这样,只要确定增信收益及其如何达到增信收益便可达到预期的增信效益,那就一定会放弃以新资本投入增信行业这个选择。

假如中国有100万亿元人民币的FIS市场需要增信,那么担保机构的资本金需要 10 万亿元人民币。中国有些"砖家"建议设立一个万亿级"担保基金",那也是不够的,至少要 10 个以上的这种资本金巨大的"担保基金"才能可以支撑起我国百万亿元人民币级的 FIS 市场。那么,这个 10 万亿元人民币资本金除了增信业务,必然会追求投资效益最大化,须用资本金进行对外投资。这样,就存在一个资本金对外投资效益问题,即对外投资效益将有极大的不确定性(风险)。

难道我国融资担保机构的投资能力特别专业? 可以想象,我国保险公司的投资业务早期都是委托专业投行机构开展的,何况融资担保机构? 从数据来看,在行业垄断经营条件下,中国债保机构行业净利润不到 5%。从 CRM/CDS 被中国金融管理层认可这点来讲,已经说明了中国决定以现有经营情况良好的金融机构为增信机构,用以达到增信效益,或边际效益最大化的目的。因此,对增信额度来讲都是 10 倍左右,任何以新资本投资或扩大增信机构资本金都是没有任何增值意义。除非中国以非市场化方式介入(即所谓"国家级融资担保基金""再担保体系"),这种增信效益是不难想象的。

如果能利用现有的,经资本市场证明的,投资效益较高的金融机构兼营增信业务,不需要组织新的资本或者很少资本去投资增信载体,并且同样可以支撑 FIS 市场规模化发展。那么,这种资本运用方式,不仅可以达到效益最大化,而且也可达到边际效益最大化。CDS/CRMW 的产生,并获得中国金融管理层的认可,说明现代资本市场必然选择经市场证明投资效益较高的金融机构兼营增信业务,使资本金投资效益最大化,淘汰经市场证明投资效率低下的金融机构兼营增信业务。这样,以行业垄断优势确立的传统债保(增信)业务,逐渐让位于边际效益最大化的现代增信业务和现代增信产品。实现这种"兼营翻转",也是从宏观上达到边际效益最大化。

3. 加速资本周转率

从理论上讲,加速资本周转率,不仅是杠杠效益最大化的表现,也是边际效益最大化的表现。所谓加速资本周转率,就是增信机构在既定的资本金条件下,增信业务加速完成或转移加速完成,因此产生加速获利周转效益。例如,注册资本为 100 亿元的增信机构,现有一个 3A 级的 100 亿元的增信业务需要 5 年才能完成,获利仅为 1%(0.2%/年),并占有 100 亿元的增信额度(20 亿元/年)。在增信业务需求非常充分的条件下,增信机构如果能在当年转让这个增信业务,并获取 0.3%～0.4% 的增信收益。那么,转让这个增信业务,就等于加速了增信机构资本金的周转率,不仅为增信机构带来正效益,而且重新获得 100 亿元的增信额度,可以从事新的增信业务,以期获得新的增信收益。

加速资本周转率,实现增信业务加快终止而实现利润,有助于实现边际效益最大化。通过加速资本周转率,不仅可以突破资本金10倍杠杆率对增信机构的限制,而且也是增信产品赖以存在的增信资产(池)的建立前提。因此,加速资本周转率,促进增信资产(池)的建立,是打开增信业务与增信产品相互联结的关键手段和有效工具。

三、规模效益最大化

规模效益最大化,是指在现有社会资本总量确定的条件下,为了支撑FIS市场规模化发展,可以动用多少社会资本投入增信(载体)资本金才是合适的,即以多少有限资本去支撑FIS市场规模化发展。

在以主体信用为基础的增信业务中,由于受行业资本金限制(资本金10倍杠杆率),如果要达到规模效益最大化,需要先投入巨额新资本;吸引新资本进入增信行业/增信机构,又必然要求高过其他行业的投资收益率;在增信收益率确定的条件下,又必然追求边际效益最大化,故而对外投资又是必然的选项;对外投资作为边际效益最大化的重要变量,具有很大的不确定性(风险);一旦对外投资呈现负效益,不仅影响增信效果,而且直接损害增信业务。由此可见,为了实现规模效益最大化,吸引新资本并非属于优先选项;吸引新资本进入增信行业/增信机构,在对外投资具有很大的不确定性(风险)条件下,不能满足FIS市场规模化发展的需求。

现代增信业务,如CDS/CRMW,增信行业通过"兼营翻转",由高信用等级的资本机构取代持牌经营的增信机构。例如,中国CRMW产品中的近1 400家核心交易商,范围几乎涵盖中国主要的金融机构。这些金融机构的资本金比原来不到万亿元人民币级的融资担保行业资本金扩大了7~10倍以上。尽管这些金融机构从事增信业务的资本杠杆率比原来降低一半,只是5倍资本杠杆率,但总体规模效益却比原来至少增加15倍。关键还在于,这个15倍的规模效益,却并不需要投入新的社会资本。

现行增信产品,CDS/CRMW,更是通过产品交易,使资本市场的所有投资者都可以参与增信产品投资,连接上了整个资本市场。根据中国相关业务规则,一般交易商还包括非法人产品(个人可接间参与),这意味着所有人都可以直接或间接地投资增信产品。这个增信产品及其交易市场,就足以支撑起中国这个数百万

亿元人民币计的 FIS 市场,却不用投入任何新的增信资本金,这在很大程度上达
到了规模效益最大化。同理,通过增信创新,是否可能发展出与 CDS/CRM 不同
的创新型增信产品,我们将拭目以待。

四、具体形式

1. 资本金

资本金是增信效益的主要来源,无论是杠杆效益最大化、边际效益最大化,还
是规模效益最大化,都是以资本金为基础的。一般来说,资本金越大,越可达到杠
杆效益最大化。从表象上讲,资本金越大,增信项目金额相对就小,单一增信项目
风险就越小,可以从大概率上去覆盖单一增信项目风险。因此,单一增信项目的
集合总量,从风险控制角度就可以相对放大,这有利于杠杆效益最大化。这就是
为什么资本金越大的公司,杠杆率越高,杠杆效益就越最大化;资本金越小的公
司,杠杆率越低,杠杆效益就无法达到最大化。

例如,一个资本金在 1 亿元左右的增信机构,即使每个增信项目金额在 0.3
亿元左右,如果给予 10 倍杠杆率就有 10 亿元增信额度,这个增信机构的项目总
数应不低于 33 个。这样的增信机构的增信风险令人担忧,信用评级也不会很高。
但一个资本金在 100 亿元左右的增信机构,即使每个增信项目金额在 3 亿元以
内,如果给予 10 倍杠杆率就有 10 亿元增信额度,这个增信机构的项目总数可能
大大超过 33 个。这样的增信机构的增信风险却令人放心,信用评级也会很高。

资本金越大,往往无法实现边际效益最大化。这是因为:第一,资本金越大,
对外投资收益并不一定好,存在多种投资风险。因此,资本金适当,才可能达到边
际效益最大化。所谓"适当",就是现行资本市场上已经存在的高信用等级的各类
机构,包括且不仅止于金融机构。这些机构的各种资本金规模状态,在已经获得
较高信用等级后,就已经说明资本金投资效益良好,高于资本市场上的平均投资
回报率。正因为这样,作为增信机构兼营业务、追求边际效益的对外投资,就有了
前述"兼营翻转"现象。第二,资本金越大,投资回报率压力越大,往往因此产生投
资失误/投资损失,平均投资回报率要相对低一些。

例如,一个资本金百亿元的增信机构,可能较为容易地开展不到百亿元的对
外投资业务,并且可能达到资本投资平均回报率。如果这个资本金升至千亿或万
亿,增信机构对外投资的组合就越来越令人困惑,也难以取得资本投资平均回报
率。正因为如此,市场并未选择超级资本金形式的增信机构。

从表面上看,资本金越大,越可达到规模效益最大化。但从资本市场整体来看,如果为了达到增信规模效益最大化,需要新投入巨额资本金,这会产生上述边际效益无法最大化的结果。这就提示人们,应该利用现已存在的高信用等级的各类机构兼营增信业务,从而达到增信规模效益最大化这一目标。也就是说,资本市场上已经取得较好投资回报,信用评级较高的各种机构,在已经达到边际效益最大化、满足规模效益最大化的条件下,如果成为增信机构,就可能达到杠杆效益最大化的目标。

例如,中国 FIS 市场现有规模已达数百万亿元,有近百万亿元的各种 FIS 项目需要增信。即使按照 10 倍杠杆率计,整个增信市场所需的资本金可能高达十万亿元。除了资本市场筹集新资本的问题外,这个十万亿元的资本金还存在一个对外投资,并要达到投资市场平均回报率的问题。这个不确定性问题,就是增信资本的最大风险。目前,中国现存数万个高信用等级的各类金融机构及其他资本机构的总资本金大大超过十万亿元,因为高信用等级已经表明了其资本投资回报率也超过平均投资回报率。这样,现存数万个各类资本机构资本金不仅可以达到平均投资回报率,如果让其进入增信市场,不用 10 倍资本杠杆率就可以支撑起百万亿元的中国 FIS 市场。目前,中国引进 CDS,放弃万亿元级的融资担保基金,就是证明了市场的理性选择。

2. 增信资产优化配置

由于资本金 10 倍杠杆率的作用,使得资本金对当期偿付变得困难起来,即可能难以留出充足资本金以应对当期可能出现的因违约风险产生的偿付额度,不足以覆盖当期信用违约所产生的风险敞口。因此,增信机构需要根据增信对象的特点,进行增信偿付期限、增信偿付金额进行优化配置,以便避免难以覆盖当期信用违约所产生的风险敞口。

例如,增信机构资本金为 100 亿元,如果增信机构每个当期可能偿付金额超过 100 亿元,这就难以覆盖当期信用违约所产生的风险敞口。这里所指"每个当期",内涵包括天、周、月、季、年,这个当期的内涵主要取决于增信机构资本金变现方法、获得方式及其周转率。因此,增信机构因根据资本金及其每个当期可能偿付金额进行增信规划,尽可能将增信项目的可能偿付金额约束在每个当期之内,从而可以覆盖当期信用违约所产生的风险敞口。

3. 对外投资策略(保本增值计划)

由于杠杆作用,资本金投资需要稳健的、保值增值的投资策略。在留足当期可能偿付资金外的多余资金,可用于投资。由于投资盈亏直接影响资本金杠杆率,因此资本金投资策略需要慎重稳妥,不可激进。

资本金投资收益的每 1 元利润,都将产生 10 倍的增信额;反之,资本金投资的每 1 元亏损,都将减少 10 倍的增信额。不仅如此,资本金亏损将会原来 10 倍资本金杠杆率产生巨大的风险敞口。这个风险敞口,要么由新增资本填补,但这却不符合有限公司的基本法则;要么公司信用等级下降,对已增信的 FIS 评级产生负面影响,可能引发潜在诉讼。

假设,增信机构资本金为 100 亿元,增信总额为 1 000 亿元。如果对外投资的净回报率为 4%/年,增信收益为 5%/年。那么,第二年增信机构的增信总额为 1 090 亿元。如果对外投资损失 4%/年,增信收益为 5%/年。第二年增信机构的增信总额为 1 010 亿元。如果对外投资损失 6%/年,增信收益为 5%/年。第二年增信机构的增信总额为 990 亿元。如果对外投资损失 10%/年,增信收益为 5%/年。第二年增信机构的增信总额为 950 亿元。

更重要的是,如果对外投资损失 10% 被当期确认,将会产生重大风险敞口。因为 90 亿元资本金按 10 倍杠杆率计,最大限度的增信总额为 900 亿元,那么 10 亿元资本金缺口将使增信机构面临几大问题。第一,如果采取增资措施,机构股东没有义务增资,否则有违有限公司投资原则。第二,增信机构信用等级被下调,数千亿元增信资产也将被下调信用等级,这可能引发多宗诉讼。第三,增信机构出售增信资产,使增信总额下降至 900 亿元以下,用以稳定增信机构的信用等级。尽管这是最佳处理办法,但前提是必须有一个可以促进增信资产进行交易的增信市场。这个促进增信资产进行交易的增信市场,则是未来增信发展的必然趋势。

综上,任何增信创新,应该先考虑增信效益问题,也就是杠杆效益最大化、边际效益最大化和规模效益最大化这三大效益最大化问题。如果达不到增信效益所要求的这三大效益最大化,增信创新还有什么意义呢?

第四章　信用与增信效果

以市场信用为基础的增信产品必然取代以主体信用为基础的增信业务，增信产品在强调增信效果的同时，获得了更大的增信效益。

第一节　概述

　　增信来自信用,而信用又是价值创造的表现。自实物信用以后,又产生了主体信用、市场(产品)信用;与此相适应的,增信也分为实物增信、主体(机构)增信、产品(市场)增信。同为主体信用和主体增信,国家信用与国家增信,却只能属于货币学范围;而个人信用、企业(机构)信用及其信用支持的 FIS,则划入信用学科。除个人担保、股东担保或集团担保仍属于法律学外,机构担保则在相应条件下,逐步涉入增信学科。信用产品,当属于信用学科,但与相应的产品增信,即信用(风险)/风险资产转移,则应完全属于增信学科。

　　尽管信用可以基于直观物及其价值,但信用确实来自主体(有效市场)的价值创造。主体在创造价值的同时,创造信用。信用是价值创造的前置,价值创造是信用的后缀;承诺的价值是信用,信用却是价值承诺的实现。但创造价值受限于时间和空间的量化概念,价值创造多少,在什么时候创造价值,什么时候创造多少价值? 因此,信用的另一面就是风险,它是信用时空量化的限制。如果主体不能创造价值,如果主体不能创造一定量的价值,如果主体在一定时间内不能创造一定量的价值,就涉及风险。故曰:有什么样的信用,就有与之相适应的风险,信用与风险是主体价值创造的两面一体。

正因为信用与风险是一对孪生儿,风险厌恶者希望摒弃风险,有人却能承受可预测的风险。但肯定的是,对无法预测的风险,应该尽量避免。因此,信用风险转移,或增信便不可或缺。从宏观上说,增信,在确定增信对象或者增信需求后,便涉及增信者。原始的实物增信,以价值合一的实物信用;初级的机构增信,尽管以资本金杠杆率为基础,仍无法掌控随机风险;高级的产品增信,以市场交易所产生的产品信用,却对随机风险应对自如。但从微观上讲,增信应该是站在一种客观结果角度来看待,而不是一种心理安慰或期许,一种形式摆件。因此,讲增信,就得讲增信效果。如果失去增信效果,等于没有增信。在现代增信产品或者创新增信产品中,通过产品交易对偿付安排/增信效果进行制度性安排,既不妨碍外部资本关系中的增信效益,又加强内部 FIS 关系中的增信效果。因此,创新增信产品,必须首先可以支撑起规模化发展的 FIS 市场,同时注重化解增信效益与增信效果的矛盾,在获得最佳的增信效果条件下,满足 FIS 市场规模化发展的需求。

第二节　信用

一、信用起源

物质是价值与信用的载体,信用是价值及其运动的一种表现。当价值运动初期,价值与信用合而为一,信用是价值的直接表现。所谓贵金属货币,则反映了实物信用时代。在实物信用时代,价值与信用没有分离,并以两面一体方式存在于实物。因此也可以说,以信用反映价值,以价值支持信用,但二者最终都基于实物。实物即支持信用,又反映价值,故而又可称为实物增信阶段。

这个阶段的信用特征是,信用与价值统一,以实物为载体。以实物数量与质量为价值基础,也是信用基础。作为货币性质的贵金融,其质量数量,不仅反映着价值,也承载着信用。一定质量的贵金属,一分价值,也是一分信用,即价值随着贵金融的质量、数量变化而变化,却并不因为信用变化而变化;同理,信用也同样随着贵金融的质量、数量变化而变化,而不因为价值变化而变化。因此,作为货币的贵金属,不仅是最具价值的实物,而且也是最高信用的实物。因此,贵金属货币(白色银),或贵金属支持的货币(美元黄金挂钩利度),属于货币学范围。

二、信用分类

1. 主体信用

在价值运动发展时期，信用间接反映价值，信用不满足于实物及其价值，欲突破实物创造价值，便来到了主体信用时代。在主体信用时代，价值与信用开始分离，价值可以通过主体支撑信用；主体不仅可以拥有价值，也可以创造价值；主体在创造价值的同时也提升了主体信用，而且主体信用也可以通过主体创造价值。从增信角度看，信用可以离开主体转移出来，不仅可以独立地进行定价，而且可以通过交易创造价值，故而又可称为主体增信阶段。主体信用，有个人信用、企业信用和国家信用之分。

国家作为主体之一，可以创造价值，它大部分是通过度量衡、交易规则及其交易市场来创造价值。国家在创造价值的同时，也具有了国家信用。国家信用又支持着货币及其货币市场，此乃为国家增信，这属于货币学范围。个人（自然人）也是主体之一，也可以创造价值，也有个人信用。创造价值的个人信用，应该属于劳动法与消费学范围。以个人信用进行担保的，属于法律学范围。企业（拟制人）也属于主体之一，也是社会财富、物质价值的主要创造者，因此企业是最有信用的。企业信用大部分运用于融资发展企业，包括银行贷款类的间接融资，也包括发行债券类的直接融资，这些融资业务或融资产品，与企业信用一起，归入信用学科。企业信用也可以运用于融资担保或增信，股东担保/集团担保因没有经济意义而归入法律学，机构增信因受让风险资产而属于增信学科。

主体增信阶段的信用特征是，信用与价值分离，以主体为载体。价值创造可以提升信用，即主体创造价值的同时也提升了主体信用，使主体风险下降；价值折损表明风险上升，即主体价值折损导致风险上升，使主体信用下降；价值固化则为信用基础，即主体并不创造价值，又未折损价值，也就导致主体物化。价值固化或主体物化的结果是，注册资本最高的公司或拥有巨大财富的个人（财富主体）拥有最高信用，可为增信机构；有价值创造能力或为此能力提高环境基础的，并为提升自身价值而需要融资的主体，可为增信对象。机构增信，就是以其较高信用等级为较低信用等级的增信对象进行增信，所谓信用出租、信用出售。

企业信用若有增信需求，则增信活动中的地位分为增信机构与增信对象，由高信用等级的增信机构对低信用等级的增信对象进行增信。一方面，增信机构的信用等级应该是比较高的，增信对象的信用等级应该是比较低的，增信机构对增信对象进行增信,称为机构增信。另一方面,作为增信对象,企业信用的载体不限于企业,可延伸至企业所发行的信用产品,即 FIS 产品。也就是说,企业信用与 FIS 信用是"二位一体"。FIS 信用来自企业信用,企业信用支撑着 FIS 的产品信用。有什么样的企业信用,就有什么样 FIS 的产品信用,企业信用决定 FIS 的产品信用。

作为增信机构,其信用等级不限于机构,可以通过增信业务延伸至对象。增信业务所涉及的增信对象,FIS 及其发行人/融资者,均因机构增信,提升了 FIS 的产品信用,并且可以超过 FIS 发行人/融资者的企业信用。而且,机构信用也可以不囿于机构本身,可发展到机构所发行的信用产品,即增信产品。但是,增信产品的产品信用却高于机构信用,因为产品信用是市场交易的结果,属于市场信用。

2. 产品(市场)信用

当价值运动发展到高级阶段,价值与信用均需打破实物/主体的桎梏,欲在价值交易中支持信用并创造信用,在信用交易中支撑价值并创造价值,于是市场(产品)信用时代来到了。在市场信用时代,价值或者信用均来自市场交易。由市场交易决定产品价值,无论是股票价值,还是债券价值;由市场交易决定产品信用,无论是 CDS/CRMW,抑或是创新增信产品。产品信用或者产品信用等级应该是最高的,应该高于主体信用或者主体信用等级,这就是产品增信阶段。

这个阶段的信用特征是:信用与价值共生共存,互相创造,以交易产品为载体。有价物权或有价贵金属,最终都可以(金融)产品形式存在,实物价值通过产品交易产生产品价格,而非实物价值。实物价值通过不同的交易方式(时间、媒介或场所)可能产生不同的产品价格。一方面,产品交易,不仅可以创造价值,而且可以创造信用,并且不同的交易方式创造的信用(等级)不同。另一方面,主体信用通过定价形成风险资产。主体价值创造能力越强,风险资产价值越高;主体价值创造能力越弱,风险资产价值越低。风险资产通过交易不仅可以反映风险资产价值,而且可以创造价值,不同的交易方式可能产生不同的风险资产价格。结果是:一方面,机构增信或信用出租、信用出售、转化为风险资产的产品交易,即产品增信;另一方面,风险资产通过产品交易,可以创造出高于主体(机构)的信用(等级),如同最高的实物信用,即货币(现金)信用。

市场信用,是指现金产品(金融产品)通过市场交易,并由市场定价所产生的市场信用,俗话说:"市场信用是用金钱交易出来的"。也就是说,现金产品(金融产品)的产品信用来自市场信用,不是依赖信评机构给予信用评级的结果。尽管产品信用也是市场信用的一部分,但只有与 FIS 无关的金融产品,其产品信用才是市场信用。因为 FIS 的产品信用来自发行人的主体信用,FIS 的产品信用只能是主体信用,而非市场信用。当且仅当 FIS 的产品信用来自以市场信用为基础的增信产品,FIS 的产品信用才可能成为市场信用。综上,市场信用来自市场交易和市场定价这两个不可分割的要素。市场交易与市场定价是相互依存的、不可分割的两个方面。

市场定价,即交易定价,经市场交易定价的某一产品,便赋予这类产品同等价格。这个同等价格,便来自市场信用,因市场信用支撑这个同等价格。例如,中国证券交易所在沪深市指数分别为 3 000 点和 15 000 点时,每天股票交易额近 5 000 亿元人民币,支撑起近 25 万亿元人民币的股票总市值。因此,市场信用支撑资产价格比达到 50 倍,即资产价格交易率仅为 2%。有些产品定价,比如机械设备、生活食品等,其交易价格并不具有同等产品的定价性质,只是偶然交易所形成的价格。如果股票资产价格交易率仅为 2%,即市场信用支撑股票资产价格比达到 50 倍,远比主体信用 10 倍资本杠杆率要高。因此,市场信用高于主体信用,市场信用比主体信用更有价值,更为持久,更为有效。

市场定价,必须是对标准产品的定价,这是许多金融产品的共同性质,比如股票、债券、期货等。正因为标准产品,当市场交易某个产品并进行定价后,此类产品便获得同等价格。因交易这个产品并最终定价所需的资金总量,与此类产品总价值之间,便是市场信用所创造的价值空间。市场定价,必须是现金交易产品,而非现金交易类的合同交易,易货交易,无法产生真正的市场定价。所有信用创造的价值,最终为了变现。所有最高信等的 FIS,在现金面前低下头,因为它的归宿也是现金。现金及其交易,既是信用产生的来源,又是信用的最后归宿。

市场交易,是指在一个高效、高频、标准、多向交易市场上每天进行标准产品交易。而偶尔、低频、非公开、非标准、线型化的个别交易,并不赋予这类产品同等价格。比如在 20 年前,有人说整个东京房产价可以把整个美国买下来,现在,又有人说整个北京房产价可以把整个美国买下来。尽管东京、北京房产交易价格也是通过交易产生的,但这是偶尔、低频、非公开、非标准、线型化的个别交易,并不能将某些房产交易价格推广/赋予到这个城市所有房产价格上。

总之,国家信用/国家增信,应该关注货币及其货币市场;企业信用/机构增信,应该关注 FIS 及其增信市场。在产品(市场)信用时代,产品信用与产品增信,同样应该关注信用产品市场与增信产品市场。企业信用与产品信用,构成了商事信用。在市场化初期,国家信用不仅支持货币及其货币市场,而且支持 FIS 市场、增信市场及其资本市场。随着市场化不断深入,国家信用应该逐渐退出 FIS 市场、增信市场,专注于货币市场,否则定会产生"货币超发"现象,堕于"中等收入陷阱"。尽管如此,国家作为商事活动的特殊参与者,特别在宏观方面,国家信用仍会在 FIS 市场与增信市场中存在并发挥相应作用。在商事活动中,除非必要,国家信用应该尽可能退出 FIS 市场与增信市场,由商事信用支撑 FIS 市场与增信市场;而且,国家信用自身也将逐渐由商事信用来支持,并维持其最高信用等级。

三、信用等级

企业信用是通过信用等级来反映的。信用等级不仅反映企业/机构现有价值,更是反映企业/机构的价值创造能力。当然,国家信用作为一种特殊主体信用,其信用等级应该在商事信用中属于最高的。但也决非完全如此,企业/机构信用也可超越国家信用,许多世界著名财团企业、大型金融机构的信用等级高于许多国家的信用等级。但是,如果国家信用坚守货币及其货币市场,尽少介入 FIS 及其资本市场,国家信用(等级)仍然应该属于最高的,无论这个国家大小。

值得关注的是,主体信用等级再高,也无法比拟现金或现金交易所产生的产品(市场)信用,即产品信用所支撑的信用等级。信用等级字典里应信捧"现金至上"的原则,变现能力越强或流通性越强的各种产品或物(财产),信用等级就越高,比如大额存单、黄金白银等。随着各类财产变现能力或流通性逐渐减弱,它们各自的信用等级就逐步降低,最后降低至没有信用等级。至于 LC、银行保函等信用文件,都应依据出证银行信用等级。

各个不同的信用等级,应属于各个信用评估系统中的分类等级之一,诸如 3A,2A+,2A-等各种信用等级分类。不同的信评机构,其信用等级分类系统各不相同,有的信用等级分类系统可有 9 等 15 级之多。关于企业信用等级的评估结果,仅为 1 年有效。未来需要开展持续的信评工作,叫做跟踪评级。维持、上调还是下调信用等级,信评机构直至 FIS 到期或违约时才停止对这个 FIS 的跟踪评级。特别需要强调的是,哪怕是 3A 信用等级的债券,只要是长期限的,就不可能一劳永逸、高枕无忧。应该说,这仅仅是一种错觉而已,任何 FIS 投资者,特别是机构投资者,都应该避免这种错觉。

第三节　增信效果

一、基本内涵

在美国，金融担保业务作为商事担保出现之前，民事担保并未将及时偿付作为制度安排。民事担保，一般需要经过相应程序，甚至通过诉讼才可获得相应偿付，民事担保合约既未作偿付安排，也不要求及时偿付，增信效果在民事担保中并无涉及。开始具有增信概念的美国金融担保业务，开始把增信效果作为增信所追求的目标，是商事担保与民事担保相区别的一个重大标志。尽管金融担保仍以担保名义，并以行为作为转移信用风险的法律形式，但是，却将商事担保的及时偿付这一核心责任建立起来，并配合信用（等级）的让渡，金融担保就成为商事担保的初级阶段的必然形式。

以信用买卖和风险（资产）交易为特征的商事担保（投资担保），则属于高级阶段。在买卖作为转移信用风险的法律形式条件下，必须把及时偿付这一核心责任作为不可或缺的交易条件，即附条件买卖；否则，离开了及时偿付这一核心责任，商事担保就无法生存。如同商事信托（投资信托）一样，在买卖（投资）结构中保留了信托责任这个不可或缺的投资条件；否则，离开了信托责任，商事信托也就不复存在。

增信效果，包含着两个重要因素，即偿付安排与及时偿付，两者是增信效果不可或缺的组成部分。偿付安排，是增信效果的前置条件和制度保障，它是指增信合约、增信产品及其交易制度中规定的关于及时偿付的制度性安排，属于交易者必须履行的义务，比如 CDS 中的实物交割与现金交割的规定。因此，无论是增信业务的合约安排，还是增信产品的制度安排或制度要求，对信用违约的及时偿付都得有所安排。

众所周知，资本拨备与计提、资本流动性要求等财会制度，只是一种任意性规范，不是一种强制性规范，没有落实到具体增信业务的合约规定中，也没有体现在增信产品制度的规范中。增信保证金作为一个重要的概念只有出现在增信合约或制度规范中，偿付安排才有了法律保障。因此，不同的偿付安排有着不同的增信效果。法律上的偿付安排在增信效果上要远远优于财会上的偿付安排。

及时偿付，是偿付安排制度的结果，象征着担保业务转向增信业务，也是增信制度发展的必然要求。所谓及时偿付，就是指在发生规定的信用事件或信用违约时无条件支付赔偿金。当然，及时偿付不是立即支付，而是根据合约规定时间支付。但是,为了保障投资者利益,合约规定的支付时间不是任意期限的,而是较短期限,1周或2周,或10~15天。

及时偿付与否,是金融担保作为增信制度与民事担保/传统保险制度的根本区别。尽管众多传统(大型多产品)保险公司涌入金融担保业务,为FIS市场的迅速发展提供了至关重要的条件。但是,传统保险公司进入的这个金融担保业务市场与传统保险市场有着不同的规则和义务,仍有许多不确定的风险,特别是传统保险单和付款惯例与金融担保不符所带来的与之伴生的风险。传统保险公司的债保业务因及时偿付而步履蹒跚、时进时退,难以与新生的专类债保公司竞争,直至CDS及其CDS市场的出现才有所适应。

二、原理

根据民事担保或保险行业惯例,在民事担保/保险合同争议期间,传统保险公司通常是采取推迟付款的方式和惯例。这一惯例对FIS投资者来说可能是很高的代价,因为推迟付款涉及一个选择因素,它可能严重地影响了向FIS投资者支付现金的能力。FIS的重要投资者,如养老基金,要求本息的及时支付,是与退休金计划的现金流入和流出相匹配的。

对于金融担保,FIS投资者关心的问题包括两个方面:一是金融担保机构的支付能力;二是及时偿付。及时偿付,显示了债券担保在金融担保中的特点,以债券保险名义开展金融担保业务的专类保险公司就是针对这种暗含的期望发展起来的。对市政债券和ABS资产池的金融担保,包含着对及时偿付的安排,新生专类债保公司建立了以及时偿付为标志的金融担保业务,这才使金融担保行业区别于民事担保/保险业务,并逐渐走向成熟。传统保险公司的索赔支付惯例,不仅不能满足这种及时偿付的要求,而且明显地互不相容。传统保险公司进入金融担保行业,虽然增加了供给,却带来了激烈竞争和价格下降,并且又产生了新的风险。

第一,巨额和及时的偿付能力,对于传统保险公司来说是一个新挑战。虽然很多金融担保都是在零损失或低损失标准下承保的,但通常仍然包含着重大的单一风险。索赔金额和时点可能很容易促使这些传统保险公司将违约资产回收,给予传统保险公司进行资产组合所需的较长平均期限,以便及时地将资产兑现。这种处理方法对金融担保不仅是不可能的,而且也是很困难的。金融担保的风险不同于传统保险之点就在于,一旦索赔出现,就是严重的,而且根据相关契约,及时偿付已经有所安排,即立即偿付。

第二，对很多传统保险公司而言，是偶然参与金融担保这种资本市场，并不认为这是传统保险公司核心业务的一部分。这样，即使一个传统保险公司完全地开展金融担保业务，但作为传统保险公司一个业务部分通常会购买再保险，这也可能将金融担保的及时偿付复杂化。再保险，尽管可以降低一个保险公司的风险，很像银团贷款中的参与银行一样可以分散风险，但理清再保险的关系对 FIS 投资者却是一个难题。如果金融担保业务遵循传统保险惯例，等待再保险公司对索赔进行证实后再支付赔款（再保险公司是否准备及时支付赔款也是一个值得投资者仔细考察的问题），那么，一家再保险公司因为不能及时兑现金融担保的承诺，可能引起传统保险公司承担 100% 的风险暴露和流动性风险。

增信通过偿付安排，达到增信效果，从而促使 FIS 市场更稳定、更具吸引力。这样，FIS 市场稳定迅速的发展，需要增信效果，更加促进增信产品不断创新偿付安排。增信效果与 FIS 市场相辅相成，有了好的增信效果，FIS 市场就可迅速发展。但是，不良的增信效果，对 FIS 市场发展肯定有负面的影响。

三、形式

偿付安排的具体形式，包括多个层次：一方面，从现金到债券，再到物权，与财产增信一脉相承；另一方面，从合同的承诺债权，到合同性偿付安排，再到产品制度性偿付安排，与增信业务或增信产品的现代发展息息相关。

从财产增信角度看，如偿付安排为现金，那么增信效果为最佳；如偿付安排为债券，或者 LC，增信效果亦很好；如偿付安排为抵押物权，增信效果则一般。但无论如何，财产增信与信用增级在性质上是不同的。

（1）如以现金（包括 L/C）为财产增信的基础，实际上是不可接受的，也是难以成行的，尽管有少数案例。因为增信是以信用（风险）利差为基础的，这正是基于信用利差与信用违约率在大数据上是平衡的这一原理。如以 FIS 本金金额（价格）的现金作为财产增信的基础，这个金额的现金就远远大于信用利差，不仅明显与增信原理相违背，而且也没有任何增信效益，这是对社会资本的极大浪费。

（2）如以物权为财产增信的基础，尽管不存在价格及其风险问题，但存在变现风险。如前所述，及时偿付则是增信制度与传统担保/传统保险相区别的标志。因此，物权变现风险，难以达到增信效果。

从信用增级（增信）角度看，如果增信为一般担保，不仅没有偿付安排，而且法定的处置资产完毕后才能涉及偿付问题，增信效果最差，是"伪增信"。如果仅为没有偿付安排的增信合同,增信效果非常一般;如果具有合同性偿付安排,增信效果有所提高;如果作为增信产品的制度性安排,或者为权证/证券,则会取得较佳的增信效果。

其一,在民事担保概念中,一般担保是与现代增信概念毫无相关的"伪增信"。连带责任担保,尽管增信机构具有增信义务或偿付责任,但忽略了时间因素。在FIS增信中,及时偿付是一个极为重要的标志性条款,偿付时间因素构成了现代增信概念。当然,在商事担保条件下,及时偿付也属于增信者的一个选项。但是,及时偿付,对于民事担保/传统保险来说是难以接受的,这个选项就一定不会获得优先安排,除非认识到增信的本质内涵和市场需求。

其二,商事担保合同中具有及时偿付的安排条款,使增信概念得以认可,增强了增信效果。但是,及时偿付如果仅仅停留在协议条款上,仍然不能真正达到增信效果。担保机构的资本金安排将对及时偿付的安排条款产生最后托底的作用。为了应对及时偿付所进行的投资安排和组合,担保机构的资本金要严格按照增信资产进行配置。从某种意义上讲,这是信评机构对担保机构信评要求,是高信用等级的增信机构必然选择。

其三,及时偿付如果作为增信产品的交易制度安排,或者增信权证/证券的内在制度安排,就是对参与增信产品交易的资本机构的必然要求。因此,参与增信产品交易的资本机构就必然是高信用等级的增信机构。

四、及时偿付类型

在融资增信中,只有实物交割。由于RR归零或转化为DR,在增信机构向FIS融资者/发行人支付赔偿金的同时,FIS融资者/发行人将代偿权或资产池债权转移给增信机构。在投资增信中,由于RR还存在价格(交易),则包括实物交割与现金结算。实物交割,是卖方向买方支付赔偿金(全额)的同时,买方将FIS转移给卖方。现金结算是价差交易,根据约定的估值方法对FIS进行估值,计算支付净现金额(差额),现金结算逐渐成为增信交割的主流方式。

五、及时偿付时间

无论实物交割,还是现金结算,都必须有时间规定,即FIS及其发行人/融资者发生信用违约后多少时间内进行增信偿付。一般来说,投资增信的CDS是2周左右,融资增信的FG应在1个月左右,但是,及时偿付时间应以FIS兑付本息所约定的时间为准。

六、与增信效果有关的现象

增信效果,在增信历史发展过程中可能存在不同的实践表现,如下增信现象值得思考,可以加深对增信、对增信效果的理解。

1. 伪增信

一般担保属于传统担保,与现代增信无关,根源于它对及时偿付的否定。在这种担保合约中,不仅没有及时偿付的安排条款,而且规定了及时偿付的否定性条款,即在被担保人或资产清偿前无需承担增信义务或担保责任,这是与现代增信概念直接冲突的。因此,一般担保与关联担保一样,是传统担保概念下的一种现象,只追求法律责任,不关注法律责任下的经济意义,因此无法进入增信范围。

2. 增信悖论

从主要增信对象(长期的、高信用等级的 FIS)上可以看出,增信机构以主体信用为基础的增信业务,即主体增信,其实存在一个增信悖论。这是因为,长期的、高信用等级的 FIS 需要增信,企业生命周期理论和信评机构的信评结果表明,即使 3A 这种高信用等级的企业,其长期信用仍具有不确定性或不稳定性,即存在相应风险。又因为 1 年期的信评效力,3A 级或高信用等级的 FIS 更具蒙蔽性。因此,这种 3A 级或高信用等级企业的长期 FIS 就必须进行增信。同理,增信机构如同其他企业一样,存在长期信用不确定或不稳定的问题。那么,用一个自身长期信用不确定或不稳定的增信主体,去为另一个长期信用不确定性或不稳定性的 FIS 及其发行人进行增信,在逻辑上就存在悖论。

因此,把高信用等级的增信机构(主体)作为承载从 FIS 分离出来信用风险的载体,这是历史发展必然。但是,高信用等级的增信机构作为增信载体,应该不可持久,最终应被增信产品所替代。不可持久,并不意味着彻底抛弃增信机构;短期增信或者短期持有增信资产,仍应可由高信用等级的增信机构(主体)作为增信载体。也就是说,如由高信用等级的增信机构进行增信,并在持有一个较短期间后再行转移,或转化为增信产品。这种短期增信业务,对增信机构来说,就不存在任何增信悖论。

增信机构暂时可为增信载体,却不可永远为增信载体,保险公司或上市公司形式并不合适作为长期的增信载体。因为,增信机构可能因经营风险巨大导致资本金损失,所产生风险敞口需要增加新的资本金。这样,要么增信机构股东承担无限责任而不停地增加资本金,这有违于有限公司这一伟大创举的初衷;要么增信机构被下调信用等级而被迫赔偿,直至到闭。因此,增信机构开展增信业务,不仅存在理论上的"悖论",而且存在实践上的"死结"。因此,对长期增信业务来讲,主体增信存在悖论,必然要让位于长期信用等级确定性或稳定性的增信产品。

3. 颠倒增信

增信,原意就是增加信用等级,即信用等级较高的为信用等级较低的增加信用等级,使信用等级较低的获得较高信用等级。增信者应比被增信者(增信对象)的信用等级高,信用等级低的不可为信用等级高的增信,增信者不应比被增信者的信用等级低。在主体增信中,增信者是较高信用等级的增信机构,以其雄厚资本为较低信用等级 FIS 及其发行人/融资者进行增信。

但是,信用等级的这种排序,增信依序而为的情况,却在现金及其现金交易产品面前发生了根本变化。现金及其现金交易产品,通过市场交易及其交易定价所产生的市场信用则具有最高信用等级,比任何主体的信用等级都要高,而且无需信评机构给予信用等级,如同股票无需信评也不存在信用等级一样。因此,即使低信用等级的主体,只要持有现金,或持有现金交易的增信产品,就可以为高信用等级 FIS 进行增信。

可见,主体信用属于静态的、点到点线型的二维平面概念,市场信用属于动态的、多点、多面网状的三维/多维空间概念。在三维/多维空间里,适用于法律主体的信用等级,在现金或者现金交易产品面前,看不见了,消失了,即二维平面发生了弯曲;主体信用在现金及其现金交易产品面前平等了,不再区分信用等级的高低了;即使再高信用等级主体,也可以现金及其现金交易产品为其增信,特别是高信用等级主体所发行的长期 FIS,更需要以现金交易的增信产品进行增信。

因此,在产品增信中,增信者是现金及其现金交易的增信产品,并以其最高信等的市场信用为 FIS 进行增信。这样,参与现金交易的增信产品投资者,即使信用等级较低,如一般交易商,或信用等级低于被增信者(增信对象)的人,也可为假以增信产品名义进行增信,这就是雾里看花的颠倒增信。正因为如此,增信,又被称为"信用增进"或"信用增强"。其实,这些名称都是基于二维平面而产生的概念,是颠倒增信下的名词。这样看来,信用增级,作为增信概念,才是始终正确的,无论在哪个维度都可运用自如,不可改变。

增信产品面对广大投资者,包括专业投资者,无论从其定价理论或定价机制,还是发行交易价格或发行交易机制,都将以市场化方式为前提和结果。从出发到回归,都不会以个体/主体/行业的意志为转移,即使受到个别的、暂时的意志干扰,从历史大尺度考察,这种意志干扰最终都会湮灭在市场化过程中。

在增信产品中,承载信用风险的载体是增信产品,而非增信主体。那么,增信产品应该较为客观,不管是现在还是未来,增信产品不存在长期信用等级/长期信用风险不稳定的问题,不存在信用恶化被下调信用等级的可能性。增信产品的信用等级应该是最高的,不仅违约风险最小,而且为增信的 FIS 所带来的融资利率也是最低的。即使 FIS 信用等级被下调,增信产品也不会因此被下调信用等级,可以维护增信后的 FIS 价格。如果增信 FIS 发生违约现象,增信产品本身也不会违约,可以及时、全面履行约定的增信义务。在 FIS 违约时,应该通过增信产品的偿付机制,保证及时、全面履行增信义务,实现增信效果。这样,在以市场信用为基础的增信产品中,可以实现增信收费现金化,同时也就可以通过制度安排现金偿付机制,达到预期的增信效果。

第四节　增信效果与增信效益

一、财产增信

财产增信中的偿付安排如为现金,即财产就是现金,那就是"一比一"杠杆率的增信。在信用增信中,主体增信有(资本金)10 倍杠杆率,产品增信更是远超 10 倍杠杆率。增信杠杆率,其实表明了增信对资本市场的依存度或贡献率,即增信中 1 元资本可以耗动多少元的资本。这样,增信才会实现杠杆效益最大化、边际效益最大化及规模效益最大化。

如果财产增信中的偿付安排为债券或固定收益产品,即财产为债券,如 CLN,基本上是"二比一"杠杆率的增信,即 1 元钱既为 FIS 的资本,又为增信。因此,CLN 只是有些边际收益,但无法达到边际效益最大化、规模效益最大化。

如果财产增信中的偿付安排为备付信用证(LC),即财产为 LC,尽管 LC 的杠杆率也有 10 倍,甚至 20 倍。但是,LC 不仅必须是高信用等级的资本机构才可以办到的,而且 LC 的开证成本往往大于增信收费,增信得不偿失,增信收益为负。也就是说,增信的风险定价低于 LC 价格,无法实现杠杆效益最大化,也意味着 LC 为偿付安排的增信没有经济价值,更不可能实现边际效益、规模效益最大化。

如果财产增信中的偿付安排为物权,即财产为物权,就看物权的所谓抵押率是多少,才能决定增信的杠杆率。一般来说,物权价值至少要大于融资额的30%,甚至50%。这样,不仅失去了资本金10倍杠杆率的优势,而且也根本无法达到边际效益最大化、规模效益最大化。

二、信用增信

尽管信用增信比财产增信在增信效果上较为逊色,但是只要符合增信效益的三个最大化要求,就是最佳增信工具。

如果为"一般担保",从头到尾就是"伪增信",也许"伪增信"也具有10倍资本杠杆率,但根本没有任何增信效果。没有增信效果的增信,是不可持续的增信,就是没有经济意义的增信,即"伪增信"不存在对资本市场的贡献率、依存度。如果担保为法律规定的"连带责任",却并无担保合同的偿付安排,仍然难以达到增信效果。因为及时偿付成为增信机构的一种选择权利,而非履行义务,避重就轻则是必然选择,诉之法院是大多数选择,唯独难有及时偿付的选择。

如果增信业务中的增信合约具有偿付安排,增信效果明显提高。但是,偿付安排所需的适当时间,必然要求对外投资转化为增信准备金。那么,在实际操作中,对外投资可能会对边际效益最大化有所影响。如果增信业务转向增信产品,比如CDS,增信合约转化为增信产品制度,并在增信产品制度中规定偿付安排,增信效果则非常明显,并可以达到杠杆效益、边际效益及其规模效益最大化。如果增信产品进一步走向权证产品(证券化),好比CRMW,或者在FATT基础上发展起来的创新型增信产品,增信效果最佳,完全符合增信效益的三个最大化要求,即杠杆效益、边际效益及规模效益的三大增信效益最大化。

三、增信效果与三大增信效益

财产增信尽管比信用增信的增信效果要好,但存在一个增信成本或增信效益的问题,即财产增信与信用增信相比,增信效益较为低下。因此,讲增信效果,必须兼顾增信效益,站在两者角度考察一下增信对资本市场的贡献,究竟增信依靠资本市场多,还是资本市场依靠增信多,两者相互贡献率或依存度究竟是多少。

1. 增信效果与杠杆效益

偿付安排,或增信效果,涉及资本信用。资本信用与其杠杆率有关。在现代金融体系中,金融资本杠杆率在8~12倍,平均为10倍。资本杠杆率为1倍,即为现金,资本信用最高。随着资本杠杆率加大,尽管资本收益率随之增大,但资本信用却越低。资本信用运用在增信上,就体现为增信效果,因此增信效果与杠杆效益成反比。

在以主体信用为基础的增信业务中,杠杆效益与增信效果成反比,但与增信效益成正比。假设资本金 10 倍杠杆率,增信效果系数为 1,那么 20 倍的资本金杠杆率增信效果系数就为 0.5;5 倍的资本金杠杆率增信效果系数为 2;1 倍的资本金杠杆率增信效果系数就为 10。从资本金 10 倍杠杆率的合同约定,到债券,再到现金,增信效果逐步加强,杠杆效益逐步降低,当然,增信效益也同步下降。在以市场信用为基础的增信产品中,杠杆效益不仅与增信效益成正比,而且与增信效果也成正比。通过增信产品的偿付安排,不仅大大加强了增信效果,对偿付安排的力度越大,增信效果越强,而且增信效益也随着增信效果放大而迅速提高。

2. 增信效果与边际效益

在以主体信用为基础的增信业务中,对外投资与增信效果呈相反关系。增信资本金越集中于增信业务,增信效果越好;增信资本金越多元化投资,增信效果越差。因此,增信资本金对外投资与增信效益成正比,但与增信效果成反比。假设资本金不对外投资,增信效果系数为 1;资本金对外投资 20%,增信效果系数为 0.8;资本金对外投资 50%,增信效果系数为 0.5;资本金对外投资 80%,增信效果系数为 0.2;资本金对外投资 100%,增信效果系数为 0.1。

兼营翻转与增信效果呈正相关关系。因兼营翻转,由持牌经营的增信行业向高信用等级的大型机构转化,不仅意味着增信资本金的整体充足,对增信效果有正向作用,而且有利于增信业务由行业管理转向价值管理。其中,对增信效果的追求,是增信价值管理的重要组成部分。

3. 增信效果与规模效益

在以市场信用为基础的增信产品中,规模效益与增信效果呈正相关关系。规模效益越大,增信效果越好;规模效益越小,增信效果越差。规模效益最大化和增信效果最佳化,是创新增信产品的基本要求。

首先,交易对手的信用,在增信产品交易中体现,因此,在信用交易阶段,要构建稳定的交易对手,这就是核心交易商。其次,增信产品交易,应以现金交易为主,特别是偿付安排,在交易结构中注重三大增信效益最大化的相互平衡。再次,增信产品应向权益产品转化,可使增信效果与规模效益相辅相成。

第五章　增信形式

有什么样的法律概念，
就有什么样的增信形式。

第一节 概述

财产转移,或合同权益(权利义务)的转移,合乎法律的形式多种多样。首先,最基本的转移方式是买卖(交易、投资),这种转移方式体现在集合化、大众化的商事经济活动,特别是金融产品中。其次,合并也是一种财产转移方式,既可消极转移,也可积极转移。再次,赠与、监护、信托或资产管理,是财产积极性转移;继承,则是消极性转移,但却是不可或缺的法律形式。接着,委托、保管和无因管理则是形式上的转移。最后,担保,体现在个体与机构、个体之间的民事经济行为中。

相对于同一个财产(权益),因其权利义务的相对性及其不同角度,往往可以有不同概念,资产属性也越来越复杂。因此,财产(权益)转移的法律概念也就丰富多彩,有的站在财产(权益)所有人一方,有的站在财产(权益)受让人一方,有的更仅仅站在财产(权益)转移的行为角度。因此,一种财产(权益)转移的法律形式,往往可以两个甚至多个法律概念表达。

在民事法律中,有些财产(权益)的转移,特别是涉及主体人身权利或主体信用转移,均非以买卖方式进行转移,而是通过某种法律规定的特定行为来实现转移的,比如作为"财产转移且由他人管理"的信托行为。在(单一)民事信托中,财产(权益)的转移是通过信托行为完成的。信托,是从行为角度来定义财产(权益)转移的,这种行为涉及信用,即以信用行为实现财产(权益)的转移。在(集合)商事信托里,财产(权益)的转移,则是通过对信托权益、SPV权益和基金权益等买卖(投资)方式实现的,即信托投资。在投资信托权益的同时,也保留了信托核心理念"信托责任",即以附条件买卖方式同样实现了民事信托概念中所包含的信托责任。这个信托责任,正是商事信托(信托投资)中的信托权益买卖合约所附加的条件。在商事法律中,买卖,或者附条件买卖,同样可以解构许多民事行为的法律概念,包括民事担保的法律概念。

在民事担保中,信用风险的转移,是通过担保行为完成的。担保,是从行为角度定义信用风险转移的。因这种行为涉及主体信用,便可以担保概念实现信用风险转移。同样,在商事担保里,信用风险的转移,既可以通过信用、风险资产的买卖方式实现,也可以通过信用、风险资产与其他金融产品的合并方式实现。当然,在买卖信用或风险资产及其合并的同时,也保留了担保的核心概念,担保责任,即以附条件的买卖方式/合并方式同样实现了民事担保概念中所包含的担保责任,比如为追求增信效果所要求的偿付安排与及时偿付,都是为了实现担保责任。这种附条件信用或风险资产的买卖方式,就是商事担保,或增信概念。

众所周知,金融资产都是风险资产。比如保险资产,既包括纯粹财产权益的收益资产或保险资产管理公司的资产,又包括保险合同的合同权益(资产)。这个保险合同的权益资产,又与信贷资产不同,也许是一种或有负债。作为"或有负债"的保险资产,过去一样可以通过"再保"业务实现转移,现在可以通过保险交易所买卖(交易)保险资产,同样可以达到转移保险资产的目的。即使信贷资产,就其形式来讲,是信贷合同的权益资产,也称合同权益;就其内容来讲,相对信贷合同权利的,是贷款方所要履行的还贷义务。与债券保险中的债券发行人所要履行的偿债义务是相同性质的法律义务,并无本质区别。因此,在金融资产交易中,无论是财产权益性资产,还是或有负债性资产,都是风险资产,虽然名称不同,但都是可以合法交易的金融资产。

增信,必须先转移风险,如果风险不转移,就不存在增信。风险转移,这是增信赖以存在和发展的形式。风险转移,就得选择增信形式。所谓增信形式,就是以什么法律概念来进行增信。有什么样的法律概念,就有什么样的增信形式。从古至今,增信形式在不断演变,从民事担保(保险),到开始具有增信意义的金融担保,再到20世纪末以"信用违约互换"名义进行的信用买卖,便是当代最流行的增信方式。21世纪初期,中国也出现了以"信用风险缓释工具"名义进行的信用买卖,和以"金融资产远期买卖"(FAFT)名义进行的风险资产交易。

也就是说,如从信用卖方角度看,增信就是信用买卖;如果从风险资产卖方角度讲,增信就是风险资产交易。有交易,就有合并,也可以把信用或风险资产合并到其他合适的金融产品中去。由此可见,信用风险转移的法律形式包括买卖、合并和担保。各种法律概念的变化,增信形式的改变,意味着增信内在需求的不断发展,或者说是增信需要自我调节并以改变法律概念来适应增信对象,这就是增信市场的变化和发展。

第二节　金融担保

一、担保的含义

担保,描述了一种行为状态,是一种行为法律概念。从字面上看,担保与风险转移看似并无相涉。实际上,担保却是从行为角度来实现风险转移的。如前所述,所谓"风险",就是一种不确定性。比如,FIS投资人担心FIS的投资本息的不确定性,即违约风险,希望把这种风险转移出去,以求得投资本息的安全性和确定性。这样,FIS持有人/投资者希望有承受这种风险的载体来受让这种风险。现有经营风险的资本机构,包括担保/保险机构,或者现代增信机构,不但资本巨大,而且信用等级高,可以出让这种信用,也可以受让并承担、经营FIS的信用风险,达到FIS风险转移的目的。那么,无论转让信用,还是让渡风险,亦无论受让信用,还是受让风险,站在双方行为角度看,均为担保行为;站在双方买卖角度看,皆为增信业务。

二、担保对象

通过民事担保,把FIS及其发行人/融资者的风险转移给担保机构/保险机构,或者把担保机构/保险机构的信用转让给FIS持有人。这样,FIS持有人通过担保,就把FIS风险转移给担保机构/保险机构,自己不再承担FIS风险。担保机构/保险机构通过担保,把自己信用让渡给FIS持有人,或者受让风险,把信用风险从 FIS 中转移出来，不再由 FIS 持有人承担，而是由担保机构/保险机构承担并经营。但是，无论美国的金融担保业务，还是中国的融资担保业务，担保对象均为 FIS 的信用风险。金融担保属于第三者独立担保，与被担保对象没有关联关系。金融担保的担保对象都有一定的信用等级，担保机构通过出售、出租"信用"，利用信用等级之差所形成的信用利差作为担保定价，收取担保费用。

三、担保主体

美国从 20 世纪 70 年代初开启了"金融担保业务"，开展金融担保业务的增信机构，包括各种名目的担保公司，也包括专类保险公司和多产品综合保险公司。21 世纪第一个 10 年后，中国也开始了"融资担保业务"，虽然仅为融资担保公司，但是保险公司也以各种名目的保险业务介入过债券保险业务。无论美国的担保机构/保险机构，还是中国的担保机构/保险机构，都是行业管理和持牌经营的，不是任何资本机构可以成为担保主体的。

四、担保合约

行业管理和持牌经营的担保主体，是以担保合约方式开展金融担保业务或融资担保业务的，即以担保合约把担保对象的信用风险转移到担保主体。但是，担保合约却是非标准的，因为标准合约将扩大担保主体，这不是担保合约的功能。因此，非标准合约意味着其所承载的权利义务不可转让，因为担保行为具有人身权利性质、法律禁止或限制转让。融资担保合约尽管在中国融资担保行业内可以用再担保形式进行转让，但其合法性有待商榷。所以，非准标合约也因此只能成为权利义务的媒介，不可能成为载体。即非标准合约只能作为 FIS 信用风险转移的增信媒介，不可成为增信载体，增信载体必然是法律主体，即增信机构，包括担保机构或保险机构。

五、建立及时偿付的法律责任

金融担保区别于民事担保，主要表现为：一方面，金融担保是以出售、出租"信用"，利用信用等级差所形成的利差进行收费，以区别于以往民事担保的行业收费；另一方面，金融担保建立了及时偿付这一商事担保的核心法律责任，以区别于以往民事担保的"事后增信"的、并不追求增信效果的法律责任。

第三节　信用买卖

一、信用买卖的含义

信用买卖,就是高信用等级的一方将自己信用"出租""出售"给较低信用等级一方(增信对象,FIS 及其发行人),并收取信用买卖收益。当 FIS 发生信用事件或信用违约等风险时,由出售信用的高信用等级一方承担违约风险或补偿损失。高信用等级的一方,作为信用买卖的出售方,就是增信者或增信机构。较低信用等级一方,就是增信对象,或 FIS 及其发行人/融资方。买卖标的,就是增信者的高信用等级。但是,信用买卖的受让方,却是 FIS 持有人,信用买卖的受让方因买入信用可以避免 FIS 违约风险而造成的投资损失。买卖费用,就是信用"出租""出售"的收益,亦就是增信收费。信用事件或信用违约等 FIS 信用风险,均由信用买卖合同约定。由此可见,信用买卖这种增信方式,同样可以达到担保的功能和目的。

二、买卖对象

买卖对象,是增信机构的高信用等级。买卖对价是增信机构的高信用等级与增信对象的较低信用等级之间的信等差所形成的信用利差,这种形式定价其实就是美国金融担保定价。而以信用买卖为名,却以风险资产交易为实的现行增信产品(CDS/CRMW),其实都没有真正把信用作为买卖对象,只是符合某些利益需求的形式交易结构罢了。

三、买卖机构

作为合约增信产品,CDS 可以为资本市场上任何投资机构所买卖,在理论上应该没有任何限制,如同其他金融产品一样。当然,作为柜台交易产品,也应该有限制投资者。在中国,CRMW 则规定由债券市场的近 1 400 家机构投资者作为买卖机构。因民事担保转化为商事担保,或者投资担保,由担保行为转化为信用买卖去实现信用风险的转移,担保的法律责任转化为及时偿付的法律责任或买卖(交易)责任。

四、买卖合约

由于信用买卖机构不是行业管理和持牌经营的担保主体,而是资本市场上任何投资机构。因此,与担保合约不同,信用买卖合约可以通过标准化为资本市场上任何投资机构所用,符合信用买卖的原意,即没有限制的市场化买卖。正因为如此,信用买卖合约的投资机构,不仅可以买入信用,也可以卖出信用,在符合套期保值实现增信功能的另一面,仅是正常的逐利行为。这种信用买卖,意味着任何投资机构都不会是信用买卖权利义务(信用风险)的载体,只是实现价格管理目标的媒介。与此同时,及时偿付的法律责任将体现在买卖合约中,作为买卖合约的核心交易条款或法律责任、交易义务。因此,标准合约可以成为信用买卖(权利义务)的增信载体,而不仅仅是增信媒介。这就是说,标准信用买卖合约,从承载信用买卖(权利义务)的增信媒介,经标准化后可以成为承载信用买卖(权利义务)的增信载体,即增信产品,严格地说,就是合约增信产品,比如 CDS。

五、规制产品

如前所述,现行增信产品都是以信用买卖为名,却以风险资产交易为实。由于信用买卖这种交易结构的"黑洞现象"所形成的交易对象风险,会产生蝴蝶效应和多米诺骨牌效应,可能导致系统性风险。因此,目前全球各国对市场自发产生的合约增信产品进行规制,并以清算中心(所)替换交易对象,以规避交易对象风险。最终,合约增信产品转化为规制增信产品,或清算型增信产品。为此中国在规制产品基础上所创设的 CRMW,为了符合中国大陆法系的法律概念,在标准合约权证化的同时,也形成规制增信产品,即权证型增信产品。

第四节 风险资产交易

一、基本特征

风险资产交易,就是将 FIS 风险定价后所形成的风险资产,由买卖双方进行交易,即出让方出售、让渡风险资产,或者受让方买入风险资产。其基本特征是:①风险资产卖方,不仅包括 FIS 持有人,也包括 FIS 发行人。FIS 持有人/发行人为规避 FIS 风险而成为风险资产卖方,风险资产卖方是为了自身利益而卖出 FIS 风险。FIS 发行人/持有人作为风险(资产)卖方,一方面是为了使 FIS 持有人避免信用违约风险;另一方面是为了节约发行成本及其他发行利益。值得关注的是,不是仅仅卖出 FIS 信用风险,而是将信用风险转移出 FIS 并对经定价后所形成的风险资产进行出售、让渡等交易。②风险资产买方,即风险资产受让者,或增信载体。风险资产买方既可为增信机构,亦可为增信产品,无论增信载体为何。③风险资产作为交易对象。如前所述,风险与信用是"双身一体"。在理论上,既然信用可以买卖,风险资产当然可以交易,而且风险资产更符合增信定价。

二、对价支付

风险资产交易在对价支付上,似乎与信用买卖,或一般交易有所不同。如果风险资产作为交易对象,风险资产卖方在转移风险的同时向风险资产买方支付风险对价;但在形式上,风险资产买方将支付一个某一货币中最小金额的交易对价,正因为如此,不能称之为风险买卖,而称其为风险资产交易。其实,这不是一个什么难题。风险转移的同时,也将以违约率所形成的风险对价一并转移,如同保险资产交易或再保险。至于风险资产买方,只要进行交易,哪怕最低价格,1元或1分,只要风险资产买卖的双方达成如此对价即可,如同并购交易中的承债式并购,可以1元的价格收购数亿元资本金公司及其可能拥有数亿元公司资产一样。

三、交易角色

信用买卖与风险资产交易是不同的,前者为信用,后者为风险资产;信用卖方却是风险资产交易的买方,信用买方却是风险资产交易的卖方,买方交易角色正好相反。但是,两者在买卖交易机构和买卖交易合约上却是一致的。

虽然目前只有FAFT,尽管还仅处于风险资产交易的第一步,还未将买卖交易合约标准化,形成创新增信产品。但是,适合于融资增信的、属于风险资产交易的标准买卖合约,或者创新增信产品,有着广泛而深厚的FIS市场,一定会在不远的未来喷薄而出。

第五节 风险资产合并

一、合并对象

从理论上讲,增信对象的信用风险既然可以买卖交易方式实现转移,当然也可以通过合并方式进行转移。因此,通过合并方式,可以将增信对象的风险资产转移至金融产品(可以交易流通的动产或物权),即信用风险转移、合并的对象为金融产品。金融产品目前仅为债性金融产品(FIS),那么,信用风险转移、合并的对象就是债性金融产品。现行债性增信产品又仅为CLN和ABS夹层证券。

合并合约,与信用买卖合约、风险资产交易合约不同,应该为非标准合约,即风险资产只能合并进入 CLN 或 ABS 夹层证券,而不能合并进入其他金融产品,并且一旦合并进入 CLN 或 ABS 夹层证券,不可退出。

但是,金融产品作为合并对象,却可以是标准合约,但自身不可成为增信产品;尽管信用风险合并合约不是标准合约,但是,这个非标合并合约与其他金融产品相结合所形成或共同衍生出的崭新增信产品,却是标准合约,可以自由买卖交易,自由流通。因此,一个信用风险的非标准合并合约、另一个债性金融产品的标准合约,进行组合所形成的增信产品却是标准增信合约,即债性增信产品。

二、合并目的

风险资产通过合并方式进入金融产品,目的就是促使金融产品自身价值可以成倍提高风险资产的风险覆盖率(ABS 夹层证券),甚至达到 100% 的资产覆盖率(CLN)。因此,金融衍生产品,就是将具有自身价值的金融产品与风险定价所形成的风险资产相合并,降低甚至覆盖信用违约而带来的违约损失。

风险覆盖率,是指基于违约率的已经定价的风险资产中可以覆盖风险的资产比重。一般来说,风险资产中的定价资产应该大于风险损失(基于违约率),否则增信成本无法覆盖,增信本身无法成立。但是,由于随机违约率可能导致"肥尾现象"(Fat Tail),使定价资产不足以覆盖风险损失。因此,在风险定价或风险资产与违约损失之间存在一定的关系:风险覆盖率。定价资产(增信资产)与实际违约损失之间存在另一种关系:资产覆盖率,这将在以后章节中论及。

定价资产与基于违约率的风险损失之间的风险覆盖率,是风险定价的基础,并且在组合、集合概念中才能成立。因此,通过风险资产与金融产品的合并与交易,使金融产品价值可以成倍地提高风险覆盖率。因此,增信衍生产品,是增信产品创新的重要方向。

三、合并债券

因拥有另一机构的债权,某个金融机构于是发行一种债券,这种债券本身当然也是一种 FIS,不仅具有固定本息,也有基于这种债券发行人自身的信用风险。同时,这个债券还因合并,承载了另一机构及其 FIS 的信用风险。如果这一机构发生信用风险,比如不归还这种债券发行人的贷款或其他 FIS,那么,所发行的这种债券也就发生了违约风险/信用事件,这个债券发行人就不用对其发行的债券承担偿付责任,而由这个债券的投资者/持有人承担。这种债券就是合并了,或联结了另一机构(增信对象)的信用风险,合并对象就是这种债券,称为信用联结债券(CLN),因此这种债券就是一种债性增信产品。

四、合并夹层证券

在 ABS 中,可以将 SPV 权益分为优先级权益和次级分档权益,其中,除了最底层的次级权益不能流通交易外,在其上的优先级权益和各个分档权益都是可以流通交易的。可以流通交易的分档权益,相对优先级权益和不能流通交易的最底层次级权益来说,称为夹层权益。夹层权益,与优先级权益一样,因可以流通交易,它们都是种金融产品。前者称为优先级证券(PS-ABS);后者称之为夹层证券(MS-ABS)。同时,两者也是一种动产或物权。但是,最底层的次级权益因不可流通交易,一般也无法评级,也就没有预期收益率,只能是一种动产或物权,却不能称为金融产品,或者有价证券。

夹层证券作为一种具有固定收益的金融产品(FIS),当 SPV 的基础资产(池)所产生的现金流不足以按约定收益偿付优先级证券和夹层证券时,优先偿付优先级证券的本息,剩下的现金流,才可偿付或不足偿付夹层证券的本息。可见,夹层证券因合并承载了优先级证券的信用风险,合并对象是夹层证券,因此,夹层证券也是一种债性增信产品。

五、合并其他金融产品

既然增信对象的信用风险可以合并到债券、夹层证券等债性产品(FIS)中,当然也可合并到其他金融产品中。因此,合并对象也可以是基金产品、类基金(SPV)等权益产品。但是,合并对象决不可以是股权产品,这是"开历史倒车"。因为,增信产品是摆脱了主体增信的桎梏,适应了时代发展和市场需求,才应运而生的。

第六章　增信载体

不同的增信载体,具有不同的增信风险与管理成本,因此增信定价也不同。增信产品因其增信风险小,管理成本低,增信定价准而优于增信主体,并可以满足 FIS 市场规模化发展的需求。

第一节　概述

　　承载从增信对象转移出来的信用风险的各种工具,称为增信载体,亦可称为"增信工具"。但是,其不包括古代人类的自然人作为增信主体,也不包括关联担保机构作为增信主体,当然也不包括作为反担保措施的担保物权,不包括非独立担保所形成的担保物权,比如连带责任担保、最高额担保、一般担保概念下的担保物权。

　　信用风险通过增信(担保)合约转移至法律主体,称为"增信主体"或"增信机构",及其他时代特征的名称,比如各种名目的担保公司、保险公司、增信公司等。信用风险通过增信(担保)合约转移至物权,称为"增信物权"或"担保物权",及其具体化的名称,比如担保物权名下的具体不动产、信托(共管)账户及其资金、LC及其他各种票据、ABS次级权益(凭证)等诸如此类的各种可供抵押/质押的动产、不动产等物权。

　　信用风险通过非标准增信合约转移至金融产品,称为"增信衍生产品",及其因不同金融产品而产生的不同的增信衍生产品。金融产品为债性产品(FIS)的,合并后所产生的是债性增信产品,包括信用联结债券(CLN)和 ABS 夹层证券;金融产品为特殊目的载体(SPV)所形成的类基金产品,合并后所产生的是集合增信产品(APCE)等。信用风险通过标准增信合约转移至其所产生的增信产品,称为合约增信产品(CDS),因规避合约增信产品缺陷而将信用风险转移至规制增信产品,有清算型增信产品(CDS-CC)和权证型增信产品(CRMW)。

标准增信合约在增信主体之间不断地交易流通,并由自身定价承担信用风险,成为真正的"增信者"——增信产品。这样,作为增信产品,标准增信合约则由增信媒介向增信载体转化。增信主体则因不确定性与泛化(大众化、交易化)而成为增信媒介,即增信产品交易参与者。

信用风险既然已经转移至增信载体,那么,增信载体风险就是增信风险,管理增信载体的成本就是增信管理成本。

第二节 增信媒介的演变

一、媒介与载体

媒介,具有传输物质的功能,其实也是一种载体,否则就无法承载物质并进行传输。媒介是一种惰性载体,只要接受传输物质的载体是确定的,媒介就保持其本色,即只具有传输物质的功能,不会进一步演变成载体,这正是媒介所具有的惰性。载体,相对于媒介所传输的物质必须是确定的,承载物质以后也是稳定的,不会离弃所承载的物质。

但是,当接受传输物质的载体是不确定的,并且只是临时地承载一下所传输物质,随即又传输给下一个如此同类的、泛化的载体,媒介所承载的物质也就无法一劳永逸地传输给某一确定载体。这样,媒介则在不确定的、泛化的载体中确定地携带着物质不断穿梭,并且因适应泛化的载体而改变着媒介自身,使媒介也具有确定的、泛化的特性。因此,泛化而确定的媒介(抛弃了惰性),相对于不确定的、泛化的载体,媒介就演变成了载体。反之,这种不确定的、泛化的载体,相对于具有泛化而确定的媒介(已经演化为载体),就沦落为媒介,即成为向载体传输物质的媒介。可见,媒介与载体,既独自存在,又相互依存,并且依据不同条件相互转化。

二、合约与金融产品

承载财产(合同)权益或者权利义务的合约,通过买卖,可以把合约所承载财产(合同)权益转移至公司法人名下,为公司法人所拥有;通过投资,可以把合约所承载财产(合同)权益转化成公司法人的合法权益,并可以转移至公司法人名下,为公司法人所拥有;通过 ABS 合约标准化,还可以把合约所承载财产(合同)权益转移至 ABS 所设置的 SPV 名下,或者通过债务合约标准化,可以把合约所承载财产(合同)权益转移至债券名下。

可见,承载财产(合同)权益的、或者权利义务的买卖合约,因转移给公司法人,为公司法人所拥有而完成使命的,这种非标买卖合约就是媒介。承载财产(合同)权益的、或者权利义务的投资合约,因转移给公司法人,为公司法人所拥有,同时却转换成公司法人股权的,这种标准股权投资合约就是载体。作为标准股权投资合约,可以继续流通。进一步来说,这种标准股权投资合约,如果为公示性募股说明书,就是金融产品,即"股票"。承载财产(合同)权益的、或者权利义务的 ABS 合约,或者债券说明书,本身就是一种公示性合约。无论 ABS 优先级证券,还是债券,都是金融产品。可见,标准股权投资合约、ABS 合约、债券说明书本身就是载体。

三、增信合约

增信合约这种媒介,标准化与否,涉及后续信用风险载体(增信载体)的丰富性。非标准合约,意味着增信载体单一性,仅为增信主体;当然,在不存在增信主体或增信主体不愿增信时,增信载体也可为增信物权。标准合约,意味着增信载体多样性,主要的不是增信主体/增信物权,而是增信产品的丰富性。

1. 增信合约与增信主体

增信合约,应该先作为信用风险转移的媒介而登场的。因为增信开始于增信主体所开展的担保业务。在增信初级阶段,转移信用风险的担保合约,是非标准化的,即非标准担保合约。因为承载信用风险的担保主体是确定的,即行业管理和持牌经营的,不是其他各种(泛化)主体可以承载的。因此,非标准担保合约所承载的信用风险只能一次性地转移至担保主体,不能再次转让。因此,非标准担保合约的一次性转移信用风险的特征,说明非标准担保合约只是增信媒介,不是增信载体。

由于担保主体均受限于资本金及其10倍杠杆率,行业内通过再担保转移信用风险,其实几乎没有实质性意义。因为无论担保主体,还是再担保主体,担保对象都是信用风险,没有任何差异化。同时,两者都受限于资本金及其10倍杠杆率。如果担保主体不是超额担保,或者希望加速资本周转率,是不会通过再担保合约转让担保资产(信用风险)的。反之,再担保主体如果自行按资本金及其10倍杠杆率开展担保业务,在同样风险条件下,再担保业务将会减少担保收益,得不偿失。如果再担保主体不受限于资本金及其10倍杠杆率,那么为什么担保主体要受限于资本金及其10倍杠杆率。

此外,担保资产不可通过再担保合约进行转移,是基于下述法律认识:即担保与再担保的关系,不同于保险与再保险的关系。其一,法律上禁止转让担保关系,行政法规所规定的再担保,可否改变法律上的这一禁止性、强制性规定,有待商榷。其二,禁止性法律规定,正是基于如下观点:①保险对象不同一,各种各样的,因此不同保险机构可以根据特长相互调剂保险资产。担保对象则是同一的,即都是信用风险,没有调剂担保资产的客观基础。②保险对象具有较强的客观属性,发生概率应该是比较确定,因此可以根据所确定的较为客观的保险概率制定保险机构的资本金杠杆率。一般在50倍左右,远大于担保主体的资本金及其10倍杠杆率。因此,保险机构之间进行保险资产调剂交易也是有很大空间的。担保对象具有很强的主观性,概率很不稳定,随着数值增大而趋于稳定或者下降。在这种条件下,担保主体就受限于资本金及其10倍杠杆率。因此,担保主体之间,或者担保主体与再担保主体之间,没有多少空间可以进行调剂交易。③保险赔偿金额相对较小,保险机构资本金相对单一赔偿金额就显得巨大无比,可以形成具有确定概率的保险资产池,并应对任何出险事件。担保赔偿金额相对较大,担保主体资本金相对单一赔偿金额就显得较小,难以形成具有确定概率的保险资产池,并应对任何出保事件。特别是担保风险是随机发生的,担保主体无法应对随时可能发生的巨额赔偿金额。

2. 增信合约与增信物权

增信物权所承载的信用风险,要么一同消亡(如果发生信用风险),要么到期解体而消失(信用风险到期消失,增信物权回归物权)。因此,承载信用风险的增信合约,是将信用风险转移至物权,形成增信物权而完成使命。这个增信合约也是非标准的,因而这个非标准增信合约也只是一种媒介。

四、标准增信合约

增信合约标准化,既可以自身实现交易产品化(如 CDS),也可以通过规制权证化(如 CRMW),更可以通过 SPV 产品化(如复合增信产品)。当然,作为标准增信合约,也可以与具有流通性金融产品(FIS)结合,形成债性增信产品,如CLN、ABS 夹层证券。由此引申,标准增信合约,当然也可以与其他金融产品结合,进行创新的增信衍生产品,比如与类基金产品(SPV)结合,形成 BTCE。可以预见,在增信合约中的人类智慧结晶,将会在增信产品中发扬光大。

标准增信合约因交易流通,不再是承载信用风险并且进行传输的增信媒介,而是承载信用风险并在增信主体(原来增信载体)之间进行穿梭交易流通,即增信合约通过标准化并进行交易流通,从而增信媒介演化成了增信载体。

在增信高级阶段,增信合约是标准化的。标准增信合约所承载的信用风险,既可以自由地转移进增信主体,又可以自由地转移出增信主体,甚至于与金融产品相结合的增信衍生产品同样也可以自由地进出增信主体,并承载、转移信用风险的特性,使增信合约向增信产品转化,决定了增信主体或增信衍生产品可以对冲信用风险,增信产品随着风险定价起舞,增信主体或增信衍生产品则处之泰然,承担因增信产品价格波动所产生的亏损或盈利。

第三节　载体形式

一、增信主体

增信主体,是指美国产生金融担保业务后持牌经营、行业管理的各种债保机构,包括各种名目的担保公司,专类(单产品)保险公司和综合(多产品)保险公司。这些持牌经营的债保机构通过金融担保合约、或者其他名目的保险合约,吸收、承载并经营信用风险,这就是所谓的金融担保业务。在中国,自融资担保法规出台以来,原来的担保公司转为了可以从事融资担保业务的融资担保公司,即增信主体。

在增信的初级阶段,增信主体主要表现为信用风险通过非标准担保合约转移至担保机构/保险机构。这个阶段的增信主体主要包括各类担保公司和保险公司,以其资本金及其 10 倍杠杆率以非标担保合约开展"金融担保"或"融资担保"

这类增信业务。在增信的高级阶段,比如中国的 CRMA,所有中国银行间市场的参与者均可为 CRMA 的卖方,即增信主体。奇怪的是,既然中国资本市场的所有参与人均可为增信主体,却又专门成立了称为"增信公司"的增信机构。目前,美国则没有对增信主体进行任何限制,即任何人只要愿意,市场也接受,均可为增信者。

二、增信物权

在增信概念出现以前,信用风险转移也不时发生,有转移至担保人的,多为关联担保;也有转移至物权的,形成担保(增信)物权。这种担保物权因主要针对低(无)信用等级的担保对象,以至于延续至今。特别是中国担保对象多为低(无)信用等级,担保物权非常盛行。但是,中国担保物权又不是独立的,隶属于担保主体,也无法成为增信物权。

增信物权包括不动产、动产两个部分。中国担保物权主要是针对不动产。美国增信物权却主要是针对动产的,包括 LC、商业票据、现金抵押账户、ABS 次级权益等。另一种动产则具流通交易性质,即金融产品,经与信用风险结合,形成增信衍生产品。

三、增信产品

在增信的高级阶段,担保公司/保险公司的资本金及其 10 倍杠杆率所形成的增信额度难以适应 FIS 市场规模化发展的需求,而且增信风险居高不下,于是,信用风险开始通过标准增信合约进行转移流通,并因此产生了合约增信产品或金融衍生产品,于是便开始盛行以 CDS 为主的这种合约增信产品。此外,信用风险也开始通过非标增信合约转移至各类金融产品,也产生了增信衍生产品,目前仅包括信用联结债券(CLN)和 ABS 夹层证券两种增信产品,相信未来一定会有创新增信产品面世。

但是,以信用买卖为形式,却以风险定价所形成的风险(资产)交易为内容的 CDS,信用买卖这种交易结构将不可避免地产生"黑洞现象"所带来的交易对手风险,及其所引发的系统性风险。为克服这些风险,又能保持现有各方利益,于是对合约增信产品进行规制,将信用风险转移至经规制的标准增信合约,形成规制增信产品。美国及其他西方国家则以清算中心(所)替代交易对手,形成清算型增信产品(CDS-CC)。中国则在引进清算中心（所）基础上，又将标准增信合约规制为权证型增信产品(CRMW)。

上述增信产品最终都从信用定价转向风险定价，信用买卖转为风险资产交易。在大数据理论与技术支持下，以风险资产买卖为基础的创新增信产品，包括单一增信产品、集合增信产品(APCE)和复合增信产品(BTCE)，必将作为适应中国特色的FIS市场规模化发展的需求而横空出世。

1. 合约增信产品

信用买卖最典型、最流行的产品，即CDS。CDS不仅突破了金融担保的行业监管和持牌经营，而且在法律概念上走得更远。因惧于证券监管以及避税需要，甚至连买卖等交易名义都不敢越雷池一步，只冠以"互换"之名。当然，从法律角度来看，在CDS标准合约的具体内容上，CDS则是一种信用买卖，其基础交易结构是：从信用保护卖方来看，卖出信用，收取信用保护费用；从信用保护买方来看，买进信用，付出信用保护费用。

CDS卖方，即信用保护卖方，出让自己信用给信用保护买方(CDS买方)。这个信用买卖的交易实质是：①当发生约定的信用（违约）事件时，CDS卖方将承担违约损失或对CDS买方进行补偿，即履行增信义务。如果CDS合同到期未发生约定的信用（违约）事件时，则解除CDS合同，或自动终止CDS卖方所承担的信用保护（增信）义务。②交易对价是，无论信用（违约）事件发生与否，信用保护卖方在合约有效期内都将收到约定的信用保护费用，享有增信收费的合同权益。

CDS卖方或CDS买方，如需对冲交易风险，需买入或卖出一个价值相反的同类CDS。一种情况是，无论CDS卖方，还是CDS买方，持有两个价值方向相反但风险对冲的CDS，均可实现套利目标退出。另一种情况是，CDS卖方实现套利目标退出，CDS买方继续持有，以实现套期保值目标。新加入的CDS卖方，等待并寻求新的套利目标。

但是作为相对的交易对手，买入再卖出，或卖出再买入，却并未因对冲交易而退出交易关系，尽管交易风险得到对冲或释放。在这个风险对冲完毕的买卖关系中，仍然存在着一方交易对手是另一方交易对手信用支撑，无论前手，还是后手，交易对手的信用风险因买卖而交织着，不断扩展的这种买卖关系，最终形成网络状的信用风险相互支撑的交易格局。

正因采用信用买卖这种方式，形成了CDS交易所具有的特有的现象——"黑洞现象"。任何参与 CDS 交易的投资者,无论是 CDS 卖方,还是买方;无论是 CDS 交易前手,还是交易后手,由于信用买卖具有相对性,只有通过两个相反方向交易进行风险对冲。但是,任何一方交易对手,都是以自身信用作为支撑点,都会形成以一方交易对手为中心、且以其信用为支撑的、相互交叉的交易网络,或者放射状的交易格局。结果是,任何一方交易对手都不可以破产倒闭,否则如同大质量天体倒塌后所形成的黑洞,将一切都吞噬于其中。

可见,在这个信用买卖格局中,任何 CDS 交易参与方,不可倒闭破产,否则会形成"蝴蝶效应"或"多米诺骨牌效应",可能形成系列性风险。此外,作为柜台交易,当金融危机临近时,CDS 交易几近消失,所有 CDS 对冲机制(功能)停止,加速推动金融危机的爆发。反之,因害怕参与 CDS 交易的大型金融机构倒闭所引发的金融危机,在没有改变 CDS 信用买卖这种基础交易结构之前,须对这种大型金融机构给予监管保护。因此,"大而不倒"的金融机构,则成为金融监管又一恶性循环。

2. 规制增信产品

合约增信产品是市场自发形成的,因"黑洞现象"造成交易对手风险,因此产生"蝴蝶效应"和"多米诺骨牌效应",可能形成系统性风险。为了规避这种风险,产生了以清算中心(所)(合约)替换交易对手(合约)的制度,形成了清算型增信产品,代替了合约增信产品。中国在引进 CDS 的同时,在清算型增信产品 CDS 的基础上,为了适应中国大陆法系下的法律概念,将原来标准合约规制为权益产品,形成权益型增信产品 CRMW。

1) 清算型增信产品

清算型增信产品(CDS-CC),就是 CDS 买卖合约交由清算中心(所)进行集中交易,由清算中心(所)的买卖合约替换交易对手的买卖合约。这样,清算中心(所)就成为 CDS 交易的唯一支撑点、放射点:①原来 CDS 的交易对手风险向清算中心(所)转移,由清算中心(所)成为信用风险的最终承担者。每个 CDS 卖方(增信义务承担者),收取信用保护(增信)费用;清算中心(所)享有增信权利,向 CDS 卖方支出信用保护(增信)费用。任何 CDS 买方(增信权利享有者),支付信用保护(增信)费用;清算中心(所)承担增信义务,向 CDS 买方收取信用保护(增信)费用。②所有 CDS 交易者,都将面对清算中心(所),意味着信用买卖实际上开始向风险资产交易过渡,尽管合约形式上还是信用买卖。③CDS 定价可以减少交易对手风险的因素,无需运用复杂计算的,防止交易对手风险的"单跳""双跳""多跳"的数字定价模型,真正回归 FIS 的风险定价理论,即以 FIS 违约率为基础的增信定价。当然,这些"跳"的定价模型,正是说明了增信载体的管理成本的存在,尽管交易对手风险成本已经被清算中心(所)可能的管理成本所取代,增信定价决非仅为信用风险对价。

只是风险资产卖方可以单向且持续向后交易,而且也只有风险可以作为定价基础。信用作为定价基础,已经是 20 世纪的形式定价,不具现实意义。更何况,现行增信产品(CDS/CRMW),尽管形式上是信用买卖,实际上也是对风险进行定价。可见,坚持合约形式上的信用买卖,是无法实现这种单向且持续向后交易的。仅为了规避交易对手风险,规制合约替换方式,把合约增信产品改为规制增信产品,形成清算型增信产品,只能表明 CDS 原有利益既得者的习惯性抵抗,最终必然抵抗不了从合约形式到定价基础均为风险资产交易的创新增信产品。

2) 权证型增信产品

CRMW 就是 CDS 典型的中国变种,特别是信用买卖交易结构规制化的结果。这个规制化结果就是,如同合约增信产品(CDS),把任何交易对手的增信合约替换成与清算中心(所)的增信合约,把交易对手的清算责任(增信义务)全部转移给清算中心(所),每个交易对手之间不再具有清算责任(增信义务)关系。除此之外,由于中国属于大陆法系,增信合约标准化,并不会自动转化为可流通交易的增信产品(金融产品或金融衍生产品),必须对标准增信合约进行规制。

于是,标准增信合约就被规制为一种权证产品(尽管合法性有待商榷),并由上海清算所进行清算的权证产品(CRMW)。可见,CRMW 作为权证产品,一方面体现了大陆法系的特征,即增信合同不能通过标准化演变成合约增信产品而直接流通;另一方面是希望通过权证型增信产品进行交易与流转,以防交易对手风险。

CRMW 交易实质是,发行 CRMW 的核心交易商,通过上海清算所发行 CRMW,并收取信用保护费用,如同 CDS 卖方(增信义务承担者);如果核心交易商需要对冲风险或实现套利目标,如同一般交易商可以通过上海清算所买入相同的 CRMW(由其他核心交易商发行,或由原来买入 CRMW 的一般交易商卖出)。一般交易商通过上海清算所投资这个 CRMW,并支付信用保护费用,如同 CDS 买方(增信权利享有人)。因为 CRMW 属于权证产品,一般交易商如需套利可以通过上海清算所将其卖出,后续交易者均可如此退出。

在中国,将合约增信产品规制为权证型增信产品,除了所谓这个名称"创新",与清算型增信产品(CDS)在名称上有所区别外,就其实质而言,与清算型增信产品(CDS)一样,都只是为了维护合约形式上的信用买卖这个基础交易结构,为了规避交易对手风险,不触犯 CDS 原有利益既得者的习惯性。实际上,这个权证增信产品(CRMW)所定价的,所交易的均为增信对象的风险,是风险资产在交易流通。

3. 增信衍生产品

如前所述,信用风险通过非标准增信合约可以通过合并形式转移到物权,转移到动产,转移到可交易流通的动产。因合并而承载信用风险的,就是金融产品,比如债券、ABS 夹层证券,都是债性金融产品。信用风险转移到债性金融产品,形成可称为增信衍生产品,即债性增信产品。债性增信产品分为两种,信用联结债券(CLN)和 ABS 夹层证券(MS-ABS)。

1) 信用联结债券

信用风险通过非标准增信合约转移到债性金融产品。因为信用风险在约定期限内不会与债性金融产品分离,或自由进出债性金融产品。除了跟随债性金融产品交易流通外,与其他增信物权并无二致。非标准增信合约就是一个转输信用风险的媒介,一旦将信用风险转移至债性金融产品,就算完成了转输使命。同时,信用风险的来源、定价与数量都是无法泛化的。因此,增信合约是非标准的,也只是转输信用风险的媒介。

CLN,自身也是债券(FIS),有着自身的信用风险和定价;同时,又吸收、承载了其他 FIS 的信用风险和定价,双重风险和双重定价通过非标增信合约以合并方式形成了以往所谓增信衍生产品(CLN),在此称为"债性增信产品"。因此,对于投资者来说,CLN 具有双重风险和双重定价,投资与否,可以比较另一 FIS(贷款)融资者所发行的其他 FIS 收益率。对于发行人来说,在不增加任何风险的条件下,CLN 只是另一 FIS(贷款)的转让、并获取交易利差,是一种比保理(Factoring)和 ABS 更好、更有利的金融产品。

2) ABS 夹层证券

ABS 优先级证券(PS-ABS)的信用风险及其定价通过非标增信合约转移到 ABS 夹层证券。其原理与 CLN 一样,增信合约是非标准的,也只是转输信用风险的媒介。ABS 夹层证券,如同 CLN,具有双重风险和双重定价,通过非标准增信合约以合并方式形成了 ABS 夹层证券,在此称为"债性增信产品"。

对于发价人来说,只要 ABS 最底层权益(不可流通交易)不变,ABS 优先级证券与 ABS 夹层证券都是 SPV 权益,比例如何都会是一样的。但站在 SPV 权益角度看,ABS 夹层证券所占 SPV 权益越大,ABS 优先级证券的收益率越小。对于投资者来说,只要 SPV 名下的基础资产配比是符合多元概率的,ABS 夹层证券比 ABS 优先级证券就更具优势,无论风险还是收益。因此,ABS 夹层证券较受投资者所青睐。但是,中国 ABS 的基础资产配比却鲜有符合多元概率的,那么,ABS 夹层证券的优势就不得而知了。

四、增信载体比较

1. 相同方面

1)承载内容相同

凡增信载体必须吸收、承载信用风险/风险资产,不承载信用风险/风险资产的,非为增信载体。信用风险/风险资产因增信可以转移至增信载体,包括增信主体,或者增信物权、增信产品及其增信衍生产品,而且,以往或现行增信载体所吸收、承载的信用风险/风险资产,基本上都是单一的,还未进行集合两个或多个信用风险/风险资产。

尽管存在一篮子信用违约互换(CDSs)、信用违约互换指数(CDx)等金融衍生产品,但由于这些金融衍生产品仅为 CDS 裸交易所衍生,并无增信功能,或并不承载信用风险/风险资产,因此与增信产品相去甚远。但是,信用风险/风险资产确实可以通过增信合约得以买卖/合并,形成集合增信合约,或组成风险资产池(增信资产池)。这样,拥有集合的信用风险/风险资产,风险中和的集合增信产品(APCE),在未来,应该水到渠成。

2)增信媒介相同

无论增信合约标准与否,是否转化为载体,承载、传输信用风险/风险资产的增信媒介,均为增信合约。任何增信载体,如果离开增信媒介,或者增信合约,就无法成为增信载体。比如,两个不同的法律主体之间,两个不同的 FIS 之间,或者一个 FIS 与一个法律主体,甚至一个物权、一个金融产品之间,如果没有增信合约传输其中一个 FIS 的信用风险/风险资产,另一个载体就不会成为增信载体。

此外,不同载体又因增信合约不同,形成不同增信载体;而且,增信合约也可离开任何载体,自身通过标准化,由增信媒介演变成增信载体。

3)增信法律相同

增信合约,必须采取合法形式,或者法律形式进行承传输信用风险/风险资产,这个法律形式可以是民事担保,也可以是商事担保。具体法律形式亦无论是担保/保险,还是买卖,甚至合并。增信合约所转移的权利义务,信用风险/风险资产转移、承载都需要基于相关法律形式,或者相关增信法律;否则,增信合约无法作为承传输信用风险/风险资产的合法媒介,任何载体也因无法吸收、承载信用风险/风险资产而不成为增信载体。

因此,法律形式、法律概念对于增信载体来说非常重要。因为不同国家、不同历史阶段的关于转移权利义务的相关法律概念、法律形式是不同的。比如,以往法律只认可担保/保险是转移信用风险(权利义务)的合法形式,现在均认可信用买卖和风险合并也是转移、承载信用风险/风险资产的法律形式。当然,事实上的风险资产交易,还未得到市场认可或政府规制,或者法律承认。

2. 不同方面

1)增信载体不同

转移、承载信用风险/风险资产的,包括增信主体、增信物权、增信产品及其增信衍生产品,这些增信载体各不相同。以法律主体,或者公司法人,或者增信机构来转移、承载信用风险/风险资产的,均为增信主体。以增信合约及其规制合约转移、承载信用风险/风险资产的,均为增信产品。以物权、动产或不动产来转移、承载信用风险/风险资产的,均为增信物权。其中,转移、承载信用风险/风险资产的动产为金融产品的,则其为增信衍生产品。

增信主体相互之间、增信物权相互之间、增信产品相互之间及其增信衍生产品相互之间也各不相同。比如,金融担保机构与现代增信机构均为增信主体,但是两者所依据的法律形式或增信媒介是完全不同的,金融担保机构是依据担保法律开展增信业务的;现代增信机构是依据商事担保法律,或者信用风险/风险资产买卖与合并法律开展增信资产交易与管理的。

2)增信合约不同

不同的增信载体运用不同的增信合约。非标增信合约,只能作为增信媒介,把信用风险传输给增信主体、增信物权及其增信衍生产品。标准增信合约,作为增信媒介,却因标准化、规制化可转化为增信载体,包括合约增信产品和规制增信产品,以及增信衍生产品。可见,增信主体、增信物权只能运用非标增信合约;增信产品,只能运用标准增信合约;增信衍生产品,既可以运用非标增信合约,也可以运用标准增信合约。

3)增信形式不同

增信形式因法律概念不同而各自不同。现行增信形式主要包括担保增信形式、买卖增信形式和合并增信形式。担保增信形式属于主体增信业务,因其风险巨大已日落西山。买卖增信形式分为信用买卖和风险资产交易,目前主要为信用买卖,但仅仅是形式上的,实质上早已实行风险资产交易。目前,增信产品在形式上还未实行风险资产交易,尽管中国曾有 FAFT 属于风险资产交易,但被监管机构以所谓"以交易为名,行担保之实"狭隘之见所限制使用。

4)增信定价不同

不同增信载体具有不同增信定价。增信主体是通过出租"高信用等级"并以信等差所形成的信用利差作为增信定价的。增信物权以物权价值作为增信定价。增信产品,名义上以信用买卖,好似对信用定价,即所谓"互换"的概念,实质上却是对风险定价,实行风险资产交易。

5)增信基础不同

增信主体是以主体信用为基础,增信物权是以物权价值为基础,增信产品是以市场信用为基础的。不同增信载体,增信基础完全不同。

6)增信类型不同

现行增信产品,无论是 CDS,还是 CRMW,都属于投资增信类型;现行增信主体所开展的增信业务,既包括投资增信类型,又包括融资增信类型。

7)管理目标不同

增信产品以价值管理为目标;没有价值管理,就没有增信产品。增信主体以行业管理为目标;同样,没有行业管理,就不存在增信主体。增信物权是以法律管理为目标;同理,增信物权依赖于法律管理,不可分割。

8)交易市场不同

增信产品是"多对多"的交易市场;增信主体则以"一对一"的非市场交易为特征。

第四节　增信风险与管理成本

一、增信风险

增信风险,首先是信用风险,这是所有增信载体的必然风险,否则,增信风险就难以存在,因为增信载体就是承载信用风险的;其次是增信定价风险。如果增信定价不准,不仅难以转移、承载信用风险(因无法交易,增信载体中就没有信用风险,增信载体有名无实,何论增信风险),而且难以覆盖信用风险所带来的违约损失,由此造成增信载体亏损风险、破产风险。后两个风险将在后面章节中论述,不是本章论述的重点。

如果抛开信用风险,增信风险就是增信载体的本身风险,但却包括信用风险转移的风险,因为这个风险是由增信载体所为并承担。信用风险转移的风险,就是指因增信形式所带来的法律风险。比如,由于增信载体的行业监管和持牌经营,受让信用风险的法律主体是否合法,受让信用风险的类型是否合规,受让信用风险的数量是否符合会计准则等诸如此类的法律风险。当然,随着增信业务向增信产品转化,尽管不再需要行业监管和持牌经营,但是,仍有许多法律法规及其行业管理规章制约、规范着信用风险转移。因此,信用风险转移,仍然存在一定风险,不可忽视。剩下的,才是增信载体的本身风险。因各个增信载体不同,增信载体风险也不同。增信主体、增信物权、增信产品各有各的增信风险,甚至各个增信产品的增信风险也迥然不同。

二、增信主体风险

信用风险转移至增信主体,两者结合后产生增信主体风险,或者管理增信主体所产生的增信风险。增信主体风险包括以下三个方面的风险。

1. 定价风险

由于转移信用风险的增信形式为担保,以担保合约为媒介所开展的担保业务,无论是金融担保,还是融资担保,都是受限于行业监管和持牌经营。因此,增信定价就演变成行业定价。所谓行业定价,就是担保机构利用评估机构所给予的高信用等级,与担保对象的低信用等级之间所形成的信等差,并以信等差所支持的信用利差为增信定价,这种仅以两个形式"差"作为增信定价基础的定价,可称为形式定价。形式定价并不以增信主体所承载的随机概率化的信用风险（随机违约率）作为增信定价基础，而是以行业定价或形式定价作为增信定价基础，具有很大风险，具体风险如下：

（1）因利用以两个形式"差"作为增信定价基础，那些同样高信用等级的增信对象就无法进行增信。比如，长期限的高信用等级的 FIS 及其发行人/融资者，实际上应该是法定增信对象，却因这种形式定价而无法增信。

（2）因信等差越大，信用利差也越大，增信收益也越多，那么，增信定价就越高。这样，较低信用等级的增信对象必然为增信主体所关注，为了规避信用风险，一般都愿意为信用等级相对较低、风险基本可控的增信对象，如地方政府债、市政债及其 ABS 进行增信。

（3）对于信用等级很低、风险难控的增信对象，增信主体就会要求提供担保物/质押物。但是，由于担保物/质押物无法在 FIS 违约时及时偿付，并且需要经过法律程序才能进行偿付违约损失，因此很难实现增信效果。可见，这种形式定价不仅使增信业务没有增信效果，而且更使信用增级向财产增信转化，否定信用增级（信级）本身。

正是由于上述形式定价对增信对象所关注的重点不同，增信资产适当、匹配与否，关乎增信风险，也可能形成增信资产的管理风险，即增信主体因此所形成的增信资产将会产生管理风险。

2. 管理风险

管理风险，包括增信额度管理风险、对外投资风险、经营业务风险等。这几个风险都涉及资本金亏损所造成的管理风险。众所周知，增信主体以其资本金及其 10 倍杠杆率开展增信业务的，增信额度则受制于资本金及其 10 倍杠杆率。如果增信额度过小，则使增信主体（增信机构）无法实现三大效益最大化的投资追求；如果增信额度过大，则使增信机构的增信风险越过了金融监管的红线，可能形成或积累巨大的增信风险，这与赌徒风险相关。

一旦出现赌徒风险所产生的违约赔偿，增信机构资本金将会损失。这样，资本金损失的增信机构，将会面临如下困境：其一，如果增资，而且这是一种常态，就有违人类智慧所创设的有限公司的原旨。其二，如果不增资，就会产生下列情形：要么为了维护增信机构的信用等级，可以采取出售、转让超额的增信资产等解困措施，但是，作为增信形式之一的担保，因涉及担保的人身性质而受限于法律禁止转让条款;要么大幅下调增信机构的信用等级,如此一来,就会深深地影响根据增信机构原来的高信用等级进行增信的 FIS 的信用等级,那么,持有增信 FIS 的投资人便会受到损失和伤害,完全有理由将增信机构诉之法院。因此,增信额度正常、适当、匹配与否,真正关乎增信风险。

3. 赌徒风险

众所周知,FIS 及其发行人/融资者的信用风险在测算上具有概率化特性(违约率),而且是随机概率化的。因此,即使 3A 信用等级的违约率为 2‰,2A 信用等级的违约率为 1‰,由于随机性,可能造成"肥尾现象",即正常预期的概率押后发生、违约事件提早来临等不均衡概率现象。对于增信机构来说,资本金总是有限的,当然资本金 10 倍杠杆率则是最大增信额度。3A 或 2A 信用等级的违约率尽管是确定的,但是,由于违约率随机性,就很难测算在多大的增信额度范围内发生违约损失,以及发生的违约损失有多大。这样,增信机构犹如赌徒(不是一般赌客),携带有限资金(资本金)在有限时间(经营时间)内与赌场(增信额度)进行博弈(尽量避免违约损失,或者不违约收入大于损失违约支出),其结果是,增信机构在"肥尾现象"支配下,或早或晚,资本金一定血本无归。因为增信机构必须一直长期地经营增信业务(赌徒),不会只是收到不违约的增信收入后就可停业。因此,随机违约率总有一天把增信机构的资本金亏损掉,犹如赌场一句话:"不怕你赢,只怕你走"。可以说,赌徒风险是增信机构最大风险,或者是终极风险。增信机构的这种赌徒风险,必然导致增信放弃增信机构及其增信业务,转向增信产品及其投资者。

三、增信物权风险

增信对象的信用风险转移至物权之中,或者由物权承载信用风险,即为增信物权。物权作为经过一定登记或告知程序,转变为担保物权或增信物权。在担保(增信)业务中,产生增信物权这一现象是常态的。增信物权风险包括以下几个方面:

(1) 对于 FIS 持有人来说,增信物权风险在于价值及其变现风险。如果物权价值大于增信对象的价值,则风险较小;如果物权价值小于增信对象的价值,则风险较大。关键问题在于,有的物权价值随着时间变化而变化。如果增信对象发生违约时,物权价值向下调整,就可能无法覆盖违约损失。如果为变现能力强的物权,比如 LC,增信物权风险则小;如果为变现能力差的物权,比如物业,增信物权风险则大。重大问题在于,有的物权变现需要经过一定的法律程序,使得物权变现时间与增信效果追求的及时偿付相抵触。

(2)对于 FIS 及其发行人/融资者来说,增信物权风险在于物权使用成本与流动性风险。无论 LC,还是银行票据,如果作为增信物权,存在一个使用成本风险。如果使用成本大于增信收益,则增信物权风险较大;如果使用成本小于增信收益,则增信物权风险较小。如果为增信物业,该物业的流动性就会有很大问题,可能达不到增信效果,为增信市场所排斥。因增信物权使用成本高,LC 或银行票据都已消失于增信业务中。因增信物权流动性差,达不到增信效果,逐渐退出增信市场。

四、增信产品风险

1. 产品共同风险

1) 定价管理风险

所有增信产品,最大风险在于定价管理风险。首先,如果产品定价不合理,增信产品可能无法成立。比如,CRMW,由于中国利率市场化程度不高,远期利率与近期利率经营发生倒挂现象。这样,CRMW,甚至引进的 CDS 的套利动机就难以成立,长期的 CRMW 或 CDS 就无法推出。其次,增信定价模型层出不穷。在违约损失与增信收益之间平衡的,是随机违约率,对此违约率,各个增信定价模型各执一词。因此,在随机违约率的条件下,产品定价风险居高不下。

2) 市场交易风险

早期市场交易风险,表现为交易对手风险。现已通过清算中心替换了交易对手,交易对手风险基本已经退出市场交易风险。现在的市场交易风险主要为:其一,在一定条件之下,比如金融市场整体风险上升,增信产品投资者/交易者,可能因惧于风险而退出交易市场,可能导致现行增信产品的市场交易缺失或消失。这种交易缺失或消失,可能导致风险资产持有人,包括 FIS 持有人、CDS 卖出方,因无法对冲风险而使其风险居高不下。其二,脱离增信功能的"裸交易"CDS,因机构高层管理者追求近期利益,可能形成巨大的市场泡沫,演变成追利赌场。中国 CRMW 作为 CDS 一种调整版本,已经对"裸交易"CDS 有所制约。

3) 道德风险

在增信产品交易中,存在以下道德风险:其一,增信产品投资机构的高层管理者,与关联交易对手进行交易,帮助关联交易对手实现套利目标,损害自身机构的投资利益。其二,作为标的公司(增信对象)的高层管理者,由于了解自身机构的风险,配合关联交易对手进行交易获利。

2. 产品独特风险

1) CDS

CDS,在 20 世纪末原创时,到 2008 年美国金融危机前,存在一种"黑洞现象",不仅导致交易对手风险,而且可能引起连锁反应,造成系统性风险。因这个交易对手风险,不仅改变了 CDS 定价,增加了交易对手(增信者/产品投资者)因风险而产生的成本,也改变了 CDS 仅为信用衍生产品的初衷,CDS 开始回归增信功能或风险对冲功能,不仅仅是套利的衍生产品。2008 年美国金融危机后,开始为消除交易对手风险调整 CDS 的外在交易结构(并非彻底变革 CDS 基础交易结构),由清算中心(所)替换交易对手。

2) CRMW

CRMW 限制了产品交易参与者,只有近 1 400 家金融机构作为产品发行机构,而非所有市场投资者。因为与之日常交易的许多客户无法参与发行 CRMW,信息不对称、信披不及时可能导致增信对象的信用等级悬崖式下降,违约风险突发式爆发,如同雷曼兄弟公司倒闭那样。这样,CRMW 所设计的信用事件就无法防止违约风险的突发式产生,产品风险暴露无遗。

3) CLN、MS-ABS

CLN,最大风险在于作为债券发行人的信用风险,可能导致 CLN 无法承载、支撑所指增信对象的信用风险。也就是说,作为 Note 发行人发生违约风险,而非所指增信对象发生信用风险,导致增信对象失去增信支持的风险。ABS 夹层证券,主要风险在于 ABS 的早偿风险。债务人早偿,及其早偿比例提高,可能导致 ABS 夹层证券的消失,因此失去增信功能。

五、管理成本

管理成本,即增信管理成本,是指对增信载体的管理成本,又包含并吸收了信用风险成本和增信形式成本。管理成本,又是增信定价的基本因素。增信业务定价,或增信产品定价,都离不开管理成本;否则,增信定价就是无本之木,无源之水。

任何增信载体,都有维护成本,因此都须进行成本管理。增信载体为增信机构,有增信机构的管理成本;增信载体为增信物权,有增信物权的管理成本;增信载体为增信产品,有增信产品的管理成本。至于过往不承认 CDS 作为衍生产品不存在产品成本的,因交易对手风险成为定价因素,不再否认 CDS 的产品成本,尽管现在清算中心(所)替换了交易对手,清算中心(所)本身也是存在成本的,也就必然包括在 CDS 管理成本中。

不同的增信载体,具有不同的管理成本。增信机构管理成本较大,增信物权次之,增信产品较小。作为增信机构,管理成本极高,因此需要持牌经营获取行业超额利润来维护管理增信机构的高昂成本。据有关资料表明,中国一些大型增信机构的管理成本高达增信收入的 50% 以上。作为增信物权,主要成本在于办理登记程序费用及其物权管理费用。作为增信产品,管理成本较低,只有产品交易登记成本。增信产品,如同共享经济,管理成本最低,产品收益最大。

第七章　增信定价基础

尚无信用历史的，以信用等级之差所形成的信用利差作为定价基础；已有信用历史的，以违约率与信用利差的平衡作为定价基础。

第一节　概述

　　除增信产品外,无论是增信者(增信机构/现行增信产品卖方),还是增信对象(FIS及其发行人/融资者),两者的信用等级均来自信评机构。赖以开展增信业务或进行增信的基础,既有增信机构的主体信用,也有增信对象的信用风险。这个主体信用最终被信评机构所确定的,亦就是信用等级。由信评机构评估所确定的信用等级,既是主体信用的客观表现(违约率),又是主体信用的价值反映(信用利差)。在增信业务中,不但涉及增信对象的信用等级,而且涉及增信机构的信用等级。

　　信等差与信用利差、增信收益呈正相关。信等差越大,信用利差越大,增信收益越大,这就是增信载体的顶层设计,或者设立3A信用等级的债保公司就是为了追求这个信等差的原因。另外,更重要的是,在违约率历史数据无法真正体现时,违约率对信用利差、信用等级的影响是非常有限的,而非决定性的。在这种历史局限性条件下,信用等级及信等差,决定了信用利差和增信收益。对于新兴产业、新兴企业及其FIS,信等差所形成的利差,必然成为定价基础。

　　信用利差是违约率的价值反映,信用等级是违约率的信评结果。无论如何,信用利差与信用等级都是以违约率为基础的。有什么样的违约率,就应该有什么样的信用利差与信用等级,违约率又必须基于信用历史数据。如果得知过去存在的企业/行业的违约率,就可以形成现行的信用利差与信用等级。现在或未来所创立的企业/行业,违约率则无法产生或预知。于是,现行信用等级,以近似性特征对现在或未来所创立的企业/行业赋予相应近似的信用等级,资本市场则根据这种信用等级给予相应的信用利差。这样的信用等级与信用利差,经历一定数量的FIS以后,违约率可以逐渐验证、纠正、调整这样的信用等级、信用利差及其与违约率之间的相互适合关系。这样,违约率,及以违约率为基础的信用利差与信用等级,三者相互作用并适应过去、现在与未来各种类型的增信对象。

对于违约率,无论对于过去式FIS及其发行人,还是现在式和未来式的FIS及其发行人,信用数据都是一个积累过程。根据大数据理论,概率分布/质数概率分布,都依赖于大数据。数据越大,预计样本概率越接近。在质数定理中,数据越大,质数概率及其误差率越小。

因此,在信用数据积累过程中,违约率永远都是一个参照性的、预计样本概率,而不是确定不变的。因此,在一个如同中国这样的FIS新兴市场上,无论对于过去式FIS及其发行人,还是对于现在和未来的FIS及其发行人,在信用历史大数据面前,有关信用数据及其违约率,都只是一个萌芽状态,只具有参考意义,并随着增信量的扩大,或者信用历史数据的扩展,违约率不仅越来越准确,误差率越小,甚至违约率本身也可能逐渐由大变小。

第二节　信用等级

一、基本概念

信用等级(Credit Rating),也有称质量等级(Quality Rating)。有人认为,信用等级是指基于评估对象的信用、品质、偿债能力和资本等指标级别,即信用评级机构用既定的符号来标识主体或债券未来偿还债务能力及偿债意愿可能性的级别结果。信用等级分类体系,有的采用5级,大多采用8等18级。有的用A、B、C、D、E或特级、一、二、三、四级表示,有的用AAA、AA、A、BBB、BB、B、CCC、CC、C表示,也有的用prime1、prime2、prime3、Not prime表示。以下是国际三大著名信评机构的符号。

图表 7.1　　　　　　　　标准普尔、穆迪、惠誉国际的信用等级符号

标准普尔		穆迪		惠誉国际	
长期债	短期债	长期债	短期债	长期债	短期债
AAA	A－1＋	Aaa	P－1	AAA	F1＋
AA＋	A－1＋	Aa1	P－1	AA＋	F1＋
AA	A－1＋	Aa2	P－1	AA	F1＋
AA－	A－1＋	Aa3	P－1	AA－	F1＋
A＋	A－1	A1	P－1	A＋	F1＋
A	A－1	A2	P－1	A	F1
A－	A－2	A3	P－2	A－	F1
BBB＋	A－2	Baa1	P－2	BBB＋	F2
BBB	A－2/A－3	Baa2	P－2/P－3	BBB	F2
BBB－	A－3	Baa3	P－3	BBB－	F2/F3
BB＋	B	Ba1		BB＋	F3
BB	B	Ba2		BB	B
BB－	B	Ba3		BB－	B
B＋	B	B1		B＋	B
B	B	B2		B	C
B－	B	B3		B－	C
CCC＋	C	Caa1		CCC＋	C
CCC	C	Caa2		CCC	C

　　一般来说,长期债务时间长,影响面广,信用波动大,采用级别较宽,通常分为 9 级;而短期债务时间短,信用波动小,级别较窄,一般分为 4 级。在国际上还有一种惯例,即一国企业发行外币债券的信用等级要以所在国家主权信用等级为上限,不得超过。

　　中国信评机构的信评体系与国际著名三大信评机构的信评体系不同,信用等级至少要低 4 个等级,这个说法不仅可从中国国债的 A＋评级上,而且可从本章第五节的中国有关利差数据中得到证实。为此,国际三大信评机构之一穆迪信评机构认可中国式的"市场隐含评级法"(Implied Market Evaluate,IME),即以中国实际存在的信用利差/风险利差作为信用评估(Credit Evaluate,CE,下称"信评")的方法。由信用利差来反映 FIS 内在信用风险,并反映信用等级的信评方法应该是一种市场化的信评方法。

各个信评机构的信评体系所对应的信用等级都有各自创建的信评基础,各个信评体系相互之间有着相互对应的信用等级关系,有所同也有所不同。因此,首先要使增信机构与增信对象都应适用同一信评体系;其次,再在同一个信评体系中选择参考两个或多个信评机构的信评结果。否则,不同信评机构的信评体系中的信用等级会有所不同,信用等级的标准会因此产生混乱而失去信评效果。

1. 增信载体的信用等级

增信载体的信用等级,不但要按增信机构与增信产品两个方面去了解,更要把重点放在增信机构的信用等级上。增信产品在整个增信期间,无需信评机构给予其信用等级。因此,增信产品在理论上应该具有最高的信用等级。

增信机构的信用等级,在开展增信业务前,已经由信评机构评估确定,并且在1年期限内不会有很大变化,除非产生突发信用事件或信用等级被下调。增信机构的信用等级,最初来自其资本金,俗话说:"机构信用是用资金堆出来的"。一般来说,资本金越大,信用等级越高,但资本金到一定额度后,信用等级就达到最高。从理论上讲,增信机构信用等级越高,如果增信对象的信用等级不变,那么,信用利差就越大,增信收益也就越大。因此,创设最高信用等级(3A)的增信机构,应该是开展增信业务的初衷,也是努力追求的目标。设计并维护增信机构的最高信用等级,应该是增信管理的基本需求。

但是,资本金的大小并不自动形成信用等级的高低,资本金只是信评机构评估的主要因素之一。美国20世纪70年代信评机构对资本金为3.75亿美元以上的冠以各种名目的债保公司,均给予3A信用等级,美国四大(原来五大)债保机构都是3A信用等级。新加坡主体基金下属担保机构Asia Co却只有A+信等。中国各个信评机构大概以资本金40亿元人民币以上的资本机构为3A(中国信评机构的信用等级),比如新型增信机构最小资本金为40亿元人民币,CRM创设机构最低资本金亦为40亿元人民币。但是,中国这些新型增信机构如以国际著名三大信评机构的标准进行评级,估计只能是A或A-这个信用等级。

2. 增信对象的信用等级

一般来说,无论是投资增信,还是融资增信,在开展增信业务时,对于FIS及其发行人/融资者来说,过去一直存在且已形成信用历史数据的,其信用等级可首先由信评机构评估确定;其次再根据信评机构初步评估确定的信用等级,市场投资者会根据现有市场利率给予一个信用利差范围,在发行时再确定FIS发行利率；再次根据无风险利率确定 FIS 信用利差。对于过去未曾有过的产业中的 FIS 及其发行人，可以参照相关行业的财务数据来确定其信用等级，然后再确定信用利差。当然，也可以风险中性的数学模型进行定价。

一般来说，可以成为增信对象的，都是信用等级在投资级 3B 以上信用等级（相当于中国信评机构的 2A－以上）的 FIS 及其发行人/融资者。但是，有些增信机构只对 3A 信用等级的 FIS 及其发行人/融资者进行增信。因此，FIS 及其发行人/融资者的信用等级在投资级 3B 以下信用等级的，一般来说是无法获得增信的。

二、信等差

增信，望文生义，即高信用等级的增信载体为较低信用等级的增信对象进行增信，两者存在一个信等差。如果增信对象的信用等级不变，增信载体的信用等级越高，信等差越大；如果增信载体的信用等级不变，增信对象的信用等级越低，信等差越大。因此，追求信等差，既是增信载体的顶层设计，又是初级阶段设立增信机构的必然。例如，美国 20 世纪 70 年代初以开展"金融担保"名义设立的 3A 信用等级的债保公司，大部分都是为了追求这个信等差。

信等差，因出租、出售信用所形成的利差，成为定价基础，又是金融担保从民事担保走向商事担保，走进增信大门的极为重要的一步。因此，掌握信评标准的信评机构对信用等级的评定就起到了根本性作用，这样也说明了美国政府为什么早在 20 世纪 70 年代就把信评标准作为国家标准而专门制定法规，从而从顶层设计的信评规则上控制资本市场上 FIS 的发行交易与发展演变。

正因为如此，作为增信事业开创者，金融担保的 5 大债保机构在美国 3 大信评机构特殊"照顾"下取得了 3A 信用等级，并因此利用信等差获得较多的增信收益。如前所述，民事担保，作为行为转移信用风险却无法定价，只能是按行业规则或潜规则定价，即行业定价。但是，金融担保所形成的信等差，简单地说，也是行业定价，但是，这个行业定价与民事担保的行业定价不同，却是基于信等差。当然，这个信等差，并非真正来自违约率的历史数据，而是形式上的信等差，是美国 3 大信评机构所给予的信等差。基于担保行为，行业定价，形式上信等差的金融担保，在风险可控的增信对象（地方政府债、市政债）配合下，直到 20 世纪末的 30 年里，不仅取得了巨大的增信收益，而且从未发生过违约偿付事件。

但是，随着信用风险随机概率化的金融产品（FIS）的大量涌现，不仅开展金融担保业务的专业债保机构的资本金难以支撑这种规模化发展的 FIS 市场，而且这种市场化的 FIS 信用风险难以控制,美国 5 大专业债保机构中已经中枪躺倒,维护不了 3A 信用等级。这样,如果专业债保机构仍然仅以形式上的信等差去获取巨大的增信收益,看来已经没有任何机会了。于是,既符合市场化 FIS 这种随机概率化的信用风险,又不再追求形式上信等差的增信产品便应运而生。

第三节　信用利差

一、信用利差的含义

信用利差(Credit Spread),也称质量利差(Quality Spread),是指除了信用等级不同,其他所有方面都相同的两种 FIS 收益率之间的差额,代表了仅仅用于补偿信用风险而增加的收益率。有人认为,信用利差是用以向投资者补偿基础资产违约风险的、高于无风险利率的利差。信用利差计算公式是:信用利差 = 贷款或证券收益 - 相应的无风险利率的收益。

无风险利率,是对机会成本及风险的补偿,其中对机会成本的补偿称为无风险利率。从专业角度讲,无风险利率是对无信用风险和市场风险资产的投资,是指到期日期等于投资期的国债利率。有人认为,无风险利率是指将资金投资于某一项没有任何风险的投资对象而能得到的利息率(这是一种理想的投资收益,一般受基准利率影响)。但也有人认为,无风险利率是其他一切利率和资产价格的基础。

在现代货币体系下,中央银行一般通过直接或者间接影响无风险利率来实现其宏观调控目标。金融危机之前,美联储的政策工具——联邦基金利率是同业隔夜拆借利率。美联储根据经济形势直接设定联邦基金目标利率,并通过公开市场操作确保实际利率在目标利率水平附近。而中国人民银行则通过直接设定银行存贷款基准利率,以及通过准备金率和公开市场操作影响市场资金面,从而影响无风险利率水平。

信用利差,就是无风险利率与风险利率之差。假设国债及其发行人财政部的信用等级是最高的(3A),短期国债收益率应该为无风险利率:1.1%/年。如果某企业债券的信用等级是 2A + ,发行(风险)利率为 1.7%/年。那么,企业债券的信用利差为 0.6%。影响信用利差的市场因素很多,不仅仅是信用等级或违约率,还包括银行利率和货币政策等。目前全球处在低利率时代,一些低信用等级(3B)信用利差非常小,差不多与利率正常时期 2A 的信用利差相当接近。

　　在其他因素不变的条件下,相同的信用等级,信用利差应该是相同的。但是,在实践中,即使相同的信用等级也有所区别。在大多数情况下,即使信用等级相同,信用利差也有些许差别。相同的信用等级,在不同时期,信用利差可能是不同的。不同信用等级的增信机构因增信所产生的信等差是不同的,导致信用利差的不同。如果增信载体不是最高信用等级,便因增信载体与增信对象的信等差产生信用利差;如果增信载体是最高信用等级,那么根据增信对象的信用等级可推知信用利差。同理,应该对"假性信用利差"予以关注。所谓"假性信用利差",就是指不以市场信用,而是以国家信用为基础的 FIS 市场,盛行刚性兑付,在 FIS 市场上仍然存在信用利差。形成这种信用利差,既不是基于市场信用,也不是基于违约率,而是根据货币政策、货币存量等因素形成的,是国家信用通过"挤出效应"所产生的剩余价值在各个行业、金融产品之间进行利率分配。"假性信用利差",不仅对于深刻认识违约率与信用利差的关系有着不可忽视的作用,而且对于认识增信产品的生存空间也极具意义。

　　目前,中国在形式上已经实行了利率市场化改革,但是,利率支撑体系还需进一步改革,即信用改革已经迫在眉睫,中国监管机构已经没有多大选择,否则将会丧失良机,再一次发生轮回。正如中国经济改革实践者、倡导者刘鹤先生所言,中国目前已经不是金融体制改革问题,而是对金融体制支撑能力的改革问题。信用改革与货币市场化之间有着密不可分的关系,信用改革将打开货币市场化的大门,可以真正深化利率市场化改革。

二、信用利差与信用等级、违约率的相互关系

　　信用利差与信用等级是反向关系。无论是对于增信机构,还是对于增信对象,信用等级越高,信用利差越低;信用等级越低,信用利差越高。比如,3A 信用等级的信用利差平均值为 0.2%,2A 范围内信用等级的信用利差平均值为 1%,1A 范围内信用等级的信用利差平均值为 2%～3.5%。

　　信用利差与违约率却是正向关系。信用利差越大,违约率越高;信用利差越小,违约率越低。根据大数定理,信用利差与违约率在一定信用历史数据或增信量条件下,信用利差与违约率应趋于相同。如果 FIS 信用利差高于 5%,应该存在与 5% 利率相适应的违约率;如果 FIS 信用利差低于 2%,应该存在与 2% 利率相适应的违约率。

　　综上所述,信用利差是基于违约率产生的,又通过信用等级来表达;基础虽然

是违约率,却在企业评估上反映为信用等级,在利率市场上表现为信用利差。因此,著名学者 Das 于 1998 年提出,CDS 价值,不直接受信用利差影响,只受违约率所影响。违约率和信用利差相关,信用利差并不直接影响 CDS 价值。当然,毋庸置疑,信用利差对 CDS 价格却是产生重大影响的。

三、信用利差与增信定价

在风险可控的增信对象(如地方政府债、市政债)基础上,金融担保把形式信等差作为行业定价,或增信定价的依据。随着市场化的 FIS 和随机概率化信用风险的出现,形式信等差就失去了作为增信定价的依据作用;否则,增信机构犹如赌徒带着有限资本金,并在有限时间里与赌场博弈,结果不得而知。为了解决信用风险的随机概率化问题,CDS 定价开始了名义上的信用买卖,实际上的风险资产交易作为定价基础。

CDS 以所谓"信用互换"的名义实施"风险交易"。信用保护卖方(增信机构)出售其信用给信用保护买方而收取信用保护费用(增信收益),当信用保护标的(标的资产,增信对象)发生信用违约时,由信用保护卖方补偿信用保护买方的损失。这个信用保护费用,就是 CDS 定价,也就是以违约率为基础的信用利差作为 CDS 定价。

首先,信用保护买方不仅与信用保护卖方不存在信用等级高低问题,而且与信用保护标的也不存在信等差问题。因此,形式上的信等差无法成为 CDS 定价基础。

其次,作为单纯信用,信用保护卖方也是无法定价出售的。如果信用保护卖方的信用作为风险利率,依据无风险利率所形成信用利差,这种信用利差却是信用保护卖方的,与信用保护标的无关。即使有关,这种信用利差也许比信用保护标的的信用利差更大,可能产生负利差,那就无法产生增信收益,因此也无法成为 CDS 定价基础。

最后,以信用保护标的的以违约率为基础的信用利差作为 CDS 定价基础,这才是唯一正确的选择。

所谓 CDS 中的"信用互换"概念,不仅仅在于避免行业监管、避免交易税收,而且在于概念的强制性规定,却与实际状况相差甚远。也就是说,CDS 根本不是信用保护卖方"出售""出租"信用。这不仅仅因为单纯信用是无法"出售""出租"的,而且信用保护卖方的信用利差也无法与信用保护标的的信用利差互换。实质是,信用保护卖方买入信用保护标的的风险资产,即以信用保护标的的信用风险为基础所形成的,或者经信用利差定价的信用风险。信用保护标的的持有人,即信用保护买方,则是卖出这个风险资产。可见,CDS 中的实际买卖角色和买卖关系是颠倒的,并不是如其 CDS 合约表面所表达的买卖角色和买卖关系。同时,为了避免信用保护标的发生根本的信用风险,即信用违约,CDS 将这个信用风险改为信用事件序列。信用违约作为垫底的信用事件,就使 RR 就成为 CDS 定价的重要因素。这样,信用保护卖方通过交易就可以在信用利差范围内实现套利交易,信用保护买方通过交易就可以在信用利差范围内套期保值。

也正是因为如此,CDS 的最大风险之一——交易对手风险,正来自这种颠倒的买卖角色与买卖关系。现在 ISDA 的所谓 CDS 清算中心改革和中国的权证化改革,其实就是回归交易本源,即风险资产买卖。但是,前述 CDS 改革方案不愿意改变 CDS 的买卖角色和买卖关系,只不过不断地进行小修小补,把所谓交易对手风险转移给 CDS 清算中心,由 CDS 清算中心再相对于每个交易对手。其实,以 CDS 清算中心相对于每个交易对手的这种交易结构,或者中国式的、清算中心的权证化交易,就是改变了 CDS 的买卖角色和买卖关系,只是不愿从 CDS 合约中根本改变买卖角色和买卖关系。

第四节　违约率

一、违约率的含义

违约率,在商业银行看来,是指借款人在未来一定时期内不能按合同要求偿还银行贷款本息或履行相关义务的可能性。它是计算贷款预期损失、贷款定价以及信贷组合管理的基础。因此,如何准确、有效地计算违约率,对商业银行信用风险管理十分重要。有人认为,违约率就是指借款人在未来一定时期内发生违约的可能性,是实施内部评级法的商业银行需要准确估计的重要风险要素,无论商业银行是采用内部评级法初级法还是内部评级高级法,都必须按照监管要求估计违约率。违约率的估计包括两个层面:一是单一借款人的违约率;二是某一信用等级所有借款人的违约率。

近年来,西方商业银行尤其是那些先进银行充分利用现代数理统计发展的最新研究成果,在客户违约率测度上摸索出了很多方法,取得了很大的成就。综观违约率测度的实践发展,其呈现出以下特征和趋势:从序数违约率转向基数违约率,违约率的测度日臻具体化;从单个贷款的违约率测度转向组合贷款的联合违约率;从只考虑借款人自身的微观经济特征转向同时考虑宏观经济因素的影响;从基于历史数据的静态测度转向以预测为主的动态测度;从单一技术转向多元技术。违约率测度的技术更加现代化和体现出多学科的交叉化,度量日趋科学化和精确化。

国际银行业监管的统一标准——《巴塞尔新资本协议》在 2004 年 6 月正式定稿。与 1998 年的协议相比,新协议的最大创新之处是提出 IRB 法,即允许银行采用内部数据估计风险计量参数,包括违约率 PD,违约损失率 DLR,违约风险暴露 EAD 和有效期限 M 等。该协议要求实施内部评级法的商业银行估计其各信用等级借款人所对应的违约率,常用方法有历史违约经验、统计模型和外部评级映射三种方法。目前,国内还没有一贯明确的企业违约标准,为了和国际标准接轨,需要对企业的违约概念作如下界定:在一定期限内(通常为 1 年)企业的贷款业务中只要出现次级、可疑或贷款损失的任一种情况的,就算做违约企业。

在增信范围内,违约率,既是信用等级/信用利差的基础,又是增信收益或增信定价的前提。那么,违约率究竟应如何确定呢? 以往关于违约率或信用风险的理论无非有三:复制技术、保险理论、随机模型。实际上,无论复制技术方法,还是随机模型方法,过去大都基于纯粹信用风险,自从加入“交易对手风险”这一变量后,可加变量已经太多,而且变量本身又难以确定。这样,违约率数学模型也就过于复杂,难以真正把握和实际运用。保险理论则以信用历史数据为基础,寻求违约率。有人指责保险理论所依据的信用历史数据不能代表现在和未来,也没有数学模型。这种指责其实是有失偏颇的,也没有多少理论依据。

关于“不能代表现在和未来”,应该不是问题。需要增信的 FIS 及其发行人,有过去式、现在式和未来式。对于过去式 FIS 及其发行人,可通过信用历史数据寻求其违约率。对于现在式和未来式的 FIS 及其发行人,尽管无法通过信用历史数据寻求其违约率,但可以参照业已形成的信用等级/信用利差来确定,因违约率作为信用等级/信用利差的最终基础。正因为如此,违约率在历史长河中的不确定性,却在现实的信用等级/信用利差中得到相对确定性;否则,以违约率为基础,并反映着违约率的信用等级/信用利差,就失去了现实存在的必要性。那么,失去现实意义的违约率,本身也就失去历史发展的现实基础。

关于没有“数学模型”,在大数据定理问世之后,也将不再是个问题。应该涉及两个方面的数学模型。①关于概率分布理论:样本与数据量关系说明,数据量越大,样本越精确。②质数分布理论:数据量越大,质数比例越小,误差率越低。

二、违约率的确定

确定违约率,一般来说,可以用实际违约率(Actual Default Probability)与风险中性违约率(Risk-neutral Default Probability)两种方法确定。

实际违约率是通过分析 FIS 的有关历史数据,将历史数据中隐含的违约率计算出来,从而得到实际的违约率。这种模型主要由 Credit Risk、Credit Metrics 和 Credit Portfolio View。例如,Credit Metrics 模型是由蒙特卡罗模拟法来模拟出大量的有关所有交易对手的信用评级变化情况的数据,然后利用这种变化来估计信用损失的概率分布。

风险中性违约率是通过分析 FIS 的目前信息,通过 FIS 的目前价格计算出利率所隐含的违约率,从而得到风险中性的违约率。如以 2000 年的 hull and white 模型对增信产品进行定价分析,首先根据 FIS 的目前价格推导出 FIS 的违约率,其次利用无套利理论推导出的增信产品价格。

三、违约率与信用利差的平衡

在融资增信中,由于没有将信用风险设置为信用事件序列,RR 将不复存在。如果不考虑 RR 因素,并以市场信用为基础,彻底抛弃主体信用,包括 CDS 定价中也不用考虑"交易对手"因素,以交易定价的增信产品作为信用风险定价的载体(增信载体),比如集合增信产品/复合增信产品。那么,信用风险的定价基础,其实就是实现违约率与信用利差的平衡,即 PD = S。这样,违约率的确定,就可以通过现行存在的信用利差(包括各个信用等级的不同信用利差)求得。根据穆迪信评机构认可"市场隐含评级法"(IME),现行存在的信用利差又可求得信用等级。由此可见,信用利差的研究,对于违约率的确定,对于信用等级的认可,具有现实而重要的意义。

根据概率分布理论,以现有信用利差作为概率样本,在一定增信量条件下求得违约率,缩小误差率,从而达到违约率与信用利差的平衡。这样,只要掌握现有信用利差,就可以求得违约率。本章第五节关于中国 10 年(2005—2014 年)信用利率与信用利差的历史数据,将作为中国违约率的现实基础,为增信定价打下坚实基础。

前几年中国钢贸企业 FIS 违约损失高达万亿元人民币以上,震撼了中国整个

FIS市场,令市场投资者谈虎色变。其实,排除这些钢贸企业多年前都是3A信用等级(中国信评体系)令人意外的因素,高达万亿元的违约损失,却并不令人震惊。如果从我国2005年开始起步的FIS市场计算,近十年的FIS总量早已过百万亿元人民币。因此,从违约率上看,钢贸企业FIS违约率不到1‰,如果按照中国钢贸企业及其FIS信用等级,这个违约率并不算很高。

但是,值得关注的是,这几年中国银行间市场上的各种债券/FIS,年违约总量在700亿元人民币左右,使得有些投资者难以承受。但是,如果理性地考察一下,相对于这个市场上的债券/FIS年平衡存量为20万亿元左右计算,违约率竟然不足4‰。这么低的违约率,着实令人意外与不解。当然,必须意识到,中国国家信用还未完全撤退,刚性兑付并未消失,货币超发仍然持续,市场信用还未完全建立,在这种条件下的违约率或信用利差,误差率肯定难以真实体现。

第五节　中国FIS利率(差)大数据

一、2005—2014年各信用等级FIS利率

以同期国债收益率为无风险利率,其他各信用等级、各期限FIS利率为风险利率,在商业银行贷款利率变化条件下,统计各个FIS的利率走向。

1.同期不同品种,不同信用等级的FIS利率

(1)2~3年期限FIS利率如图表7.2所示。

图表7.2　　　　　　(2~3年限FIS)2005—2014年利率表

FIS\年度	2005	2005	2006	2006	2007	2007	2008	2008	2009	2009	2010	2010	2011	2011	2012	2012	2013	2013	2014	2014
银行贷款	5.76		6.03	6.3	6.57	7.56	7.29	5.4	5.4		5.6	5.85	6.1	6.65	6.4	6.15	6.15		6.15	6
国债	1.84	3.24	2.19	2.5	2.41	4.04	1.54	3.97	1.64	2.49	2.32	2.48	2.91	3.88	2.48	3.14	3.02	4.38	3.3	4.21
政行债	2.04	3.38	2.46	3.05	2.93	4.6	2.18	4.82	1.8	2.75	2.68	2.85	3.43	4.61	3.38	3.87	3.67	5.03	4.24	5.55
商行债(3A)	2.14	2.59	2.83		3.58	3.67	5.26								4.75		4.2	4.65		
企业债(3A)																			5.99	6
ABS(3A)	3.57		2.95	4.15									5.9	6.9	4.9	5.35	5.8	7		
商行债(2A+)									3.65				4.1	4.4	4.3					
企业债(2A+)															5.1					
ABS(2A+)																			5.95	8.4
企业债(2A)															5.4	6.5	5.95			
定向工具(AAA)													5.06	6.27	5.08	5.74	4.88	6.81	5.21	7.14
定向工具(AA+)													6.02	6.46	5.60	6.20	5.51	7.53	5.91	7.60
定向工具(AA-)															6.00	7.80	6.06	8.38	7.47	8.50
定向工具(AA)															6.24	6.56	6.04	7.89	6.54	8.20
中期票据(AAA)							3.44	5.30	1.15	4.18	3.38	4.18	3.67	6.43	4.40	7.50	4.83	7.50	4.62	6.30
中期票据(AA+)									3.02	4.65	2.39	6.00	3.10	6.67	4.34	6.52	4.74	8.00	4.99	7.03
中期票据(AA-)													5.50	8.47	6.02	8.50	6.03	8.30	7.50	8.80
中期票据(AA)									3.38	5.05	1.95	4.94	4.72	7.20	5.12	6.79	5.04	7.50	5.77	7.99

（2）4～5 年期限 FIS 利率如图表 7.3 所示。

图表 7.3　　　　　　　(4～5 年限 FIS)2005—2014 年利率表

FIS\年度	2005	2005	2006	2006	2007	2007	2008	2008	2009	2009	2010	2010	2011	2011	2012	2012	2013	2013	2014	2014
银行贷款	5.85		6.12	6.48	6.75	7.74	7.56	5.76	5.76		5.96	6.22	6.45	6.9	6.65	6.4	6.4		6	
国债	2.22	3.68	2.44	2.68	2.6	4.25	1.98	4.5	2.02	3.1	2.54	3.56	3.08	3.88	2.83	3.28	3.13	4.43	3.43	4.37
政行债	2.7	4.13	2.88	3.19	3.5	4.78	2.04	4.96	1.95	3.75	2.99	3.98	3.53	4.64	3.69	4.08	3.88	5.23	4.34	5.53
商行债（3A）	2.56		2.98	3.45	3.78	4.75	5.39						4.2		4.25	4.39	4.3	5.2		
企业债（3A）			3.76							5.7			5	6.1	4.6	6.62	5		5.1	6.51
ABS（3A）			3.77	4											6	6.9	5.46	5.63	6.55	7.075
商行债（2A+）									3.17						4.3	4.55	4.5	5	5.43	5.7
企业债（2A+）													5.65	7.37	5.86	6.6	5.37	8.5	5.96	7.31
资产证券化（2A+）																			7.5	9.2
企业债（2A）															5.19		5.88	7.31	5.48	8.5
公司债(AAA)													5.00	5.60	4.60	6.62	5.00	5.00	5.10	6.51
公司债(AA+)													6.90	6.90	5.86	6.60	5.37	8.50	6.35	7.31
公司债(AA)															5.19	5.19	5.88	7.31	5.48	8.50
定向工具（AAA）													5.36	6.10	5.24	6.07	5.35	6.98	5.68	7.50
定向工具（AA+）															6.45	7.50	5.75	8.90	6.08	8.23
定向工具（AA-）															7	7	7.55	7.80		
定向工具（AA）															6.70	7.50	6.09	6.97	6.00	8.37
中期票据（AAA）							3.94	5.50	2.20	4.73	3.26	5.11	4.95	5.97	4.36	5.27	4.64	6.54	5.11	6.48
中期票据（AA+）									4.06	5.40	2.05	5.71	5.36	6.62	4.89	5.69	5.06	8.00	5.41	6.99
中期票据（AA-）													6.75	7.99	5.59	8.00	6.70	8.60		
中期票据（AA）									2.03	5.32	2.00	5.90	4.93	7.49	5.40	6.51	5.58	7.97	5.91	8.39

（3）7～10 年期限 FIS 利率如图表 7.4 所示

图表 7.4　　　　　　　(7～10 年限 FIS)2005—2014 年利率表

FIS\年度	2005	2005	2006	2006	2007	2007	2008	2008	2009	2009	2010	2010	2011	2011	2012	2012	2013	2013	2014	2014
银行贷款	6.12		6.39	6.84	6.84	7.83	7.83	5.94	5.94		5.94	6.40	6.40	7.05	7.05	6.55	6.55		6.55	6.15
国债	4.4		2.8	2.92	3.4	4.49	2.9	4.41	2.76	3.68	2.76	3.70	3.57	3.99	3.14	3.55	3.29	4.08	3.70	4.44
政行债	3.01	3.42	2.83	3.18	3.82	5.07	3.29	4.89	3.5	4.04	3.21	4.00	3.74	5.06	3.84	4.40	4.07	5.03	4.45	5.80
商行债（3A）	2.7	2.81	2.8	3.44	3.6	5.07	4.28	4.8	3.47	3.73	2.84	3.74	3.49	5.22	3.84	4.70	4.38			
企业债（3A）	4.22	5.05	3.73	4.35	4.05	6.15	5.35	6.45	3.88	5.15	4.13	5.29	5.25	6.10	4.85	5.13	5.98		4.80	6.75
企业债（2A+）					5.38		5.05	5.98	4.78	7.5	5.05	6.28	6.47	8.38	5.38	7.69	5.88	7.10	7.30	7.70
资产证券化（2A+）																	7.10			
企业债（2A）					4.5		6.34	7.5	5.76	8.1	5.20	7.10	6.17	8.26	6.98	8.25	5.90	6.98	6.35	8.99
公司债(AAA)					4.05	6.15	4.26	6.57	3.88	5.10	4.14	5.27	5.25	6.38	4.56	6.55	5.08	7.95	4.80	7.51
公司债(AA+)					5.38	5.38	5.05	5.95	4.68	7.25	4.90	6.45	5.96	7.87	6.23	8.30	5.87	8.25	5.35	8.67
公司债(AA)					4.50	4.50	7.50	7.50	5.06	8.10	4.95	7.20	6.57	8.21	6.66	8.36	6.16	8.33	5.96	8.78
定向工具（AAA）																	6.50	6.50	5.60	6.84
中期票据（AAA）							3.95	5.2	2.23	5.20	4.06	6.18	4.80	5.63	5.00	5.63			5.00	6.65
中期票据（AA+）													3.60	7.20	5.00	7.03	5.10	6.40	5.40	7.25
中期票据（AA）													2.56	6.27	6.65	6.65	6.50	8.10	6.29	8.75

2. 同信用等级，不同期、不同品种 FIS 利率

（1）3A 信用等级 FIS 利率如图表 7.5 所示。

（2）2A＋信用等级 FIS 利率如图表 7.6 所示。

图表7.5　(3A)FIS利率表(2005—2014年)

	2005	2005	2006	2006	2007	2007	2008	2008	2009	2009	2010	2010	2011	2011	2012	2012	2013	2013	2014	2014
2~3年期																				
银行贷款	5.76		6.03	6.3	6.57	7.56	7.29	5.4	5.4		5.6	5.85	6.1	6.65	6.4	6.15	6.15		6.15	6
国债	1.84	3.24	2.19	2.5	2.41	4.04	1.54	3.97	1.64	2.49	2.32	2.48	2.91	3.88	2.48	3.14	3.02	4.38	3.3	4.21
政行债	2.04	3.38	2.46	3.05	2.93	4.6	2.18	4.82	1.8	2.75	2.68	2.85	3.43	4.61	3.38	3.87	3.67	5.03	4.24	5.55
商行债3A	2.14	2.59	2.83		3.58	3.67	5.26								4.75		4.2	4.65		
企业债3A																			5.99	6
ABS（3A）	3.57		2.95	4.15											5.90	6.90	4.90	5.35	5.80	7.00
定向工具3A													5.06	6.27	5.08	5.74	4.88	6.81	5.21	7.14
中期票据3A							3.44	5.30	0.00	4.18	3.38	4.18	3.67	6.43	4.40	7.50	4.83	7.50	4.62	6.30
4~5年期																				
银行贷款	5.85		6.12	6.48	6.75	7.74	7.56	5.76	5.76		5.96	6.22	6.45	6.90	6.65	6.40	6.40		6.00	
国债	2.22	3.68	2.44	2.68	2.60	4.25	1.98	4.50	2.02	3.10	2.54	3.56	3.08	3.88	2.83	3.28	3.13	4.43	3.43	4.37
政行债	2.70	4.13	2.88	3.19	3.50	4.78	2.04	4.96	1.95	3.75	2.99	3.98	3.53	4.64	3.69	4.08	3.88	5.23	4.34	5.53
商行债3A	2.56		2.98	3.45	3.78	4.75	5.39				4.20		4.25	4.39	4.30	5.20				
企业债3A	3.76									5.70			5.00	6.10	4.60	6.62	5.00		5.10	6.51
ABS（3A）			3.77	4.00									6.00	6.90	5.46	5.63	6.55	7.08		
公司债3A													5.00	5.60	4.60	6.62	5.00	5.00	5.10	6.51
定向工具3A													5.36	6.10	5.24	6.07	5.35	6.98	5.68	7.50
中期票据3A							3.94	5.50	2.20	4.73	3.26	5.11	4.95	5.97	4.36	5.27	4.64	6.54	5.11	6.48
7~10年期																				
银行贷款	6.12		6.39	6.84	6.84	7.83	7.83	5.94	5.94		5.94	6.40	6.40	7.05	7.05	6.55	6.55		6.55	6.15
国债	4.40		2.80	2.92	3.40	4.49	2.90	4.41	2.76	3.68	2.76	3.70	3.57	3.99	3.14	3.55	3.29	4.08	3.70	4.44
政行债	3.01	3.42	2.83	3.18	3.82	5.07	3.29	4.89	3.50	4.04	3.21	4.00	3.74	5.06	3.84	4.40	4.07	5.03	4.45	5.80
商行债（3A）	2.70	2.81	2.80	3.44	3.60	5.07	4.28	4.80	3.47	3.73	2.84	3.74	3.49	5.22	3.84	4.70	4.38			
企业债（3A）	4.22	5.05	3.73	4.35	4.05	6.15	5.35	6.45	3.88	5.15	4.13	5.29	5.25	6.10	4.85	5.40	5.13	5.98	4.80	6.75
公司债3A					4.05	6.15	4.26	6.57	3.88	5.10	4.14	5.27	5.25	6.38	4.56	6.55	5.08	7.95	4.80	7.51
定向工具3A															6.50	6.50	5.60		6.84	
中期票据3A							3.95	5.20	2.23	5.20	4.06	6.18	4.80	5.63	5.00	5.63	5.00	6.65		

图表7.6　(2A＋)FIS利率表(2005—2014年)

FIS\年度	2005	2005	2006	2006	2007	2007	2008	2008	2009	2009	2010	2010	2011	2011	2012	2012	2013	2013	2014	2014
2~3年期																				
银行贷款	5.76		6.03	6.30	6.57	7.56	7.29	5.40	5.40		5.60	5.85	6.10	6.65	6.40	6.15	6.15		6.15	6.00
国债	1.84	3.24	2.19	2.50	2.41	4.04	1.54	3.97	1.64	2.49	2.32	2.48	2.91	3.88	2.48	3.14	3.02	4.38	3.30	4.21
商行债2A+									3.65						4.10	4.40	4.30			
企业债2A+																	5.10			
ABS（2A+）																			5.95	8.40
公司债2A+																				
定向工具2A+													6.02	6.46	5.60	6.20	5.51	7.53	5.91	7.60
中期票据2A+									3.02	4.65	2.39	6.00	3.10	6.67	4.34	6.52	4.74	8.00	4.99	7.03
4~5年期																				
银行贷款	5.85		6.12	6.48	6.75	7.74	7.56	5.76	5.76		5.96	6.22	6.45	6.90	6.65	6.40	6.40		6.00	
国债	2.22	3.68	2.44	2.68	2.60	4.25	1.98	4.50	2.02	3.10	2.54	3.56	3.08	3.88	2.83	3.28	3.13	4.43	3.43	4.37
商行债（2A+）									3.17											
企业债（2A+）													5.65	7.37	5.86	6.60	5.37	8.50	5.96	7.31
资产证券化（2A+）																			7.50	9.20
公司债2A+													6.90	6.90	5.86	6.60	5.37	8.50	6.35	7.31
定向工具2A+															6.45	7.50	5.75	8.90	6.08	8.23
中期票据2A+									4.06	5.40	2.05	5.71	5.36	6.62	4.89	5.69	5.06	8.00	5.41	6.99
7~10年期																				
银行贷款	6.12		6.39	6.84	6.84	7.83	7.83	5.94	5.94		5.94	6.40	6.40	7.05	7.05	6.55	6.55		6.55	6.15
国债	4.40		2.80	2.92	3.40	4.49	2.90	4.41	2.76	3.68	2.76	3.70	3.57	3.99	3.14	3.55	3.29	4.08	3.70	4.44
企业债（2A+）					5.38		5.05	5.98	4.78	7.50	5.05	6.28	6.47	8.38	5.38	7.69	5.88	7.10	7.30	7.70
资产证券化（2A+）																			7.10	
公司债2A+					5.38	5.38	5.05	5.95	4.68	7.25	4.90	6.45	5.96	7.87	6.23	8.30	5.87	8.25	5.35	8.67
定向工具2A+															6.30	7.35			7.30	7.30
中期票据2A+									1.75	4.78	3.60	7.20	5.00	7.03	5.10	6.40	5.40	7.25		

（3）2A 信用等级 FIS 利率如图表 7.7 所示。

图表 7.7　　　　　　　　　（2A）FIS 利率表（2005—2014 年）

FIS\年度	2005	2005	2006	2006	2007	2007	2008	2008	2009	2009	2010	2010	2011	2011	2012	2012	2013	2013	2014	2014
2~3年期																				
银行贷款	5.76		6.03	6.30	6.57	7.56	7.29	5.40	5.40		5.60	5.85	6.10	6.65	6.40	6.15	6.15		6.15	6.00
国债	1.84	3.24	2.19	2.50	2.41	4.04	1.54	3.97	1.64	2.49	2.32	2.48	2.91	3.88	2.48	3.14	3.02	4.38	3.30	4.21
企业债（2A）																	5.40	6.50	5.95	
定向工具（2A）															6.24	6.56	6.04	7.89	6.54	8.20
中期票据（2A）									3.38	5.05	1.95	4.94	4.72	7.20	5.12	6.79	5.04	7.50	5.77	7.99
4~5年期																				
银行贷款	5.85		6.12	6.48	6.75	7.74	7.56	5.76	5.76		5.96	6.22	6.45	6.90	6.65	6.40	6.40		6.00	
国债	2.22	3.68	2.44	2.68	2.60	4.25	1.98	4.50	2.02	3.10	2.54	3.56	3.08	3.88	2.83	3.28	3.13	4.43	3.43	4.37
企业债（2A）															5.19		5.88	7.31	5.48	8.50
公司债（2A）															5.19		5.19	5.88	5.48	8.50
定向工具（2A）															6.70	7.50	6.09	6.97	6.00	8.37
中期票据（2A）									2.03	5.32	2.00	5.90	4.93	7.49	5.40	6.51	5.58	7.97	5.91	8.39
7~10年期																				
银行贷款	6.12		6.39	6.84	6.84	7.83	7.83	5.94	5.94		5.94	6.40	6.40	7.05	7.05	6.55	6.55		6.55	6.15
国债	4.40		2.80	2.92	3.40	4.49	2.90	4.41	2.76	3.68	2.76	3.70	3.57	3.99	3.14	3.55	3.29	4.08	3.70	4.44
企业债（2A）					4.50		6.34	7.50	5.76	8.10	5.20	7.10	6.17	8.26	6.98	8.25	5.90	6.98	6.35	8.99
公司债（2A）					4.50	4.50	7.50	7.50	5.06	8.10	4.95	7.20	6.57	8.21	6.66	8.36	6.16	8.33	5.96	8.78
中期票据（2A）													2.56	6.27	6.65	6.65	6.50	8.10	6.29	8.75

二、信用利差

通过确定不同期限、不同信用等级、不同品种 FIS 的利差均值，可以确定同期国债收益率（无风险利率），与其他各信用等级 FIS 利率（风险利率）的风险利差，即信用利差。这个信用利差区间，需要根据历史上的风险利差走势，商业银行贷款利率、资金宽松/偏紧政策的影响，以及利率市场交换成本等因素来决定。

从不同角度统计出同期国债收益率，与其他各个信用等级、各个品种 FIS 利率的利差，以求得目前为止的不同期限、不同信用等级、不同品种 FIS 的利差均值，为确定信用利差提供基础数据。

1. 2005—2014 年各信用等级 FIS 利差

1）各信用等级 FIS 与国债同期信用利差

（1）3A 信用等级 FIS 与国债信用利差见图表 7.8。

（2）2A＋信用等级 FIS 与国债信用利差见图表 7.9。

（3）2A 信用等级 FIS 与国债信用利差见图表 7.10。

2）同期但不同信用等级 FIS 与国债信用利差

（1）2～3 年期限 FIS 与国债信用利差见图表 7.11。

（2）4～5 年期限 FIS 与国债信用利差见图表 7.12。

图表 7.8　(3A)国债利差表(2005—2014 年)

FIS\年度	2005	2005	2006	2006	2007	2007	2008	2008	2009	2009	2010	2010	2011	2011	2012	2012	2013	2013	2014	2014
2~3年期																				
银行贷款	5.76		6.03	6.30	6.57	7.56	7.29	5.40	5.40		5.60	5.85	6.10	6.65	6.40	6.15	6.15		6.15	6.00
政行债2~3年期																				
政行债2~3年期利差范围	0.09	0.39	0.22	0.64	0.16	0.70	0.50	0.90	0.16	0.45	0.36	0.42	0.31	0.81	0.58	1.16	0.41	0.88	0.73	1.45
政行债2~3年期平均均差	0.21		0.48		0.44		0.75		0.29		0.38		0.55		0.81		0.66		1.05	
政行债2~3年期简单均值									0.55											
商行债2~3年期																				
商行债2~3年期利差范围	0.19	0.34			0.33	1.00											1.18	1.55		
商行债2~3年期平均均差	0.27		0.59		0.67		1.36								2.03		1.37			
商行债2~3年期简单均值									1.00											
企业债2~3年期																				
企业债2~3年期利差范围																			2.06	2.38
企业债2~3年期平均均差																			2.22	
ABS2~3年期																				
ABS2~3年期利差范围			0.90	1.74											2.76	3.01	1.64	2.09	2.39	3.30
ABS2~3年期平均利差	1.36		1.23												2.89		1.37		2.78	
ABS2~3年期平均均值									2.34											
公司债2~3年期																				
公司债2~3年期利差范围					0.07	1.70	0.35	2.29	0.02	1.24	0.18	1.03	0.94	1.88	0.49	2.20	0.58	2.89	0.56	2.45
公司债2~3年期平均利差					0.86		1.45		0.76		0.64		1.37		1.10		1.26		1.52	
定向工具2~3年期																				
定向工具2~3年期利差范围													0.58	1.77	0.91	1.60	0.64	1.75	0.97	2.15
定向工具2~3年期平均利差													1.36		1.19		1.16		1.83	
中期票据2~3年期																				
中期票据2~3年期利差范围							-0.79	1.30	-2.67	0.01	-0.59	-0.11	0.50	2.10	0.28	3.17	0.48	2.44	0.38	1.52
中期票据2~3年期平均利差							0.44		-1.05		-0.28		1.10		1.07		1.17		0.85	
4~5年期																				
银行贷款	5.85		6.12	6.48	6.75	7.74	7.56	5.76	5.76		5.96	6.22	6.45	6.90	6.65	6.40	6.40			6.00
政行债4~5年期																				
政行债4~5年期利差范围	0.15	0.95	0.31	0.58	0.29	0.90	0.01	0.93	0.07	0.65	0.20	0.66	0.45	0.89	0.68	1.00	0.31	0.86	0.76	1.41
政行债4~5年期平均均差	0.46		0.44		0.58		0.53		0.41		0.41		0.62		0.84		0.70		1.12	
政行债4~5年期简单均值									0.55											
商行债4~5年期																				
商行债4~5年期利差范围	0.50	0.88			0.42	1.00							1.09	1.46	0.86	1.02				
商行债4~5年期平均利差	0.69		0.72		1.27								1.12		1.23		0.73			
商行债4~5年期简单均值									0.91											
企业债4~5年期																				
企业债4~5年期利差范围													1.92	2.56	1.66	3.46			1.12	2.40
企业债4~5年期平均利差			1.21								2.14		2.16		2.35		1.71		1.82	
企业债4~5年期简单均值									1.81											
ABS4~5年期																				
ABS4~5年期利差范围：			1.05	1.44											2.72	3.72	2.14	2.50	2.91	3.97
ABS4~5年期平均利差			1.29												3.22		2.32		3.16	
ABS4~5年期简单均值									2.20											
公司债4~5年期																				
公司债4~5年期利差范围													0.67	1.27	0.53	2.29	0.65	0.65	0.47	1.74
公司债4~5年期平均利差													0.97		1.38		0.65		1.04	
定向工具4~5年期																				
定向工具4~5年期利差范围													0.88	1.60	0.91	1.95	1.10	1.71	1.42	2.73
定向工具4~5年期平均利差													1.29		1.52		1.45		1.86	
中期票据4~5年期																				
中期票据4~5年期利差范围							-0.29	1.47	-1.62	0.68	-0.77	0.88	0.72	1.47	0.28	0.93	0.35	1.48	0.79	1.44
中期票据4~5年期平均利差							0.71		-0.19		0.30		1.04		0.62		0.71		1.11	
7~10年期																				
银行贷款	6.12		6.39	6.84	6.84	7.83	7.83	5.94	5.94		5.94	6.40	6.40	7.05	7.05	6.55	6.55		6.55	6.15
政行债7~10年期																				
政行债7~10年期利差范围			0.03	0.32	0.04	0.63	0.48	0.70	0.68	0.72	0.04	0.61	0.06	1.13	0.61	1.10	0.29	0.96	0.68	1.32
政行债7~10年期平均利差			0.20		0.42		0.59		0.69		0.39		0.68		0.80		0.72		1.04	
政行债7~10年期简单均值									0.62											
商行债7~10年期																				
商行债7~10年期利差范围			0.00	0.52	0.03	0.58	0.54	0.77	0.15	0.65	-0.59	0.75	-0.04	0.92	0.57	1.15				
商行债7~10年期平均利差			0.22		0.27		0.62		0.39		0.22		0.63		0.79		0.96			
商行债7~10年期简单均值									0.45											
企业债7~10年期																				
企业债7~10年期利差范围			0.93	1.55	0.22	1.74	1.28	2.38	0.83	2.34	1.07	2.02	1.76	2.53	1.49	1.99	1.74	1.92	1.84	2.31
企业债7~10年期平均利差	0.61		1.30		0.96		1.85		1.65		1.45		2.11		1.70		1.84		2.07	
企业债7~10年期简单均值									1.61											
公司债7~10年期																				
公司债7~10年期利差范围					0.07	1.70	0.35	2.29	0.02	1.24	0.18	1.03	0.94	1.88	0.49	2.20	0.58	2.89	0.56	2.45
公司债7~10年期平均利差					0.86		1.45		0.76		0.64		1.37		1.10		1.26		1.52	
定向工具7~10年期																				
定向工具7~10年期利差范围																	1.19	1.19	1.36	2.21
定向工具7~10年期平均利差																	1.19		1.79	
中期票据7~10年期																				
中期票据7~10年期利差范围									-0.35	1.24	-1.81	0.80	0.57	1.70	0.52	1.31	0.68	1.21	0.63	1.88
中期票据7~10年期平均利差									0.37		-0.09		1.18		0.90		0.92		1.19	

图表 7.9　　　　　　　　　　(2A＋)国债利差表(2005—2014 年)

FIS\年度	2005	2005	2006	2006	2007	2007	2008	2008	2009	2009	2010	2010	2011	2011	2012	2012	2013	2013	2014	2014
商行债2~3年期利差范围															1.26	1.30				
商行债2~3年期平均均差									1.16				1.28				1.20			
商行债2~3年期简单均值											1.21									
企业债2~3年期																				
企业债2~3年期利差范围																				
企业债2~3年期平均均差																	2.00			
ABS2~3年期																				
ABS2~3年期利差范围																			2.54	4.46
ABS2~3年期平均利差																	3.73			
定向工具2~3年期																				
定向工具2~3年期利差范围													1.52	2.13	1.45	2.17	1.15	2.47	1.67	2.67
定向工具2~3年期平均利差													1.83		1.74		1.61		2.25	
中期票据2~3年期																				
中期票据2~3年期利差范围									~1.05	0.76	~1.69	1.77	0.89	2.17	0.27	2.19	0.42	2.94	0.69	1.97
中期票据2~3年期平均利差									~0.25		~0.17		1.35		1.09		1.02		1.29	
4~5年期																				
银行贷款	5.85		6.12	6.48	6.75	7.74	7.56	5.76	5.76		5.96	6.22	6.45	6.90	6.65	6.40	6.40		6.00	
商行债4~5年期																				
商行债4~5年期利差范围															1.28	1.37	1.05	1.50	1.45	1.54
商行债4~5年期平均利差									0.07						1.33		1.25		1.49	
商行债4~5年期简单均值											1.36									
企业债4~5年期																				
企业债4~5年期利差范围													2.18	3.83	2.08	3.58	2.24	4.54	2.50	3.15
企业债4~5年期平均利差													2.84		2.99		3.12		2.73	
企业债4~5年期平均利差年期简单均值											2.92									
资产证券化4~5年期																				
资产证券化4~5年期利差范围																			3.54	5.18
资产证券化4~5年期平均利差																	4.59			
公司债4~5年期																				
公司债4~5年期利差范围													2.57	2.57	1.61	2.48	1.13	3.74	1.59	2.25
公司债4~5年期平均利差													2.57		2.10		2.09		1.92	
定向工具4~5年期																				
定向工具4~5年期利差范围													2.33	3.15	1.51	3.84	1.84	3.46		
定向工具4~5年期平均利差													2.63		2.38		2.70			
中期票据4~5年期																				
中期票据4~5年期利差范围									~0.02	1.58	~2.25	1.48	1.11	2.12	0.82	1.54	0.87	2.94	1.17	2.14
中期票据4~5年期平均利差									0.57		0.09		1.53		1.24		1.40		1.60	
7~10年期																				
银行贷款	6.12		6.39	6.84	6.84	7.83	7.83	5.94	5.94		5.94	6.40	6.40	7.05	7.05	6.55	6.55		6.55	6.15
商行债7~10年期																				
商行债7~10年期利差范围																				
商行债7~10年期平均利差																				
企业债7~10年期																				
企业债7~10年期利差范围							1.12	1.54	1.64	3.10	1.66	3.14	1.99	4.64	2.02	4.28	2.59	3.58	2.88	3.70
企业债7~10年期平均利差					0.98		1.34		2.21		2.43		2.95		3.24		3.10		3.20	
企业债7~10年期简单均值											2.31									
资产证券化7~10年期																				
资产证券化7~10年期平均利差																			2.97	
公司债7~10年期																				
公司债7~10年期利差范围			1.11	1.11	1.43	1.89	0.66	3.07	0.94	2.37	1.73	3.54	1.98	3.97	1.63	3.19	1.11	3.61		
公司债7~10年期平均利差			1.11		1.70		1.62		1.64		2.49		2.75		2.11		2.19			
定向工具7~10年期																				
定向工具7~10年期利差范围													2.23	3.25					2.54	2.54
定向工具7~10年期平均利差													2.74						2.54	
中期票据7~10年期																				
中期票据7~10年期利差范围											-2.21	0.38	1.62	2.70	0.93	2.70	0.86	2.08	1.16	2.58
中期票据7~10年期平均利差											-0.92		2.04		1.75		1.51		1.85	

(2A+) 国债利差表 (2005—2014年)

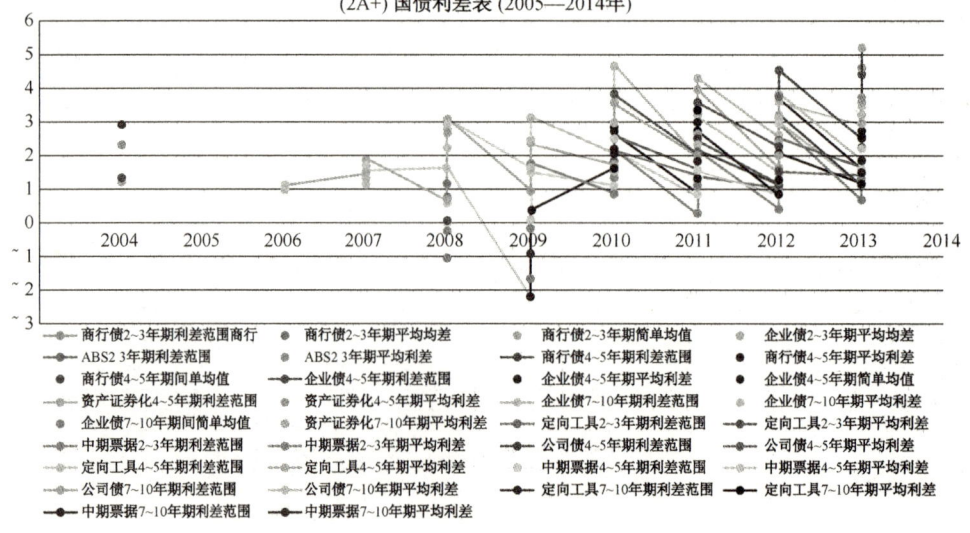

图表 7.10　　　　　　(2A)国债利差表(2005—2014 年)

FIS\年度	2005	2005	2006	2006	2007	2007	2008	2008	2009	2009	2010	2010	2011	2011	2012	2012	2013	2013	2014	2014
2~3 年期																				
银行贷款	5.76		6.03	6.30	6.57	7.56	7.29	5.40	5.40		5.60	5.85	6.10	6.65	6.40	6.15	6.15		6.15	6.00
企业债2~3年期																				
企业债2~3年期利差范围																	2.30	2.62		
企业债2~3年期平均均差																	2.46		2.34	
企业债2~3年期利差均值									2.40											
定向工具2~3年期																				
定向工具2~3年期利差范围															2.12	2.30	1.73	2.83	2.30	3.18
定向工具2~3年期平均利差															2.20		2.15		2.85	
中期票据2~3年期																				
中期票据2~3年期利差范围									-0.58	0.65	-2.13	0.67	0.41	2.70	1.05	2.46	0.75	2.44	1.53	2.93
中期票据2~3年期平均利差									0.11		-0.28		1.74		1.62		1.33		2.17	
4~5 年期																				
银行贷款	5.85		6.12	6.48	6.75	7.74	7.56	5.76	5.76		5.96	6.22	6.45	6.90	6.65	6.40	6.40		6.00	
企业债4~5年期																				
企业债4~5年期利差范围																	2.68	2.97	1.50	4.13
企业债4~5年期平均利差															2.36		2.83		2.82	
企业债4~5年期利差均值									2.67											
公司债4~5年期																				
公司债4~5年期利差范围													1.12	1.12	1.89	2.25			1.18	3.44
公司债4~5年期平均利差													1.12		2.07				2.28	
定向工具4~5年期																				
定向工具4~5年期利差范围															2.58	3.40	1.67	2.65	1.76	3.60
定向工具4~5年期平均利差															2.99		2.14		2.97	
中期票据4~5年期																				
中期票据4~5年期利差范围									-1.93	1.07	-2.03	1.67	0.62	2.99	1.33	2.18	1.34	2.91	1.67	3.33
中期票据4~5年期平均利差									0.22		0.04		1.93		1.82		1.88		2.34	
7~10 年期																				
银行贷款	6.12		6.39	6.84	6.84	7.83	7.83	5.94	5.94		5.94	6.40	6.40	7.05	7.05	6.55	6.55		6.55	6.15
企业债7~10年期																				
企业债7~10年期利差范围							3.09	3.44	2.48	5.34	1.81	3.96	1.64	4.69	3.63	4.74	2.51	3.56	2.33	4.55
企业债7~10年期平均利差					1.10		3.22		3.75		2.83		2.75		4.10		3.06		3.35	
企业债7~10年期利差均值									3.25											
公司债7~10年期																				
公司债7~10年期利差范围					1.23	1.23	2.56	2.56	1.37	4.24	0.98	2.90	2.07	3.88	2.58	4.03	1.92	3.27	1.72	3.72
公司债7~10年期平均利差					1.23		2.56		2.67		2.05		2.91		3.21		2.34		2.53	
定向工具7~10年期																				
定向工具7~10年期利差范围																			3.44	3.44
定向工具7~10年期平均利差																			3.44	
中期票据7~10年期																				
中期票据7~10年期利差范围													-1.77	1.87	2.58	2.58	2.15	3.04	1.99	3.69
中期票据7~10年期平均利差													0.63		2.58		2.48		2.78	

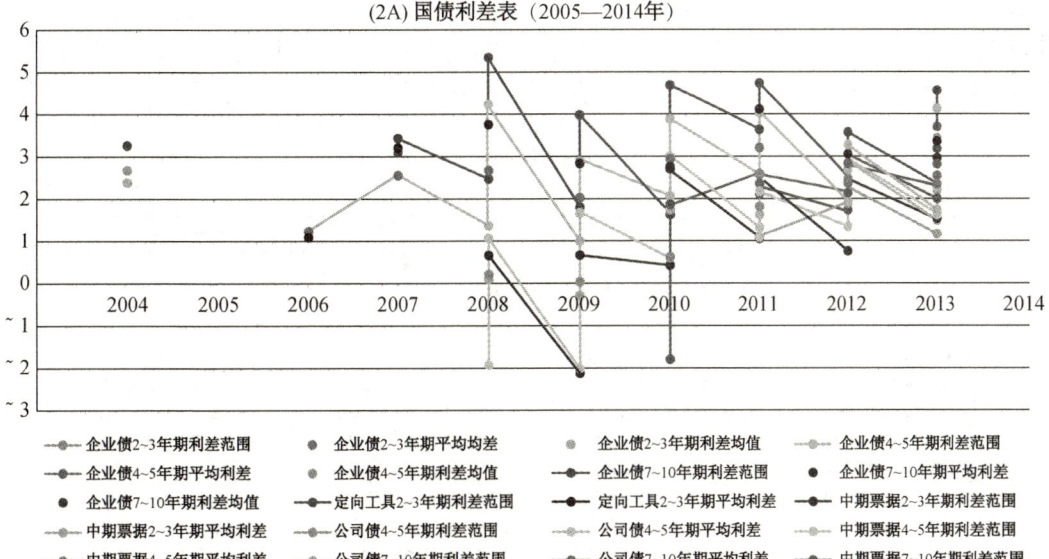

(2A) 国债利差表（2005—2014年）

图例：
- 企业债2~3年期利差范围　　企业债2~3年期平均均差　　企业债2~3年期利差均值　　企业债4~5年期利差范围
- 企业债4~5年期平均利差　　企业债4~5年期利差均值　　企业债7~10年期利差范围　　企业债7~10年期平均利差
- 企业债7~10年期利差均值　　定向工具2~3年期利差范围　　定向工具2~3年期平均利差　　中期票据2~3年期利差范围
- 中期票据2~3年期平均利差　　公司债4~5年期利差范围　　公司债4~5年期平均利差　　中期票据4~5年期利差范围
- 中期票据4~5年期平均利差　　公司债7~10年期利差范围　　公司债7~10年期平均利差　　中期票据7~10年期利差范围
- 中期票据7~10年期平均利差

图表 7.11 (2005—2014 年)国债利差表(2～3 年期)

FIS\年度	2005	2005	2006	2006	2007	2007	2008	2008	2009	2009	2010	2010	2011	2011	2012	2012	2013	2013	2014	2014
银行贷款	5.76		6.03	6.30	6.57	7.56	7.29	5.40	5.40		5.60	5.85	6.10	6.65	6.40	6.15	6.15		6.15	6.00
政行债																				
政行债利差范围	0.09	0.39	0.22	0.64	0.16	0.70	0.50	0.90	0.16	0.45	0.36	0.42	0.31	0.81	0.58	1.16	0.41	0.88	0.73	1.45
政行债平均均差	0.21		0.48		0.44		0.75		0.29		0.38		0.55		0.81		0.66		1.05	
政行债利差均值										0.55										
商行债3A																				
商行债3A利差范围	0.19	0.34			0.33	1.00											1.18	1.55		
商行债3A平均均差	0.27		0.59		0.67		1.36								2.03		1.37			
企业债3A																				
企业债3A利差范围																			2.06	2.38
企业债3A平均均差																			2.22	
商行债2A+																				
商行债2A+利差范围															1.26	1.30				
商行债2A+平均均差									1.16						1.28		1.20			
商行债2A+利差均值										1.21										
企业债2A+																				
企业债2A+利差范围																				
企业债2A+平均均差																	2.00			
企业债2A																				
企业债2A利差范围															2.30	2.62				
企业债2A平均均差															2.46				2.34	
企业债2A利差均值										2.40										
ABS（3A）																				
ABS（3A）利差范围			0.90	1.74											2.76	3.01	1.64	2.09	2.39	3.30
ABS（3A）平均利差	1.36		1.23												2.89		1.37		2.78	
ABS（3A）利差均值										2.20										
ABS（2A+）																				
ABS（2A+）利差范围																			2.54	4.46
ABS（2A+）平均利差																			3.73	
定向工具AAA																				
定向工具AAA利差范围											0.58	1.77	0.91	1.60	0.64	1.75	0.97	2.15		
定向工具AAA平均均差											1.36		1.19		1.16		1.83			
定向工具AA+																				
定向工具AA+利差范围											1.52	2.13	1.45	2.17	1.15	2.47	1.67	2.67		
定向工具AA+平均均差											1.83		1.74		1.61		2.25			
定向工具AA-																				
定向工具AA-利差范围													1.97	3.45	1.82	3.50	2.97	4.26		
定向工具AA-平均均差													2.51		2.54		3.44			
定向工具AA																				
定向工具AA利差范围													2.12	2.30	1.73	2.83	2.30	3.18		
定向工具AA平均均差													2.20		2.15		2.85			
中期票据AAA																				
中期票据AAA利差范围							-0.79	1.30	-2.67	0.01	-0.59	0.00	0.50	2.10	0.28	3.17	0.48	2.44	0.38	1.52
中期票据AAA平均均差							0.44		-1.05		-0.26		1.10		1.07		1.17		0.85	
中期票据AA+																				
中期票据AA+利差范围									-1.05	0.76	-1.69	1.77	0.89	2.17	0.27	2.19	0.42	2.94	0.69	1.97
中期票据AA+平均均差									-0.25		-0.17		1.35		1.09		1.02		1.29	
中期票据AA-																				
中期票据AA-利差范围													1.27	4.14	1.95	4.17	1.80	3.24	2.87	4.26
中期票据AA-平均均差													2.34		2.74		2.31		3.58	
中期票据AA																				
中期票据AA利差范围									-0.58	0.65	-2.13	0.67	0.41	2.70	1.05	2.46	0.75	2.44	1.53	2.93
中期票据AA平均均差									0.11		-0.28		1.74		1.62		1.36		2.17	

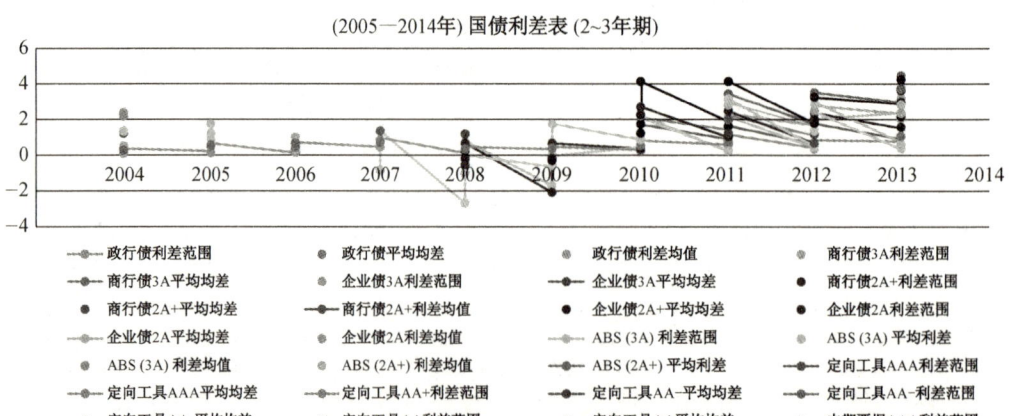

(2005—2014年) 国债利差表 (2~3年期)

图例：政行债利差范围、政行债平均均差、政行债利差均值、商行债3A利差范围、商行债3A平均均差、企业债3A利差范围、企业债3A平均均差、商行债2A+利差范围、商行债2A+平均均差、商行债2A+利差均值、企业债2A+平均均差、企业债2A利差范围、企业债2A平均均差、企业债2A利差均值、ABS（3A）利差范围、ABS（3A）平均利差、ABS（3A）利差均值、ABS（2A+）平均利差、ABS（2A+）平均利差、定向工具AAA利差范围、定向工具AAA平均均差、定向工具AA+利差范围、定向工具AA-平均均差、定向工具AA-利差范围、定向工具AA-平均均差、定向工具AA利差范围、定向工具AA平均均差、中期票据AAA利差范围、中期票据AAA平均均差、中期票据AA+利差范围、中期票据AA-平均均差、中期票据AA-利差范围、中期票据AA-平均均差、中期票据AA平均均差、中期票据AA利差范围、中期票据AA平均均差

图表 7.12　　（2005—2014 年）国债利差表(4～5 年期)

FIS\年度	2005	2005	2006	2006	2007	2007	2008	2008	2009	2009	2010	2010	2011	2011	2012	2012	2013	2013	2014	2014
政行债																				
政行债利差范围	0.15	0.95	0.31	0.58	0.29	0.90	0.01	0.93	0.07	0.65	0.20	0.66	0.45	0.89	0.68	1.00	0.31	0.86	0.76	1.41
政行债平均均差	0.46		0.44		0.58		0.53		0.41		0.41		0.62		0.84		0.70		1.12	
商行债（3A）																				
商行债（3A）利差范围	0.50	0.88			0.42	1.00									1.09	1.46	0.86	1.02		
商行债（3A）平均利差	0.69				0.72		1.27						1.12		1.23		0.73			
企业债（3A）																				
企业债（3A）利差范围													1.92	2.56	1.66	3.46			1.12	2.40
企业债（3A）平均利差			1.21								2.14		2.16		2.35		1.71		1.82	
商行债（2A+）																				
商行债（2A+）利差范围													1.28	1.37	1.05	1.50			1.45	1.54
商行债（2A+）平均利差									0.07				1.33		1.25		1.49			
企业债（2A+）																				
企业债（2A+）利差范围													2.18	3.83	2.08	3.58	2.24	4.54	2.50	3.15
企业债（2A+）平均利差													2.84		2.99		3.12		2.73	
企业债（2A）																				
企业债（2A）利差范围															2.68	2.97	1.50	4.13		
企业债（2A）平均利差															2.36		2.83		2.82	
ABS（3A）																				
ABS（3A）利差范围			1.05	1.44									2.72	3.72	2.14	2.50	2.91	3.97		
ABS（3A）平均利差			1.29										3.22		2.32		3.16			
资产证券化2A+																				
资产证券化2A+利差范围																	3.54	5.18		
资产证券化2A+平均利差																	4.59			
公司债（3A）																				
公司债（3A）利差范围													0.67	1.27	0.53	2.29	0.65	0.65	0.47	1.74
公司债（3A）平均利差													0.97		1.38		0.65		1.04	
公司债（2A+）																				
公司债（2A+）利差范围													2.57	2.57	1.61	2.48	1.13	3.74	1.59	2.25
公司债（2A+）平均利差													2.57		2.10		2.09		1.92	
公司债（2A）																				
公司债（2A）利差范围													1.12	1.12	1.89	2.25	1.18	3.44		
公司债（2A）平均利差													1.12		2.07		2.28			
定向工具（AAA）利差范围													0.88	1.60	0.91	1.95	1.10	1.71	1.42	2.73
定向工具（AAA）平均利差													1.29		1.52		1.45		1.86	
定向工具（AA+）																				
定向工具（AA+）利差范围															2.33	3.15	1.51	3.84	1.84	3.46
定向工具（AA+）平均利差															2.63		2.38		2.70	
定向工具（AA-）																				
定向工具（AA-）利差范围															2.65	2.65				
定向工具（AA-）平均利差															2.65					
定向工具（AA）																				
定向工具（AA）利差范围															2.58	3.40	1.67	2.65	1.76	3.60
定向工具（AA）平均利差															2.99		2.14		2.97	
中期票据（AAA）																				
中期票据（AAA）利差范围							-0.29	1.47	-1.62	0.68	-0.77	0.88	0.72	1.47	0.28	0.93	0.35	1.48	0.79	1.44
中期票据（AAA）平均利差							0.71		-0.19		0.30		1.04		0.62		0.71		1.11	
中期票据（AA+）																				
中期票据（AA+）利差范围							-0.02	1.58	-2.25	1.48	1.11	2.12	0.82	1.54	0.87	2.94	1.17	2.14		
中期票据（AA+）平均利差							0.57		0.09		1.53		1.24		1.40		1.60			
中期票据（AA-）																				
中期票据（AA-）利差范围													2.25	3.49	1.24	3.97				
中期票据（AA-）平均利差													2.87		2.71					
中期票据（AA）																				
中期票据（AA）利差范围							-1.93	1.07	-2.03	1.98	0.62	2.99	1.33	2.18	1.34	2.91	1.67	3.33		
中期票据（AA）平均利差							0.22		0.24		1.93		1.82		1.88		2.34			

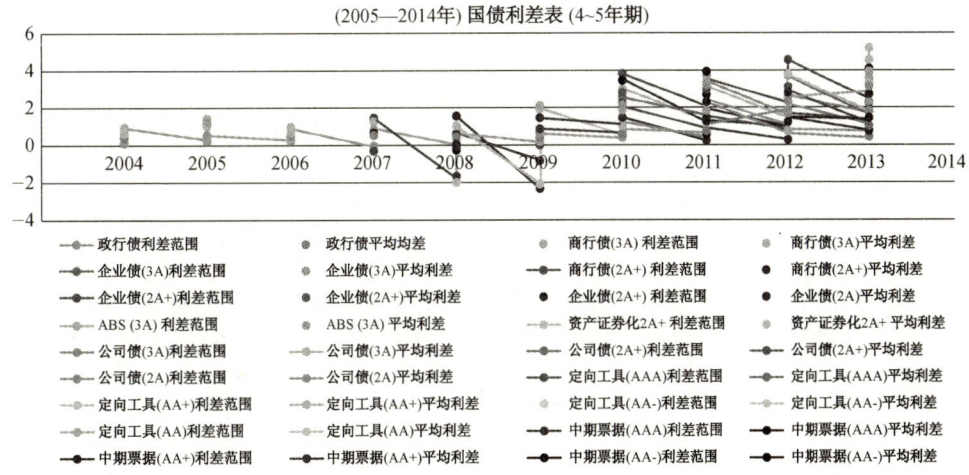

(2005—2014年) 国债利差表 (4~5年期)

图例：
- 政行债利差范围
- 政行债平均均差
- 商行债(3A)利差范围
- 商行债(3A)平均利差
- 企业债(3A)利差范围
- 企业债(3A)平均利差
- 商行债(2A+)利差范围
- 商行债(2A+)平均利差
- 企业债(2A+)利差范围
- 企业债(2A+)平均利差
- 企业债(2A+)利差范围
- 企业债(2A)平均利差
- ABS(3A)利差范围
- ABS(3A)平均利差
- 资产证券化2A+利差范围
- 资产证券化2A+平均利差
- 公司债(3A)利差范围
- 公司债(3A)平均利差
- 公司债(2A+)利差范围
- 公司债(2A+)平均利差
- 公司债(2A)利差范围
- 公司债(2A)平均利差
- 定向工具(AAA)利差范围
- 定向工具(AAA)平均利差
- 定向工具(AA+)利差范围
- 定向工具(AA+)平均利差
- 定向工具(AA-)利差范围
- 定向工具(AA-)平均利差
- 定向工具(AA)利差范围
- 定向工具(AA)平均利差
- 中期票据(AAA)利差范围
- 中期票据(AAA)平均利差
- 中期票据(AA+)利差范围
- 中期票据(AA+)平均利差
- 中期票据(AA-)利差范围
- 中期票据(AA-)平均利差

（3）7～10 年期限 FIS 与国债信用利差见图表 7.13。

图表 7.13　　　　　　（2005—2014 年）国债利差表（7～10 年期）

FIS\年度	2005	2005	2006	2006	2007	2007	2008	2008	2009	2009	2010	2010	2011	2011	2012	2012	2013	2013	2014	2014
银行贷款	6.12		6.39	6.84	6.84	7.83	7.83	5.94	5.94		5.94	6.40	6.40	7.05	7.05	6.55	6.55		6.55	6.15
政行债																				
政行债利差范围			0.03	0.32	0.04	0.63	0.48	0.70	0.68	0.72	0.04	0.61	0.06	1.13	0.61	1.10	0.29	0.96	0.68	1.32
政行债平均利差			0.20		0.42		0.59		0.69		0.39		0.68		0.80		0.72		1.04	
商行债（3A）																				
商行债（3A）利差范围			0.00	0.52	0.03	0.58	0.54	0.77	0.15	0.65	-0.59	0.75	-0.04	0.92	0.57	1.15				
商行债（3A）平均利差			0.22		0.27		0.62		0.39		0.22		0.63		0.79		0.96			
企业债（3A）																				
企业债（3A）利差范围			0.93	1.55	0.22	1.74	1.28	2.38	0.83	2.34	1.07	2.02	1.76	2.53	1.49	1.99	1.74	1.92	1.84	2.31
企业债（3A）平均利差	0.61		1.30		0.96		1.85		1.65		1.45		2.11		1.70		1.84		2.07	
企业债（2A+）																				
企业债（2A+）利差范围							1.12	1.54	1.64	3.10	1.66	3.14	1.99	4.64	2.02	4.28	2.59	3.58	2.88	3.70
企业债（2A+）平均利差					0.98		1.34		2.21		2.43		2.95		3.24		3.10		3.20	
企业债（2A）																				
企业债（2A）利差范围							3.09	3.44	2.48	5.34	1.81	3.96	1.64	4.69	3.63	4.74	2.51	3.56	2.33	4.55
企业债（2A）平均利差					1.10		3.22		3.75		2.83		2.75		4.10		3.06		3.35	
资产证券化（2A+）																				
资产证券化（2A+）平均利差																			2.97	
公司债（3A）																				
公司债（3A）利差范围					0.07	1.70	0.35	2.29	0.02	1.24	0.18	1.03	0.94	1.88	0.49	2.20	0.58	2.89	0.56	2.45
公司债（3A）平均利差					0.86		1.45		0.76		0.64		1.37		1.10		1.26		1.52	
公司债（2A+）																				
公司债（2A+）利差范围					1.11	1.11	1.43	1.89	0.66	3.07	0.94	2.37	1.73	3.54	1.98	3.97	1.63	3.19	1.11	3.61
公司债（2A+）平均利差					1.11		1.70		1.62		1.64		2.49		2.75		2.11		2.19	
公司债（2A）																				
公司债（2A）利差范围					1.23	1.23	2.56	2.56	1.37	4.24	0.98	2.90	2.07	3.88	2.58	4.03	1.92	3.27	1.72	3.72
公司债（2A）平均利差					1.23		2.56		2.67		2.05		2.91		3.21		2.34		2.53	
定向工具（AAA）																				
定向工具(AAA)利差范围															6.50	6.50			1.36	2.21
定向工具(AAA)平均利差															6.50				1.79	
中期票据（AAA）																				
中期票据(AAA)利差范围									-0.35	1.24	-1.81	0.80	0.57	1.70	0.52	1.31	0.68	1.21	0.63	1.88
中期票据(AAA)平均利差									0.37		-0.09		1.18		0.90		0.92		1.19	
中期票据（AA+）																				
中期票据(AA+)利差范围													1.62	2.70	0.93	2.70	0.86	2.08	1.16	2.58
中期票据(AA+)平均利差													2.04		1.75		1.51		1.85	
中期票据（AA）																				
中期票据(AA)利差范围													-1.77	1.87	6.65	6.65	2.15	3.04	1.99	3.69
中期票据(AA)平均利差													0.63		6.65		2.48		2.78	

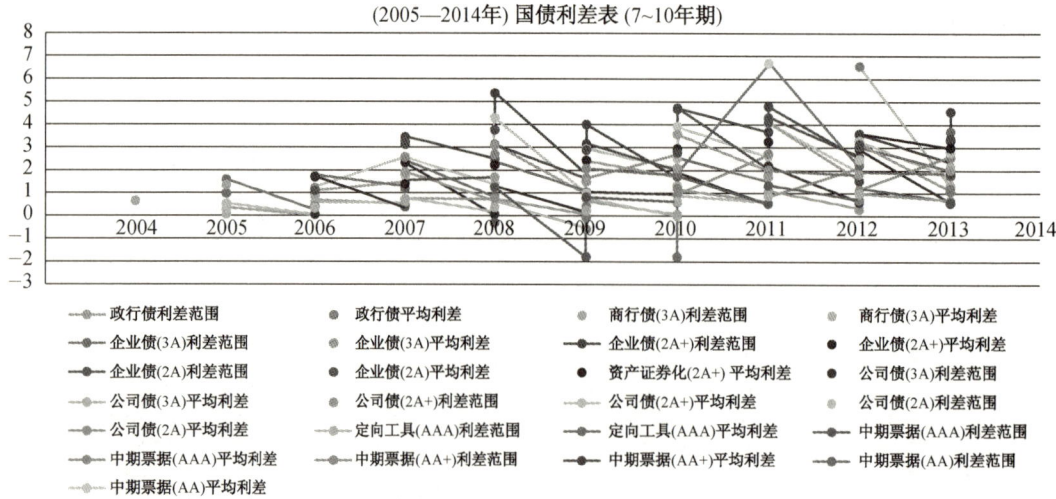

(2005—2014年) 国债利差表 (7~10年期)

政行债利差范围　　政行债平均利差　　商行债(3A)利差范围　　商行债(3A)平均利差
企业债(3A)利差范围　　企业债(3A)平均利差　　企业债(2A+)利差范围　　企业债(2A+)平均利差
企业债(2A)利差范围　　企业债(2A)平均利差　　资产证券化(2A+)平均利差　　公司债(3A)利差范围
公司债(3A)平均利差　　公司债(2A+)利差范围　　公司债(2A+)平均利差　　公司债(2A)利差范围
公司债(2A)平均利差　　定向工具(AAA)利差范围　　定向工具(AAA)平均利差　　中期票据(AAA)利差范围
中期票据(AAA)平均利差　　中期票据(AA+)利差范围　　中期票据(AA+)平均利差　　中期票据(AA)利差范围
中期票据(AA)平均利差

第八章　增信定价与价值管理

信用风险定价理论反映了增信历史发展进程中的阶段性观念，而不是终极真理。增信定价必然独立于信用风险定价，还包括信用风险转移与载体管理成本。

第一节 概述

由于以往没有增信理论和增信定价方法，所有与增信理论和增信定价方法相关的问题，都是其他学科的附属课题。增信理论称之为信用风险理论或信用衍生产品理论，增信定价称之为信用风险定价。这样，增信理论与定价方法，就混同于FIS理论与信用风险定价方法。众所周知，FIS是一个专门学科，研究对象是FIS及其信用风险；增信又是一个新型学科，研究对象包括增信风险、增信形式、增信载体。两者应该是不同的学科。尽管增信研究对象之一是FIS，但两者研究对象、原则、立场和研究角度却是完全不同的。

信用风险定价方法，纯粹站在FIS角度分析信用风险与定价关系，主流理论是在分析信用风险/信用违约的随机性及其概率分布的基础上建立数学模型，进而在一定条件下对信用利差及其波动作出定价解释。直至2007年美国金融危机爆发后，CDS定价模型才开始将交易对手风险引入。也就是说，信用风险定价模型从这时才开始关注增信者（增信机构、CDS卖方、风险资产买方）的信用风险，并将其作为重要的定价因素。如今，ISDA为了防范交易对手风险，又将清算中心引入，这又将会产生新的成本和新的定价。这样，纯粹的信用风险定价方法，才开始向增信定价方向靠拢。

对于以往信用风险定价理论（增信理论还未形成），信用风险定价方法主要包括复制技术定价、保险理论定价、随机模型定价。这三种定价方法最终以随机模型定价为主，成为主流信用风险定价方法。随机模型定价，即依赖数学模型的两类方法：结构化方法（Structural Approach）和约化方法（Reduced Form Approach），以风险随机模型为主，又可分强度模型和混合模型。

基于增信理论的增信定价方法，尽管也注重信用风险/信用违约的随机性及其概率分布的研究，但更关注信用风险载体及其转移的风险成本，并通过产品分散风险的同时，扩大增信量用以降低违约率和误差率，从而创造增信价值。从增信历史纵向来看，增信定价，从民事担保以行业规则或潜规则为基础的行业定价，到金融担保以信等差所形成的信用利差为基础的形式定价，再到真正商事担保（增信产品）以表现随机违约率为基础的单一产品定价，最终将到以抵御随机违约率为基础的集合产品定价。从增信历史横向来看，拥有信用历史数据的增信对象（传统行业、企业及其 FIS），增信定价必以随机违约率为基础。没有信用历史数据的增信对象（新兴行业、企业及其 FIS），增信定价可以信等差所形成的信用利差为基础。

增信价格与增信价值不同。尽管增信价格是增信价值的外在表现，却是由增信价值依据市场供求关系通过交易而确定的，即交易价格。增信价值是增信价格的内在价值，增信价值的变动必然反映在增信价格上。但是，增信价格的变动因素只是现实市场化的利率与利差变化，增信对象的信用等级及其信用事件的发生。与增信价格不同的是，增信价值则取决于核心构成因素，包括信用体系、违约率（风险定价）、成本（风险）管理等。

在这些核心构成因素影响下，不同的增信方式与不同的增信载体会形成不同的增信定价。尽管金融担保还在"担保行为"之下，却开启了信等差所形成的信用利差的增信定价，这是初级阶段的增信定价方式。在现行增信产品（CDS/CRMW）中，增信定价却是形式上的信用（保护）买卖，实质上的风险（资产）交易，这是发展阶段的增信定价方式。在创新增信产品及其增信衍生产品（SPCE/BTCE）中，则完全以风险（资产）交易为基础的增信定价，这是高级阶段的增信定价方式。

第二节　主流定价理论

一、随机模型定价类型

1. 结构化方法

结构化方法,1973 年由 Black&Scholes 在期权定价理论中论述,又可称为"公司价值模型"(Firm Value Model)。Black&Scholes 的主要观点,就是以资本结构变化来反映公司信用事件,违约仅发生在公司资产价值为负,使看似隐性存在的违约率得以具体化。

1974 年,Merton 以结构化方法将信用风险进行公式化。结构化方法,就是通过公司的资本结构变量指标的变动过程来反映债券违约,公司负债就是关于公司资产价值的一份期权。Merton 理论背景是基于一个假设,即一个拥有简单资本结构的公司,发行面值为 F、到期为 T 的零息债券。若此公司在到期时破产,公司价值大于债券面值时,则股东有能力承担对债权人的支出,并得以继续持有公司,公司不会破产;否则,公司资产价值小于债券面值,则股东将使债券出现违约,债权人将接管公司,而股权价值为零(假设股东的责任有限)。Merton 在结构化模型中设立了一些假设。其一,利率的期间结构确定并且是平坦的。其二,公司资产概率分布是对数正态分布(Lognormal Probability Distribution)。其三,债券存续期间,公司不得发放股利。其四,资本市场完全效率。有一种评论认为,Merton 模型应该具有五种含义。①当卖权为深度价外[$V(t)>F$]时,表示公司的违约率很低,且公司债就形同无风险债券一般。②当卖权是价内时,则公司债的波动敏感于公司价值的波动。③假如无风险利率增加,$V1(t,T)$ 将增加。因此,债券到期收益率将下降,公司债的风险价差必将减少。④市场风险与信用风险相关,市场风险将造成公司资产的减少,进而增加违约率。⑤当零息债券的到期日趋于零,则信用风险价差亦趋于零。

因此,Merton 模型在实践中也存在 4 个方面的限制/制约。其一,公司资产价值的确定,相当困难并且是抽象的。其二,基于公司资产的市价难以估计,而致使报酬率及其波动率无法衡量。因此,公司资产报酬波动是难以估计的。其三,因公司几乎都存在着复杂债务结构,单一的债务就难以定价了。其四,一些其他债务的违约可能诱发标的债务的违约。另有评论认为,Merton 模型实际上无法实行。因为公司资产并没有在市场上交易,无法直接观察,资产价格波动率亦难以获得。即便如此,一来无法用来定价与信评相关的信用衍生产品,二来关键变量资产价值并不存在市场交易价格。Merton 模型发表以后的发展观点,主要是改变不合理的设定,使其贴近现实,对到期违约发生概念进行修正,引进随机波动的利率模型,增加了偿债顺序、回复率等。

以后又有专家对 Merton 的零息债券信用风险模型进行了扩展,如附息债券、抵押债券、可赎回债券可转换债券、可变票面利率债券等。1977 年和 1984 年,Geske 与 Johnson,推导出了附息债券的解析。如果股票所有人所支付债券利息,因而拥有复合期权,通过支付债券利息,获得公司价值期权。复合期权的价格可以用多元正态分布函数来表示,多元正态分布的维数取决于债券的剩余还要支付的利息期数。1980 年,Cox,Inpersoll 与 Ross,将 Merton 模型应用于可变息票利率风险债券的评估,以此确定可变票面利息支付结构,消除或减少利率风险。1996 年,Claessens 与 Pennacchi,从布雷迪债券中推得隐含违约概率。1982 年,Ho 和 Singer,在 Merton 模型的框架下,分析了诸如到期期限、公司融资约束、优先原则和支付时间安排等契约条款的不同对债券信用风险的影响,他们俩于 1984 年还进一步分析了沉没资金条款对债券价格的影响。1984 年,Black 对 Merton 模型进行调整,提出了 Firsy Passage 模型,加入对债券契约中的安全条款的考虑。在任何时候,只要公司价值低于某个特定边界,违约事件发生。于是,在 Merton 模型中违约时间是严格限制在债券到期日,被扩展到可以在债券到期日前的任何时候。

1990 年,Chance 在 Merton 模型框架内,分析了违约零息债券的久期,假设两种债券到期期限相同,具有违约倾向的债券久期将小于其对应的无风险债券。1991 年,Litterman 和 Iben 以随机过程对信用风险即期利率模型进行设计,采用 Black-Derman-Toy(BOT)模型下即期利率遵循对数布朗运动过程。1994 年,Madan 和 Unal 以随机过程对远期利率设计了模型。这些模型都有一个共性,即采用某随机过程估算含有信用风险的即期利率和远期利率,都是为了定价需要。“对数布朗运动过程”的假设,虽然符合无风险利率,但对信用风险性利率的概率分布来说,会有“肥尾现象”,这就不能符合这样的假设。肥尾现象是基于信用市场在概率分布不均条件下可能出现的超出预期(不正常)的事件。1995 年,Das 对信用衍生品的价格进行设计,以风险性债券为标的的卖权价值,而执行价是用信用等级调整后的执行价格,并采用了复合期权的定价方法,辅之以一个随机执行价格。与此同时,Longstaff 和 Schwarts 设计了一个简单欧式期权的封闭解定价模型,认为信用利差对稳定性和平均值(Mean-reverting)具有反转性质。

1997 年,Duffie 和 Singleton,设计了互换到期收益率期间结构的相关模型,通过分析风险债券,采用无风险债券定价方式,包含了违约风险和回收风险的折现,据此认定这两个风险都是一个随机过程。基于 Duffie 和 Singleton 模型的定价方法,根据市场上观察的信用利差数据,估计信用风险的期限结构,从而推导违约概率,该模型将无风险利率替换为经过违约调整的短期利率,按无风限利率的特点对风险债券的期限结构进行相似定义,推导出服从风险中性概率条件下,有违约风险债券的价格。其中,假设违约后公司的清偿率为外生变量,与违约概率等其他因素无关。与此同时,Jarrow,Lando 和 Tumbull 构建了回收率模型,以违约和信用转移为研究对象,利差的改变是信用等级改变及违约事件的函数,并通过使用等级转移矩阵作出债券等级改变的模型。这个模型以到期日时现金流量的限制性折现和市场价格,来解得风险中立的违约概率,以及风险中立的转换矩阵。

1998 年,Das 归纳了一些重要的信用衍生品定价模型,认为信用违约互换的价值,并不直接受无风险利率或信用利差改变的影响,只是受违约概率所影响。违约概率和利率即利差相关,利率和利差并不直接影响其价值。

2. 约化方法

约化方法是在 1995 年,由 Jarrow 和 Tumbull 提出的强度模型,并在 1997—1998 年,由 Duffie,Singleton,Madan 和 Unal 发展起来的。约化模型不再对公司资产价值进行假设,而是认为公司违约现象是不可预测的,服从"泊松"过程的随机事件,且以泊松过程的特征参数——强度来反映违约事件的可能性。目前大多数学者最为倾向于以这个约化模型对信用风险进行定价。

1999 年,Duffie 为 CDS 设计出只考虑外生变量的一个简化型(Reduced-Form)评价模型,参照债权的违约率符合泊松过程中的强度参数。CDS 以两种定价时点为起点。第一,合同生效日的定价,在造市的目的下,起初设定的 CDS 费用必须使得合约价值等于零,以符合无套利空间的要求。第二,合同生效日后,为了避险或逐日结算(Marking to Market)。这时因为利率及参照债权的信用品质的改变,造成互换合约的价值不等于零,而必须重新估计新的合约价值。

2001 年,Gurdip Bakshi,Dilip Madam 和 Frank Zhang 针对清偿率为外生变量这个缺点,对其进行了改进,将清偿率定义为违约强度的函数。并假设违约强度和无风险利率线性相关,这就将清偿率、违约强度和无风险利率这三个信用风险模型中的重要变量联系在一起,克服了强度模型存在的缺陷之一。

2004 年,由 Jessica Cariboni 和 Win Schoutens 提出另一思路的强度模型。公司价值过程服从纯跳跃的列维过程,并且违约是由于公司价值低于预先设定的一个障碍值而引起的。公司价值服从列维过程,是因为列维基础模型已经被证明能够很好的描述资产和固定收益债券的分布。这样,在 CDS 模型中,列维模型的分布被认为更加灵活,能较好地拟合不对称和肥尾现象。

Lando,在简化法的违约模型假设下,通过泊松过程,提出三种评价风险债权的方式,这些概念可评价信用违约互换,考虑一个在到期日 T 时支付会变动数量 X 的债权,但若在到期前发生违约,则支付额为零。考虑违约风险或债券回收风险所作出的模型都是不完全的,所以它同时包含两个组成部分:违约风险和回收风险,它们合力形成一个单一价格。

有的评论认为,约化方法通过一个外生的跳过程来反映违约事件,违约时刻就是跳过程发生第一次跳时的初期。约化方法并不研究导致违约发生的原因,而是通过一个泊松过程发生的第一次跳来刻画违约事件的发生,求得违约概率,再确定违约回收方式,这是一种外生的反映违约的方法。随着交易对手风险不断突出,违约率的跳跃理论从"单跳"理论,发展到"双跳"理论,再发展到"多跳"理论。因此,违约率的定价模型越发复杂化。

1)缩减式模型

缩减式模型(Reduced-Form Model)又称"违约强度模型"(Intensity Model),利用市场价格或信用利差等信息计算违约发生概率,信用风险可透过外生决定的违约概率与回复率来表达。违约强度模型又分以下三大类。

(1)违约基础方法(Default-Based Approach)。该方法是 1995 年 Jarrow 和 Turnbull(简称 JT)考虑信用风险包括标的资产的违约风险及发行者的违约风险而提出的一种定价与避险新方法。该方法中回复率(RR)是外生给定的常数,在既定的 RR 之下,利用市场上具有信用风险的债券价格与无风险债券价格,即可推算出虚拟违约率,并据此定价其他具有相同信评的债券。

1996 年,Das 和 Tumbull 假设回收率为常数,并认为回收率和违约率同样是一个随机过程,因此产生一个二项模型。现在对回收率的计算,主要采用历史违约数据进行分析。由于具有较多的数据资料,债券违约回收率的分析相对比较成熟。Altman 和 Kishore 按 3 位标准行业分类代码(SIC)对 696 个违约债券样本进行了分类并计算不同行业的平均回收率。首先,公共电力业具有最高的算术平均回收率 70％；其次,化工、石油及相关产品的算术平均回收率为 63％；再次,最低的是出租房屋、医院和护理设备行业 26％。为了研究债券偿还优先等级对平均回收率的影响,Altman 和 Kishore 以 1978—1996 年 750 家违约债券为样本进行计算,得到优先有担保债券的平均回收率为 58％,优先无担保债券为 48％,高级后偿债券为 35％,次级后偿债券为 32％。

由于样本数据较少,对银行贷款违约回收率的分析还不够完善。花旗银行的一项研究分析了 1970—1993 年发生的 831 起商业和工业贷款和 89 起基于资产(结构化)的贷款,发现回收率为 79％,在这项研究中,有大约一半的贷款没有本金损失,使得最终得出的回收率数值的可靠性大打折扣。

(2) 信用评级移转方法(Rating Transition Approach)。信用等级模型(Credit Rating Model)使违约模型更具普适性。在违约模型里有两个状态:无违约和违约。在信用等级模型里,对于每个信用等级都有一个状态。所以,信用等级系统是一个信用价值的线性等级。等级是由相应的评级机构来完成的。因而也就隐含了该公司债券在市场上的价格。通常最低等状态表示违约。这些模型最重要的特点,信用品质是以指数做成模型,可以将价值量化成一个有限的数字。

状态过程可以用离散或连续时间模型来表示。最自然的方式就是将信用等级当成马尔可夫过程来构造模型。在离散时间的马尔可夫过程里,从一个给定状态到各一个状态的概率,是和特定公司及其历史等级或时间相互独立的,一个离散时间马尔可夫模型的特色是,它可以用 n 阶方阵来描述,而 n 就是经过状态的个数。这个矩阵就是转移矩阵(Transition Matrix)。

1997 年,Brand Rabbia Bahar 和 Cart,在不稳定的马尔可夫过程里,仍然假定从一个状态到另一状态迁移的概率,与特定公司的历史等级相互独立,并且可能和时间相关。在 Mover-Stayer 过程里,公司分成两群:移动者和停滞者。每个群遵循自己的马尔可夫过程,这两个过程的联合通常不是马尔可夫过程,但较符合历史信用等级迁移资料。

Jarrow,Lando 和 Tumbull,将信评信息运用在债券定价上,运用马尔可夫链(Markov Chain)模型表示信等的动态过程,并以移动概率矩阵(Transition Probability Matrix)描述马尔可夫链的变动过程,且假设违约过程与无风险即期利率过程无关。依据其定价,必须将原始的移动概率矩阵转换成风险概率测度下的移动概率矩阵,其转换系透过一风险贴水调整项,揭示一个信用等级单因子不稳定马尔可夫过程,而且试图让它和债券市场价格所隐含的转移相吻合。

Credit Metrics 也提出一个模型。其方法扩展了马尔可夫模型,使其能够合并为不止一个公司,他使用一个针对一组信用等级的稳定马尔可夫模型,两个公司从一组给定状态到另一组给定状态移动的概率,是和特定公司或时间无关的。

D. Feng 等通过引入一个反映宏观经济周期的隐含因子,来对信用转移矩阵进行建模和预测。Stefanescua 等在信用等级结构下利用 Bayesian 方法估计信用等级转移矩阵。Kee S. Kim 利用公共信息估计了债券的信用等级。在信用等级方面,Lando 认为任何到期日的风险债券都存在一个信用等级矩阵。Schonbucher 在假设利率和违约是独立的条件下,给出具有信用等级结构的零息债券的定价,并给出了欧式信用衍生品的定价方程。然而,对于债券的多信用等级结构下的定价很少有人研究。Kijima 与 komoribayashi(简称 KK)则承继 JT 对信评动态的设定,同时亦假设违约过程与无风险即期利率相互独立,两者最大的不同在于风险贴水调整项的设定,KK 比 JT 在计算上的估计不受困扰。

CDS 价格是期望得到与信用资产风险相适应的风险补偿,是依据信用资产发生违约事件的概率确定的。由于信息不对称,无法判断风险类型,因而如何利用评级机构给出的参考转移矩阵和回收率向量是定价的一个非常重要的问题。如何利用市场报价来反算评级公司给出的相关数据,进一步对评级公司给出的数据作出判断,也是当前的焦点。

(3)信用价差方法。1995 年,Jarrow 和 Tumbull 做出远期违约率的随机过程模型,核心是将信用价差分解成违约率与回复率,进而简化定价。1996 年,Duffie 和 Singleton 做出远期违约率和随机过程模型。1997 年,CreditRisk 做出边际违约率的随机过程模型。这个模型也适用于多个信用风险对手的情形,并描述了对手违约并不是独立的,因为边际违约率也不是独立的。

1998 年,Li 提出可借由实际市场的资料描绘收益率价差曲线(Yield Spread Curve),再依据公司债的偿债等级和信用等级,以及公司所属产业外生给定回复率,即建构信用曲线(Credit Curve)。信用曲线的建立,一方面可得知未来的边际违约概率;另一方面更提供信用衍生产品的定价关键。1999 年,Duffie 与 Singleton 认为,具有风险的债券与无风险债券的差别,仅在于折现利率是无风险利率再加上信用风险调整项。信用风险调整项是违约强度(Default Intensity)和回复率的函数。

违约模型根据参照资产违约概率的转移过程来计算价格,以信用等级模型的历史资料来衡量资产随本身信用风险变化导致价格改变的概率。其缺点是信用等级模型的资料是以全体样本分类归纳得出,故可能无法完全反映个别资产特有的风险程度;或者是根据从市场上观察到的资产信用价差推算出隐含信用风险的期间结构,最终计算出违约概率,但是这种方法会因为许多不可控因素而在应用上有困难,例如可能无法确切得到完整的信用风险期间结构,而信用价差事实上受到许多外在变量的影响等。

2) 混合模型

由于连续扩散过程不能描述公司资产价值所发生的突然变化,故根据结构化模型,公司几乎不可能发生短期违约现象,这会系统性地低估信用价差,而强度模型缺乏合理的公司违约的经济学解释。为了反映突发事件对公司违约行为的影响,Zhou(1997)将结构化模型和强度模型结合起来,提出了混合模型。混合模型假设公司资产价值服从跳-扩散过程,当公司价值发生下跳时公司会突然违约,在该模型中公司资产价值的变化包括两个随机部分:一个是连续的扩散部分,另一个是非连续的跳跃部分。

跳-扩散模型中的扩散过程描述了公司资产价值的正常波动,它是由于经济环境的渐变和新信息引起的对公司资产价值的边际变化。跳跃部分描述的是公司资产价值的突变,这些突变是因为一些新的重要信息对公司的市场价值产生了较大冲击,即使是公司价值在大多数时候连续变化,但是在违约时戏剧性下降,该模型也能较为合理地对公司的违约风险进行定价。跳-扩散违约模型能够产生与市场实际情况相适应的各种信用价差曲线,也可以通过该模型导出的短期信用价差描述公司短期违约行为。

混合模型结合了结构化模型和强度模型的优点,对违约行为的解释更为合理有力。但是模型中描述突发违约事件的参数,例如跳的频率和强度,尤其是交易对手风险介入等等,从标的资产信用违约的"单跳"-扩散违约模型,到交易对手信用违约的"双跳""多跳"-扩散违约模型,不仅模型计算非常复杂,而且交易对手的成本风险正在显示出来,这已经不是原来单纯的标的资产信用违约,或者简单的增信对象(FIS)的信用违约了。

3) 目前流行定价模型

2000年,Hull and White数学模型对增信产品CDS进行定价分析,采用风险中性违约率的定价模型,即根据FIS的目前价格推导出FIS的违约率,进而利用无套利理论推导出的增信产品价格。

二、定价方法评论

信用风险定价方法主要有三：复制技术定价、保险理论定价、随机模型定价。对于这三种定价方法，业内有不同的评论。

1. 复制技术定价

这种定价方式需要逐一确定投资组合中所有头寸的价值。有评论说，对于结构复杂的信用衍生产品来说，复制技术定价难以实现。其实，这是基于对冲理论的定价方法，可以适用某些对冲产品的需求，但不可能完整地对信用风险进行合理定价。CDS有着实现一定对冲风险的功能，因此，复制技术定价方法有其价值的一面。

2. 保险理论定价

这种定价方式是以信用历史数据或保险理论为基础的定价方法，主要是通过收集历史数据推出信用利差及其违约数据，从而使利率及其利差与违约率挂钩，并为正相关关系。有人认为，这个定价方法的问题是太依赖从信用历史资料（数据）得到的马尔可夫转换矩阵，这种定价方法不以模型为基础，只能对已经存在的信用历史数据及其违约数据的信用衍生产品提供保险，应用范围相对狭窄。对于保险理论定价，本书有以下几个观点：

第一，以信用历史数据及其违约数据作为定价方法，适用于融资增信，并不适用于投资增信，这不存在应用范围相对狭窄的问题，如同适用于投资增信的定价方法，并不一定适用于融资增信。

第二，信用历史数据及其违约数据，一方面可以提供信用利差和违约率数据，另一方面可以提供数据大小对信用利差和违约率的影响，即数据越大，信用利差和违约率及其误差率越低。相应的，增信量对信用利差和违约率及其误差率的影响就显而易见了，增信价值因此可以创造。

第三，作为零售业务的增信业务定价，完全可以信用历史数据及其违约数据作为定价基础。因为增信不是确定 FIS 价格及其信用等级、信用利差的，而是面对拟发行或已发行的 FIS，FIS 信用等级、信用利差基本已经确定，只是可以运用信用历史数据及其违约数据进行对比、确认，最终将信用利差如何转化为增信收益，进行增信定价。

第四，如果信用历史数据及其违约数据与增信量之间建立一定量化关系后，应该可以建立增信定价的数学模型。那么，在把零售增信业务打包成集合（复合）增信产品时，通过数学模型进行定价，可为集合（复合）增信产品投资者创造增信价值。

3. 随机模型定价

这种定价方式认为信用风险是随机产生的,是不可预测的,或者是外生因素所产生的。本书有以下几个评论:

首先,对于投资增信而言,CDS 都是相对于单一 FIS 进行信用风险定价。因此,随机模型定价具有科学性质,也因此成为业界主流研究方法,这是无可非议的。特别是在对冲业务中,CDS 定价模型具有很高的价值。

其次,由于当初 CDS 定价模型只是限于或基于信用风险,仅仅是对信用风险进行独立定价,并未从增信角度考虑信用风险承载着(增信者),即交易对手的信用风险。然而,CDS 在 2008 年美国金融危机中的催化剂作用,说明了即使再完美的定价模型,也无法改变 CDS 所具有的增信性质,无法忽视信用风险承载着,即交易对手的信用风险。尽管现在 CDS 定价模型已经加入了新的定价因素,即交易对手的信用风险,但 CDS 定价模型已经与纯粹的信用风险定价模型相去甚远,变得非常复杂难解,除了专业人士外,一般投资者无法理解,由此产生并拉大了产品创造者(CRMW 创设机构)与一般投资者之间的认知差距,并引起全球金融监管的关注。

再次,由于基础交易结构原因,CDS 无法用于融资增信产品。如果能够改变 CDS 形式交易结构,CDS 也是可以组合起最佳增信资产池,并通过加大风险资产总量(增信量)来创造增信价值。

第三节　增信价值与成本管理

一、增信价值

增信的核心问题就是风险定价问题,即来自违约率的随机性或不确定性,因此风险难以定价。风险定价过高,增信成为 FIS 负累或无人问津,增信价值尽丧;风险定价过低,增信成本难以承担,增信破产同样成为 FIS 负累或无足轻重,增信价值同样难以体现。更有甚者,增信定价来自行业管理,只是形式定价,并无实质定价。因此,在风险定价基础因素上,利用 FIS 违约率的不同表现,对信用风险的转移、承载载体进行有效管理,及其市场化的信用利差与定制化的信用事件所产生的剩余价值,就是增信价值。

增信价值与 FIS 价格不同,尽管在风险定价上有着相同之处。但是,增信价值却追求风险定价在转移管理与载体管理等时空交错变化中的管理价值,从而实现增信自身的价值发现与价值管理。FIS 价格与增信价值在风险定价中有着相同的基础,但 FIS 价格与增信价值又具有互补性质,增信与 FIS 有着不同的变化机理。增信的价值管理,依赖于信用体系和违约率。

1. 信用体系

从宏观角度看,支撑 FIS 市场及其增信市场存在与发展的,是一国的信用体系。不同的信用体系,有着不同的 FIS 市场和增信市场。国家信用支撑的信用体系,或市场信用支撑的信用体系,会形成不同的 FIS 市场和增信市场。在国家信用支撑的增信市场上,与 FIS 市场一样,增信价值只有形式,没有实质。增信价值如同 FIS 价值,表现为国家信用溢出效应的剩余价值,是国家信用的间接表现。在市场信用支撑的增信市场上,与 FIS 市场一样,增信价值具有了实质内容,即市场化利率。增信价值如同 FIS 价值,是市场信用价值的表现,即风险成本的剩余价值,是市场信用的直接体现。

价值发现,先是对增信价值的源头/来源进行观察与发现。增信价值如果来自国家信用,增信价格必然不是内在增信价值的反映。增信价值作为国家信用的附属品,并不具备独立价值。尽管增信价格在形式上有所表现,但只是形式价格或行业价格。因此,基于国家信用的价值管理,实质就是行业管理。增信主体必为持牌经营者,增信结果必为刚性兑付。

增信价值如果来自市场信用,增信价格必为内在增信价值所反映,并具有独立价值。因此,基于市场信用的增信价值,必为价值管理。增信主体并非为持牌经营者,任何市场参与者或投资者都可通过投资增信产品成为增信主体。去除了国家信用,抛弃了刚性兑付,增信价值为市场信用的真实反映,是信用风险的价格量化。

由国家信用/政府信用所产生的增信价值,是被给予的附属价值,不是自身存在的独立价值,也就是说,增信并不产生价值。当以市场信用为基础的增信产品(CDS 等各种增信产品及其增信衍生产品)取代以国家信用为基础并持牌经营的增信业务后,增信,在转移并承担了 FIS 信用风险后所进行的独立定价,从而获得了存在的应有价值,即增信价值。因此,创立增信产品,以市场信用取代国家信用,即以市场交易确认的信用违约概率或信用利差作为增信定价的价值基础,既是增信价值的产生过程,也是增信价值的发现过程。

且不算以往中国担保业务,自 2005 年具有真正的 FIS 增信业务开始以来,中国 FIS 市场上"刚性兑付"盛行,国家信用支撑着 FIS 市场。自 2010 年融资担保法规颁布以来,融资担保机构的融资担保业务,在还未摆脱刚性兑付的条件下,只能成为银行贷款及其他 FIS 的附属品,没有独立价值,一直处于从属地位。既然是 FIS 的附属品,便为可有可无,或者为利率市场化作一番形式装饰。作为形式装饰,增信却没有真正的内在独立价值。所谓"增信价格",均来自 FIS 及其源头——国家信用,是一种被行业分配的价格,或行业定价,也就是"被价格化"。因此,增信机构的增信业务,必为国家特许的持牌经营,增信价格也必为行业管理。

自从 2014 年开始,中国政府已经关注到国家信用泛滥所造成的刚性兑付、货币超发问题,也关注到金融体制及其运行完全依赖于国家信用所带来的所谓"市场倒逼"现象。中国国务院近几年来一直强调融资担保体制的建设,希望找到撤离国家信用、摆脱"刚性兑付"的方法和途经。最终,2016 年 9 月底出台的 CRMW 和引进的 CDS,这些以市场信用为基础的增信产品,似乎是可以替代国家信用、"刚性兑付"的完美工具。但是,现在人们疑惑的是,为什么 CRMW 这几年来无法如同 CDS 那样做长期产品交易?原来在利率市场化深度不够,或者国家信用仍然支撑着利率市场,货币存量及其货币政策仍占据利率市场主导地位的情况下,CRMW/CDS 的长期利差与短期利差之间没有差距,甚至倒挂。那就意味着长期 CRMW,或者 CDS,失去了正常投资应有的效益,从本质上讲,失去了套利空间。短期的 CRMW 同样没有价值,因为如果持有高信用等级的 FIS,短期并无风险,买入短期的 CRMW 等于增加成本。那么,卖出 CDS 等于无(低)成本、无风险套利,只是为形式概念贴金而获利。

2. 违约率

如果说,市场信用为形成增信价值打下坚实基础,尽管宏观价值高于微观价值,而且外在价值高于内在价值。那么,违约率则是增信价值的核心构成因素,而且是不可或缺的内在价值。如果不考虑违约率,增信价格对于融资增信来说,差不多就是 FIS 价格;对于投资增信来说,增信价格相当于 FIS 价格减去 RR 价格。这样的增信价格,就必然使增信黯然失色,价值尽丧。这时的增信,无论对于 FIS 及其市场,还是对于自身,没有任何价值可言。

违约率是基于 FIS 及其发行人/融资者一定的信用历史数据产生的,不简单依据违约率数学公式或模型。尽管数学公式或模型可以模拟违约率,有其应用价值,但不可能完全相同,数学公式或模型最终要经得起信用历史数据的检验。如果抛开信用历史数据,在单一 FIS 中,违约率与不违约率都是 50%,违约率本身也是难以成立的。如果依据信用历史数据，不同企业具有不同违约率，信用评级机构为此将各类不同信用企业划分为不同的信用等级。不同的信用等级，有着不同的违约率。信用等级越高，违约率越低，违约率与信用等级成反比关系。但是，信用评级机构给予某一企业的信用等级仅适用于 1 年，不是永恒的。1 年以后仍须跟踪评级，也许这个较高信用等级的企业在未来几年可能会下调信用等级，或者上调信用等级，同一企业在不同时期的信用等级是不同的。因此，同一企业在不同时期的违约率也不同。

从单一违约现象看，违约现象又是随机的，具有很大的不确定性。这种随机特性，又被认为与质数"跳跃"理论有关。如同单一 FIS 中的违约现象，CDS 定价模型就是基于泊松的随机"跳跃"定理。不仅如此，违约率所依据的信用历史数据越小，或时间跨度越短，违约率越高，误差率越大；违约率所依据的信用历史数据越大，或时间幅度越长，违约率越低，误差率越小。违约率，犹如质数定理，又好似赌场与赌徒关系。

质数定理中的质数所适用的独特生命个体，也许可以适用于法律主体（增信对象），这有待于信用历史的未来发展来检验，毕竟信用历史发展才区区百年间，真正的增信历史还未过半百年。根据博弈理论，当风险随机，在一定时间量和一定资金量条件下，人们心目中的幸运概率还未出现时，可能已经输掉所有筹码（资金）。这也是说，在增信的每个时刻，做的增信项目越多，收取的增信费用越多，覆盖随机的违约损失越大；反之亦然，如要随机违约率的损失风险覆盖率越大，则需要增信的总量就越大，需要收取较多的增信费用，才能达到两者之间的平衡。

综上所述，关于违约率，可以得出以下结论：①没有信用历史数据，对于单一FIS 来说，违约率 = 50%。②依据信用历史数据，不同企业具有不同违约率，相同企业在不同时期也有不同违约率。③单一违约现象是随机的，不确定的。而且，信用历史数据大小，深刻地影响着违约率及其误差率。在没有信用历史数据条件下，违约率对 FIS 没有经济意义或价值。因此，增信，要么成为 FIS 价格的负累，要么是关联担保，只满足 FIS 价格的形式需求。

CDS 通过单一增信和最大限度的自由组合，降低违约率和误差率，希望达到优化违约率与控制误差率的目的。但是，CDS 属于投资增信，与融资增信不同，特别是在企业财务透明度上，信用事件设定范围上及其造成的 RR 价值上的迥然不同。实质上，CDS 或者投资增信，希望通过信用事件的设置范围限制 FIS 信用违约的发生。这样，在还未发生 FIS 信用违约前，就其设置的信用事件与 FIS 价格波动挂钩,由 RR 价格限制着 FIS 信用违约的发生,CDS 的风险中性定价模型就有了现实基础。但是,当信用事件也可能与 FIS 信用违约紧密相随时,好比 2008 年发生金融危机时,CDS 的风险中性定价模型就失去了其内在价值。

融资增信,却必然无法仅在单一增信业务中获得存在和发展基础,必须对单一增信进行有效集合,形成集合型的或复合型的增信产品,以期达到优化违约率与控制误差率的目的。集合或复合的增信产品,将最大可能地运用信用历史数据,降低违约率和误差率,并进行不同信用等级和不同期限的有效组合,通过各种调整机制,最终达到优化违约率与控制误差率的目的。降低违约率和误差率,不仅是集合增信产品存在和发展的基础,也创造着增信价值,是一种价值发现。

二、成本管理

成本管理,实际上就是定价管理。成本管理,除了前述风险定价外,还包括信用风险转移管理和载体管理的相应成本。

转移管理和载体管理,其实属于增信制度的顶层设计问题。首先,应以什么样的法律名义去转移信用风险,其交易成本最低,可达到免税、节税的目的。其次,如以金融担保名义去转移信用风险,作为行业监管和持牌经营的担保行为,必有经营担保的行业监管成本和持牌经营成本。再次,若以买卖名义去转移信用风险,即可省去这些行业监管成本和持牌经营成本。最后,因风险(资产)买卖是否纳税,有赖于国家的理性意志。在未有产生国家的理性意志之前,CDS,就是以信用互换名义行风险资产买卖之实的典型,即以信用买卖避开监管成本和持牌经营成本,又以信用互换名义避开风险资产交易赋税;在产生国家的理性意志之后,应该认识到,信用买卖或风险资产交易应该免税,有利于资本市场的深度优化发展,于国于民都是有百利而无一害的,不要为了小利而忘国家之根本利益。

1. 载体成本管理

信用风险转移与承载载体,涉及载体管理成本。信用风险的不同承载载体,具有不同的载体管理成本。

1) 信用风险转移至增信主体

增信主体作为企业,自身就是市场交易成本之一。尽管增信主体的管理成本较高,但较高管理成本的增信主体不仅是历史发展的必然,而且是增信行业存在的必然,也就是说,增信主体的管理成本必然存在。

作为开展 FG、CRMA、FAFT 的增信机构,作为有限责任公司,不仅有投资回报最大化的需求,而且公司主体维持自身存在与发展的管理成本。FG,作为行业监管和持牌经营的产物,还存在着行业监管和持牌经营的维护成本。无论管理成本,还是维护成本,均来自根据行业潜规则所形成的行业定价,或者说,这种行业定价所形成的垄断利润是管理成本与维护成本,以及投资回报最大化的来源。

2) 信用风险转移至增信物权

信用风险转移至增信物权,导致增信物权产生相应的交易成本,包括登记成本、财务成本、交易折扣成本以及可能的交易机会成本。

3) 信用风险转移至增信合约(如 CDS)

增信合约与增信主体、增信物权相比较,成本相对低下,但是增信合约的基础交易结构,即形式上的信用买卖产生了交易对手风险成本。

交易对手风险成本不可具体预测,是一种系统性风险成本,可能导致信用体系或资本市场的崩塌,2008 年美国金融危机所产生的信用损失是无法估量的。

4) 信用风险转移至清算所

为了对付交易对手风险成本,由清算中心(所)的 CDS 合约替换交易对手的 CDS 合约,尽管信用风险表面上由交易对手承担,但最终承担者却是清算中心(所)。

清算中心(所)作为一个主体存在,必然产生其职能(登记结算)所产生的管理成本。尽管相对来说,清算中心(所)的管理成本比交易对手风险成本低得多,但是,如果增信定价仅仅依据信用风险,清算中心(所)的管理成本由谁承担?

5) 信用风险转移至债性金融产品

CLN,ABS 夹层证券,都是债性金融产品吸收、承载转移出来的信用风险,即就存在债性金融产品发行人的风险成本,可能危及被增信的 FIS。

如果信用风险转移至其他金融产品,尽管可以避免金融产品发行人的风险成本,却存在着产品管理成本和产品交易成本。

2. 特殊成本管理

1) 信用事件与 RR

投资增信,通过设定信用事件序列,并将 FIS 违约风险垫底,最终产生 RR,把投资增信的风险降到最低。也就是说,通过设立信用事件序列,把 FIS 违约风险这种巨大的风险成本从 CDS/CRMW 中基本上排除掉,剩下的只是风险利差和产品价差风险(FIS 转化为 RR,而非归零)则由投资者通过交易承担。

CDS 买方通过交易进行套期保值,CDS 卖方通过长短期交易进行套利。因此,这类增信产品(CDS/CRMW)仅需对风险定价,无需考虑在金融担保业务中增信机构的管理成本和税务成本等各种管理成本。因此,通过特殊成本管理,CDS/CRMW 的管理成本大大低于增信机构的管理成本,最终,CDS/CRMW 作为增信产品取代增信主体(增信机构)也成为历史必然。

2) SPV

融资增信,通过集合标准增信合约,设置 SPV,加大增信资产总量并进行总量管理,稳定并降低 FIS 违约率,有效避免 FIS 的随机概率及其形成的"肥尾现象"对 FIS 市场的剧烈冲击所带来的巨大市场成本。因此,通过 SPV 这种特殊成本管理,可以达到降低增信载体成本,为增信投资者创造更多价值。

集合或复合增信产品,通过标准增信合约进行风险资产交易,形成集合类风险资产(增信资产)池;再通过设置 SPV,将增信资产池置入其中,由 SPV 管理人进行外在管理(信托管理),不仅可以大大降低增信载体成本,而且可以摆脱增信机构的赌徒地位,支撑起 FIS 市场及其规模发展,因此必为未来增信所选择。

第九章　增信主体与增信业务

增信合约标准与否，或可否转让，决定了不同的增信业务及其增信定价、增信风险。

第一节 概述

增信对象的信用风险以非标/标准增信合约转移至合法实体,并由合法实体持有管理。合法实体只能大部分被动地承载或持有信用风险,少数可以作一些信用风险比例安排上的管理,却不得进行主动管理,比如,再次转移,或者对冲所承载、持有的信用风险。这个持有或管理信用风险的合法实体,就是增信主体。

如由非标增信合约作为媒介将信用风险转移至增信主体,这个增信主体就是增信机构。增信机构范围比较广,主要包括专业担保机构和各类保险机构,有时偶尔也会有商业银行参与。增信机构都是行业管理和持牌经营的,不是任何合法实体可以承载、经营信用风险并成为增信机构的。因此,增信机构一般都是以各种名目为前缀的担保机构或保险机构。

增信机构通过非标增信合约转移信用风险的业务,为金融担保业务(BG),中国则称之为融资担保业务。现代增信机构通过标准增信合约转移信用风险的业务,为现代增信业务。现代增信业务,有的称为信用增级业务,有的称为信用增强业务,有的称为信用增进业务,也许是翻译之差别,也不排除意义上的差异。

现代增信业务是站在信用买卖/风险(资产)交易角度进行增信,因此现代增信机构不仅仅是被动地承载或持有信用风险,而且可以进行主动管理,通过再交易来转移或对冲所持有的信用风险。再交易,使得现代增信机构既可以从事现代增信业务,也可以参与现行增信产品交易。

增信合约,是信用风险转移的增信媒介。因增信合约所选择的法律形式不同,不仅受制于不同法律规范,产生不同的增信合约发起人/签约人,而且承载信用风险的载体也是不同的,可否实现再交易的主动管理也是不同的。增信合约标准化与否,决定其所选择的法律形式不同,所承载信用风险的增信载体不同,所管理的风险定价不同。

第二节　增信主体

一、增信机构

在美国金融担保业务实践中,保险公司也是以债券保险业务之名行金融担保业务之实。美国大部分保险公司,无论是单一产品保险公司,还是大型多产品保险公司,都是以"金融担保",而非"保险业务"名义开展增信业务的,尽管仍有称之为债券保险(Monoline Insurence,MI)的。所以,无论冠以各种名目的担保机构,还是点缀各种名义的保险机构,只要从事金融担保业务,就是增信机构。当然,根据有关规定,保险机构必须通过组建子公司的形式来开展金融担保业务。

在中国,增信机构名义上主要为融资担保机构,尽管融资担保业务还未达到增信业务的基本要求,及时偿付的法律责任还未建立,因此只能叫作"准增信机构"。另外,中国开创了商事担保性质的、信用买卖方式的增信业务,即信用风险缓释工具(CRM)。专业从事 CRM 的信用增进机构,以及银行间市场认可的近1 400家参与的机构,均可称为现代增信机构。

但是,CRMA 合约却因禁止转让而意味着 CRMA 无法向 CRMW 转化,增信合约无法标准化。尽管 CRMA 以信用买卖方式打破了担保方式的、持牌经营的融资担保机构垄断,扩展到资本市场的近1 400家投资机构,但增信合约仍无法从增信媒介转化为增信载体。可见,尽管冲破了融资担保机构垄断的增信(融资担保)业务,却因无法转让增信合约而实现再交易。究其实质是,这些新的近1 400家投资机构,被允许以 CRMA 信用买卖方式从事融资担保业务。

二、非增信者

在担保法下,非增信者主要是民事担保及其关联担保。关联担保,基于人身权利性质的担保人,必然基于人身关联关系,才以行为方式表达担保的法律责任。民事担保,作为行为,因无法定价,也就不可能有经济意义。因此,担保法下的民事担保,担保人并非增信者。

在现行增信产品"裸交易"及其衍生产品交易中,由于没有实际持有 FIS,交易双方均为非增信者,交易双方只追求套利目标,而非为增信目标而交易。

三、信用基础

增信主体开展增信业务的基础是主体信用,主体信用主要来自资本金及其 10 倍杠杆率。除此之外,主体信用还来自增信资产优化配置,良好的、稳定收益的对外投资结构,适当的经营成本,及其尚好的市场信誉。

与增信物权相比,主体信用犹如一种间接增信物权。正因为这种间接性,及时偿付及其偿付安排所追求的增信效果,体现了增信主体的法律责任与主体信用;否则,人们宁愿选择增信物权,即将 FIS 信用风险转移至物权,也不会选择增信主体。中国担保物权流行的原因,在于中国融资担保业务没有追求及时偿付这种增信效果。

四、利益机制

1. 制度控制

与法律上的民事担保不同,市场化的担保,即增信意义上的担保,开始收取担保费用。担保费用的定价基础是行业定价,行业定价是基于信等差所产生的信用利差。美国在 20 世纪 70 年代就把信用评级纳入国家标准体系,并扶持起三大国际信评机构独霸全球,几乎垄断经营。因此,美国通过制度性的顶层设计,控制着全球的信用评级。

美国的所有增信机构都可以获得最高或很高的信用等级,3A 或 2A＋的信用等级。因此,不仅在美国国内,而且在全球范围内,它都可以获得较大的信用利差作为增信收益。其他国家的增信机构就没有那么幸运,一般只可获得 A＋的信用等级,即使美国与新加坡主权基金合资的"Asia co"也只是 A＋的信用等级。

2. 风险可控

风险可控主要是指增信对象均为地方政府债、市政债。这些债券都是以地方政府、政府机构的信用为基础。因此,这些增信对象的风险相对可控,即使发生信用违约,也可以通过信用周转或扩大信用来控制这些增信对象的信用风险。在20世纪最后30年间,美国增信机构对地方政府债、市政债开展金融担保业务的总额共1万亿美元,却没有发生过一起真正的违约风险事件。正因为如此,美国增信机构获得了巨额的增信收入。

3. 行业垄断

可见,金融(融资)增信业务,可以产生行业定价、风险可控的垄断利润,因此作为社会利益资源,必为持牌经营、行业监管。只是市场化过程过于短暂,金融(融资)增信业务所产生的巨大风险迅速呈现,不得不走入增信历史。

第三节 金融担保业务

一、演化

20世纪70年代初美国金融担保业务(BG)面世,摆脱了担保的关联性质,或者走出了民事担保,取而代之的是,先是把FIS及其发行人/融资者,包括债保机构进行信用等级,再把债保机构的高信用等级进行"出租""出售";进而对FIS违约风险进行定价,并以价格反映量化的信用风险。这样,随着信用风险的转移,金融担保业务就逐渐地摆脱并不再依赖于法律主体的人格魅力或关联关系等民事性质。2006年中国融资担保法规出台,2016年9月底出台CRMW,引进CDS,也意味着民事担保不再适应中国FIS市场规模化发展的需求。

1. 民事担保业务

在了解增信业务以前,即具有增信意义的债保业务之前,还需了解不具有增信意义的民事担保,即法律意义上的担保,或者没有经济意义的担保,以及没有增信效果的担保。民事担保,早期表现为关联担保,即担保人与被担保人在人身或资产方面有着非常紧密的关联关系,而不是因担保需求而形成的担保市场供求关系。关联担保,尽管表面上有着一定的增信作用,但却因其信用风险及其担保费用(增信定价),要么可能根本不存在,要么存在并不支付或者被合并报表。因此,这种关联担保实质上并未对担保所分离的信用风险支付对价,仅仅是明确了法律责任而已,是一种法律上的担保,即民事担保。

另外,还是一种担保形式叫一般担保,即在追究 FIS 发行人责任之前,不得追究担保人的责任。这是一种没有任何增信意义的担保,或者说是一种安慰函性质的担保。在中国,这种安慰函性质的担保却非常流行,甚至出现在 ABS 的增信工具中。也就是说,一旦发生 FIS 信用违约,担保机构将与被担保人、FIS 发行人一起诉之法院,而无需及时偿付违约损失,履行担保责任。

2. 保险业务

近代保险业的兴起,尽管也是一种赔偿承诺,与关联担保注重人事关系、法律责任不同的是,保险关注于生命(身体)、各种财产(物理)及行为(状态)等客观性质及其概率特性。对于增信来讲,担保原来大多基于主体的"德高望重",在引入保险概念以后,开始把 FIS 信用违约作为客观事物而追求违约概率特性,具有"增信"意义的担保开始趋于科学性。但是,担保与保险仍然是不同的。这是因为,保险业务是追求客观事物的概率特性,担保则与人身/人格权利,或主体信用/主体风险等主观因素相关,不可能完全依据客观事物的概率特性而为。但是,从增信会计角度看,担保与保险,只是法律名称上不同,并没有什么实质区别,都是一种损失补偿的承诺,是一种或有负债,都是从行为角度转移信用风险的,并对信用风险转移进行确认。

二、定义

美国的金融担保(American FG,FGa),是指由信用等级较高的债保机构为债券发行人/投资者履行按期支付本息的义务;一旦发生违约情形,则由债保机构承担偿付本息的责任。在债券发行中,以债保机构的信用等级为所需发行的债券提高到较高信用等级,至少投资级别以上。金融担保是为投资者及时收到本息偿付设计的,不管发行人/资产池是否能够支持这种偿付。也就是说,较低信用等级的债券"租用"债保机构的较高信用等级。正是这种"租用"信用及其形成的利差作为定价基础,才使 FGa 摆脱了民事担保,走进商事担保。因此,金融担保定义,有别于欧洲术语"信用保险"(Credit Insurence),也有别于中国的"融资担保"(Chinese FG,FGc)。

在美国纽约州的相关法律中,金融担保被定义为"一个保证契约,保险单,或……一个赔偿合同……。据此,在提供财务损失的证据后,须向被保险索赔人、债权人或受赔偿人赔付损失"。根据这一法律,债保机构被允许承保信用风险,但不是市场风险(抵押资产价格变动的风险)。

《中华人民共和国担保法》(下称《担保法》)第六条规定:"本法所称保证,是指保证人和债权人约定,当债务人不履行债务时,保证人按照约定履行债务或者承担责任的行为。"第四条规定:"第三人为债务人向债权人提供担保时,可以要求债务人提供反担保。反担保适用本法担保的规定。"第十三条规定:"保证人与债权人应当以书面形式订立保证合同。"第三十一条规定:"保证人承担保证责任后,有权向债务人追偿。"第三十二条规定:"人民法院受理债务人破产案件后,债权人未申报债权的,保证人可以参加破产财产分配,预先行使追偿权。"

中国《融资性担保公司管理暂行办法》第二十条规定:"融资性担保公司可以为其他融资性担保公司的担保责任提供再担保和办理债券发行担保业务……,注册资本应当不低于人民币1亿元,并连续营业两年以上。"

《中华人民共和国保险法》(下称《保险法》)第二条规定:"本法所称保险,是指投保人根据合同约定,向保险人支付保险费,保险人对于合同约定的可能发生的事故因其发生所造成的财产损失承担赔偿保险金责任……。"

《国际财务报告准则第4号——保险合同》(IFRS4)的"结论基础"部分表明:"若一项财务担保合同要求签发人在特定债务人未能根据某项债务工具的原始或修正条款偿还到期债务时向合同持有人支付规定金额的款项以补偿其因此发生的损失,并且该财务担保合同导致了重大的风险转移,则该财务担保符合保险合同的定义。"国际财务报告准则第6号(IFRS6)认为,财务担保合同是"要求签发人支付款项以补偿持有人由于特定债务人未能如期按照债务工具的初始或修改条款支付款项而受到的损失"。《国际财务报告准则第9号——金融工具》(IFRS9)与《国际会计准则第39号——金融工具:确认与计量》(IAS39)都指出,财务担保合同是"要求签发人支付款项以补偿持有人由于特定债务人未能如期按照债务工具的初始或修改条款支付款项而受到的损失"等类型合约。

在中国财政部的《会计准则讲解(2008)第二十三章》《企业会计准则讲解——金融工具确认和计量》中明确,财务担保合同是指"保证人和债权人约定,当债务人不履行债务时,保证人按照约定履行债务或者承担责任的合同"。这些类型合约可能具有多种法律形式,如保证、某些种类之信用状、信用违约合约或保险合约,但其会计处理并非取决于法律形式,即实质大于形式的会计处理。

《企业会计准则第 25 号——原保险合同》中对保险合同定义明确为,保险人与投保人约定保险权利义务关系并承担源于被保险人保险风险的协议。保险合同与其他合同区别在于,保险合同承担被保险人的保险风险,这也是保险合同的本质特征。

国际金融行业基本上认为,满足财务担保/保险合同的三个界定条件为:第一,担保合同赔偿范围仅限于债务工具到期不能偿债所产生的损失;第二,担保合同仅对债券持有人在持有债券时所承担的损失金额进行赔付;第三,担保合同不支付超过债务工具实际发生的损失。上述三个界定条件为充分必要条件;否则,判定为信用衍生工具。因此,一份增信合同,无论是财务担保/保险合同,或者是FATT 合同,还是 CRMA 合同,其赔偿范围仅限于债务工具到期不能偿债所产生的损失,并对债务持有人在持有债务时所承担的损失金额进行赔付,且不支付超过债务工具实际发生的损失,该增信合约应被确认为财务担保/保险合同,按照财务担保/保险合同的相关规定进行会计确认和计量。

三、基本情况

从事金融担保业务的各种名目的担保公司或保险公司,作为增信机构,一般都拥有很高的信用等级,比如 3A 或 2A + 的信用等级。担保对象一般是地方政府债、市政债和 ABS/MBS,这些担保对象的信用等级一般在 A 或 2A-之间。因此,无论是融资增信,还是投资融资,因担保可视为出租"高信用等级",那么,增信机构与担保对象之间就存在信等差,信等差就形成信用利差,可为担保收益,这就是形式定价基础。

如果担保对象发生违约风险,则由增信机构及时偿付,赔偿已经担保的债券持有人的损失。如果担保对象未发生违约风险,担保合约到期自动失效。可见,债券持有人通过担保合约将债券(担保对象)信用风险转移给增信机构,一般来说,担保合约不可转让,由增信机构承载、持有并进行这种被动式经营管理。

但是,也存在担保对象发生违约风险时无法及时偿付的事件,这种不良增信效果可能导致增信机构失去增信市场。于是,有些大型综合保险机构逐渐退出这种增信市场。美国从事金融担保业务的各种专业债保机构最终坚守了增信业务的底线,追求增信效果所要求的偿付安排和及时偿付条款。因此说,美国的金融担保业务开启了增信的初级阶段。

四、FG 与增信

真正意义上的增信,开始于 20 世纪 70 年代初美国设立的专业债保机构,对地方政府债券、市政债等 FIS 开展金融担保业务,以适应美元与黄金脱钩后的资本市场。在 FG 中,尽管形式上如同民事担保那样,以担保行为转移信用风险,但却向商事担保或增信走出了关键的两步,才使 FG 走进了增信大门。其一,以高信用等级的债保机构为信用等级较低的增信对象进行增信,导致了信用的出租、出售,由此产生的信等差及其信用利差成为增信定价形式。其二,是追求增信效果的偿付安排与及时偿付的条款。这两个关键的步伐,造成美国金融担保走向增信的初级阶段,促使民事担保转向商事担保或者信用增级;否则,作为民事担保,不仅以行业规则或潜规则作为增信定价方式,而且并不追求及时偿付的法律责任条款,那就永远无法过渡到商事担保或者信用增级。

追求增信效果的偿付安排与及时偿付条款,对于开展增信业务非常重要。实际上,这是增信业务与民事担保的重要区别,称为"分水岭"也不为过。中国的融资担保,尽管是在美国开展金融担保业务之后的三四十年后才开始的,并使用了金融担保之英文名称(FG),却未曾将追求增信效果的偿付安排与及时偿付这一条款(增信灵魂),引入 FG 中。那也就意味着,融资担保与商事担保还有很大差距,应属民事担保,或为半商事担保。不过,中国创设的 CRMA,则填补了这个缺口,尽管 CRMA 本身还存在诸多问题。

但是,金融担保业务,如同以往担保业务,也只是站在行为(担保)角度进行增信。存在诸多难以为继的问题。比如,行为(担保)无法定价,只能借助于担保机构与担保对象的信等差所形成的信用利差进行形式定价,或行业定价。受制于持牌经营,增信合约无法标准化,更多资本市场投资者也就无法参与增信活动,增信机构资本金规模就难以适应 FIS 市场规模化发展的需求。

五、FGa 与 FGc 的比较

1. 增信机构资本金规模不同

美国专业增信机构资本金较大,按照当时监管规定,3.75 亿美元以上的增信机构才有资格评为 3A 增信机构。因早期担保机构转型而来,中国融资担保机构平均资本金不到 1 亿元人民币。但是,近期已有几家百亿元人民币级资本金的融资担保机构。

2. 增信机构信用等级不同

美国专业增信机构信用等级高,3A级信用等级不下5个,2A级信用等级不下10个。中国融资担保机构信用等级低,尽管有些按中国信评机构评为3A信用等级,但实际信用利差却并非如此,实际在A或3B水平的信用等级。

3. 增信对象不同

美国专业增信机构的增信对象都是信用等级较高的,绝大部分为投资级以上,甚至有些还是3A信用等级的FIS,包括地方政府债、市政债、ABS优先级证券。中国融资担保机构的增信对象信用等级较低,大多是投机级以下,少数名义为2A、2A-信用等级的FIS,实际在3B水平,存在FIS发行困难问题而需要增信解决。

4. 增信资产配置不同

美国专业增信机构由于增信对象信用等级高,可以进行增信资产优化配置,减少增信风险。中国融资担保机构的增信对象信用等级较低,一般都是短期增信资产,无法进行增信资产优化配置,因此增信风险巨大。

5. 及时偿付机制不同

美国专业增信机构注重及时偿付的制度安排,因此可以达到增信效果,为增信市场所认可,因而可以维持很高的信用等级。中国融资担保机构并不注重及时偿付的制度安排,当发生增信偿付时,一般都会进入诉讼程序。因此,不仅增信效果难以实现,增信市场难以认可融资担保行为,而且融资担保机构也难以维持信用等级。

第四节　现代增信业务

一、基本内容

民事担保作为一种行为来讲,只是解决了法律责任,却无法对担保这种行为或法律责任进行定价。从理论上讲,非增信形式的民事担保或关联担保,均不会对担保(增信)定价进行关注的,它也无需进行担保(增信)定价。因为担保机构是行业监管和持牌经营的,担保定价就是行业定价。中国的融资担保,又因融资担保并非真正基于担保对象(FIS信用风险),所以造成抵(质)押担保非常盛行。

在增信初级阶段,金融担保终究还是一种担保,是一种信用行为。金融担保,还是涉及"金融",它不仅与债券、FIS 等金融产品相关,而且与信用评估、信用等级、利率及其信用利差相关。于是,从信用评估开始,有了信用等级及其"出租"高信用等级所形成的信等差。信用等级又与利率挂钩,信等差就会形成信用利差。信用利差给金融担保找到了定价收费的基础。

"出租"或"出售"信用,有了新的概念。因为真正能够担保定价的,却正是担保对象——信用风险。为了对信用风险进行定价,就应站在信用风险转移角度进行增信。这样,金融担保开始走进了增信的高级阶段,脱离了民事担保,进入了商事担保。商事担保,就是进行信用风险买卖交易,即信用买卖或风险资产交易,或信用风险合并的增信形式。

直至 20 世纪 90 年中叶,JP 摩根创设 CDS,增信(商事担保)突破了民事担保,突破担保行业监管限制,完成了从量变到质变的飞跃,由单一担保行业资本扩展至整个资本市场。增信,也由低级形态向高级形态演变,不再是二维的"一对一",以主体信用为基础的增信业务,而是多维"多对多"的,以产品交易形成的市场信用为基础的现行增信产品。但是,形成现代增信产品的前提,必须先从金融担保业务过渡到现代增信业务,在现代增信业务基础上再向现行增信产品的转化。

现代增信业务,是指通过关于信用买卖或风险资产交易的增信合约把 FIS 信用风险转移至增信机构,并由增信机构持有或管理。在现代增信业务中,增信主体不再被动地持有(承载)从 FIS 转移出来的信用风险,而是可以进行主动管理,包括运用不同时期的信用利差通过再交易对冲信用风险,实现套利交易和套期保值的目的。这个再交易,可以独自,也可以与现代增信业务一起构成现行增信产品。因此,现代增信业务不仅实现了 FIS 信用风险的转移,而且通过信用风险定价实现了对增信资产的管理,包括价格管理。现代增信业务发展的基本特征和发展脉络如下。

1. 顺应市场

无论金融担保业务,还是现代增信业务,都是较高信用等级的增信机构为较低信用等级 FIS 及其发行人进行增信,因此增信必然以主体信用为基础。以主体信用为基础的增信业务,在行业监管或持牌经营阶段,增信机构/增信行业的资本金不足以满足 FIS 市场规模化发展的需求。CDS、CRMA,FAFT,为了突破这种持牌经营状态,更是从名称上就绕开金融担保,直接以"信用互换""风险缓释""远期买卖"等形式进行信用买卖或风险(资产)交易,使绝大多数信用等级较高的资本机构均可进入增信市场,无论理论上还是实践上,都促使增信业务对接上了更多市场资本,可以满足 FIS 市场发展的需求。

2. 增信类型并存

20 世纪 70 年代初,美国从事金融担保的增信机构从成立开始,就特别关注融资增信,包括对地方政府债、市政债的金融担保业务。随着美国基础设施建设逐步完成,融资增信逐渐减少,市场化的金融结构产品包括 ABS/MBS 大量产生,才使增信机构的金融担保业务重点转向投资增信。20 世纪 90 年代中期,美国金融衍生产品迎来大发展时代,CDS 的出台,意味着美国的投资增信登上了增信主流市场。21 世纪初安然公司的倒闭案,致使购买 CDS 的投资者免于信用违约损失,故 CDS 声名鹊起,逐渐走向 2007 年的历史顶峰。

中国目前拥有价值数百万亿元人民币的 FIS 市场,其中,可以开展投资增信业务的 FIS 可能占不到 20%,可以开展融资增信业务的 FIS 可能占到 60% 以上。随着 CRMW 出台和 CDS 在中国登陆,投资增信可以得到迅速发展,有利于提高金融机构的资产质量,丰富和活跃资本市场。但是,由于融资增信仍停留在以增信机构信用为基础的融资担保业务,无法适应规模化发展,无法适应融资增信的FIS 市场的发展,融资增信业务产品化呼之欲出。

3. 定价矛盾

即使现代增信业务,仍然没有改变传统债保业务的行业定价模式,即以信等差所形成的信用利差作为增信定价的基础。CDS/CRMA,站在信用买卖角度,至少在形式上或名义上继承了行业定价。但理论上,它们的定价模型却又来自信用风险学科或金融衍生产品,希望直接对信用风险进行定价,即风险定价。FAFT则属于风险(资产)交易,应该直接对信用/风险进行定价,但在实践上仅来自法律论证,并未真正认识到风险(资产)交易的定价基础。这些定价矛盾,正是反映了现代增信业务作为现行增信产品的过渡状态的本质特征。

4. 合约标准化

与金融担保不同,现代增信业务是现行增信产品的前提基础,因此,增信业务产品化必然要求现代增信业务进行标准化改造;否则,现代增信业务无法过渡到现行增信产品。现代增信业务标准化,体现在增信合约标准化。标准增信合约才是现行增信产品的灵魂,它将自身从增信媒介演变成增信载体。

5. 主动管理

在金融担保业务中,增信机构只是被动地承载、持有从 FIS 转移出来的信用风险,并希望通过优化配置减少、降低增信主体风险。但是,在随机违约率条件下,"肥尾现象"困扰着增信机构,使其处于赌徒地位。在现代增信业务中,增信机构不仅仅被动地承载、持有从 FIS 转移出来的信用风险,而是主动管理信用风险。所谓主动管理,就是指不仅通过优化配置提高增信资产质量,而且可以通过再交易向增信产品转化。再交易,不仅可以实现风险对冲的目标,而且可以实现套利目标和套期保值目标。

二、信用违约互换

信用违约互换(CDS),作为现代增信业务,仅是指 CDS 的"首交易",即 CDS 信用保护卖方出售 CDS,给予标的资产以信用保护,收取信用保护费用。CDS 信用保护买方受让 CDS,使其持有的标的资产获得信用保护,并向信用保护卖方支付信用保护费用。如果在 CDS 有效期内,标的资产发生约定的信用事件,信用保护卖方将向信用保护买方支付损失赔偿,信用保护买方因此获得的损失赔偿,实现了增信的目的。

但是,CDS 作为现行增信产品,并不会止于现代增信业务,即 CDS 的"首交易",不仅仅为信用保护买方达到信用保护、套期保值的目的,而且也为信用保护卖方实现套利目标进行风险对冲,寻求利差的"再交易"。CDS 的这种"再交易",则不属于现代增信业务,但却与首交易合成了现行增信产品。如果没有"再交易",只有 CDS 的"首交易",这是地道的现代增信业务。没有"再交易"的情形包括因惧于风险,市场投资(者)消失,CDS 没有卖出现象。比如,2008 年金融危机爆发时,CDS 市场停止了,没有人愿意承担风险。这样,曾经卖出 CDS 的投资机构,因无法买入 CDS 进行风险对冲,就转化为现代增信机构。CDS 只有"首交易",没有"再交易"的情形发生了,也就有了所谓的现代增信业务。

但是,在 CDS 裸交易里,CDS 买方并不真正持有需要增信的 FIS 以期获得套期保值目标,而是根本就是为了寻求套利而成为 CDS 买方。在这个 CDS 裸交易里,"首交易"并不具有增信功能,因此也不属于现代增信业务。同理,"再交易"也不会与这种"首交易"一起构成合约增信产品。因此,CDS 裸交易,可以成为金融衍生产品,但绝不属于增信产品,也不属于增信范围。

三、信用风险缓释协议(CRMA)

CRMA 突破了中国融资担保的行业管理和持牌经营,可使所有金融机构都可以介入增信业务,都可成为增信机构,这样就为增信市场带来了更多金融资本的支持。根据中国交易商协会公告中规定,核心交易商要求注册资本在 40 亿元人民币以上,且有非常严格的准入条件和门槛。由此可见,增信者仍由资本雄厚、高信用等级机构作为增信机构。

尽管 CRMA 属于现代增信业务,但在 CRMA 基础上,可以发展出 CRMW 这一高级形态的增信产品。只因为中国属于大陆法系,又基于融资增信风险与投资增信不同,把 CRM 体系分割为 CRMA 和 CRMW。由 CRMA 用于融资增信,以信用买卖方式通过 CRMA 合约将信用风险转移至上述增信机构,增信机构则以 CRMA 合约开展现代增信业务。由 CRMW 用于投资增信,以信用买卖方式通过 CRMW 权证将信用风险转移至 CRMW 各种投资机构,包括核心交易商和一般交易商。由此可见,CRMW 与 CDS 首交易和再交易有所不同,CRMA 不可转化为 CRMW,CRMA 与 CRMW 有各自不同的增信对象和增信类型。

四、金融资产远期交易(FAFT)

FAFT,与 CDS/CRMA 站在信用角度不同,是站在风险(资产)交易角度进行增信的。FAFT 是指风险(资产)卖方把 FIS 的风险经定价后通过增信合约转移给增信者,即风险(资产)买方。但是,不单单是风险转移,而是风险及其定价所形成的风险(资产)一起转移给增信者,如同保险资产转移或再保险。

尽管 FAFT 没有进一步得到发展,但是却可以推导得知,增信者可以持有并管理这种风险(资产),包括零售批发形式的资产管理方式。更进一步,可以形成复合式的、集合式的增信产品(APCE)。因此,这种风险(资产)转移有别于以往任何增信方式,应该说,这是增信方式发展的一个创举,具有里程碑式的历史意义。

FAFT 产生于 2009 年左右,由中国银行系四大资产管理机构创立。但受到中国银监会的行业监管,现在已经不存在 FAFT 了。奇怪的是,中国银监会却在同一时期内认可了信用买卖的增信方式,即 CRM 体系,并引进了 CDS,却否定了中国自创的风险(资产)交易的增信方式。真可谓,中国金融产品都是移植嫁接的,却不可自创,尽管自创产品的金融原理与移植嫁接的金融原理都是相同的。

第五节 增信合约

一、法律形式选择

增信合约,选择不同法律概念或法律形式,则受制于如下不同的法律规范:

(1) 如采用担保这种法律形式的,受制于与担保相关的法律规范,包括金融担保或融资担保的法律法规。作为担保主体资格,虽然在古老法律中并无限制,但在金融担保或融资担保的法规下,经营担保业务,包括金融担保或融资担保,必须具有担保主体资格,或持牌经营与行业管理。担保主体因其主体资格不可市场化,因此只能被动地承载、持有信用风险,不可将承载、持有的信用风险进行再交易。因主体资格,增信合约只有具有机构特征,行业特色,不可标准化与市场化,因此为非标准增信合约。

(2) 如采用买卖(交易)这种法律形式,则受制于与买卖(交易)相关的法律规范,主要是合同法的规范。在合同法的规范下,经营信用风险买卖(交易)业务,包括信用交易或风险资产交易,无须特殊主体资格,即无须持牌经营与行业管理,任何市场主体只要接受增信合约都可以参与。因此,增信主体是主动地承载、持有信用风险,可进行价格管理,可将信用风险进行再交易,进而可以形成增信产品。

二、标准化

非标准增信合约,涉及受限的法律规范。在担保法律规范下,包括金融担保或融资担保,属于持牌经营与行业管理。因此,持牌经营与行业管理的增信主体,不可能将增信合约标准化。增信合约标准化,不仅没有现实需要,也没有理论可能。增信合约标准化,意味着扩大增信主体范围。但是,扩大增信主体范围不是由增信合约标准化所能决定的,却是行业管理与持牌经营的。此外,增信主体也不可能把行业利益输送给市场化主体,这有违行业管理所带来的行业超额利润。

只有基于买卖交易的法律规范,特别是在合同法基础上,才可能产生市场化主体。因此,不再受限于行业管理与持牌经营的增信主体,必然要求增信合约标准化。通过标准增信合约,不仅可以持有信用风险,而且可以管理经营信用风险;可以买进,也可以卖出,通过交易获取利润。通过标准增信合约,不仅将增信主体市场化,而且将金融担保业务推向现代增信业务,为走向增信产品作好铺垫,打好基础。

增信合约标准化,意味着增信合约不单单是为单个增信合约当事人来设计、拟定,而是由专业机构为所有参与增信交易的当事人进行设计、拟定。增信合约标准化,一些主要条款、交易条件,设置在产品宣示性构架文件(合约形式之一)中,增信合约当事人只需根据这种文件规则,在标的资产(增信对象)、信用事件、交易费用、产品期限等方面作出选择和决定。交割方式、宽限期限等条款,有的增信合约是可选择,有的增信合约不可选择。

合约标准化,是金融产品的基本条件;增信合约标准化,为增信产品打下了坚实的条件基础。因此,增信合约标准化,不仅是现代增信业务与金融担保业务的分水岭,而且是现代增信业务转向增信产品的基础条件。

三、再交易与增信产品

在标准增信合约基础上,增信主体不再只是被动地承载、持有信用风险,而是可以对其所承载、持有的信用风险进行主动管理。主动管理,主要体现在增信主体不仅可以通过标准化增信合约买入信用风险,可以承载、持有信用风险;同时,也可以通过标准化增信合约卖出信用风险,通过买卖实现交易利润。因此,作为主动管理,"再交易"是在标准增信合约基础上实现的;否则,如果没有标准增信合约,没有市场化主体参与交易,作为主动管理的"再交易"是不可能实现的。

"再交易"与"首交易"一起构成了增信产品交易的两个方面。如果没有"再交易",意味着增信主体还未可以对信用风险进行主动管理。因此,"再交易"是主动管理的重要特征,是金融担保业务与现代增信业务的重要标志,是增信主体可以从增信业务向增信产品转化的里程碑。

"再交易"可以使增信主体所从事的现代增信业务,如同一般商品买卖交易业务。如果从担保向信用买卖转化,增信主体可以通过买卖交易对冲风险,实现套利目标和套期保值目标;如果从信用买卖转向风险资产交易,广大增信主体可以通过交易风险资产,形成零售交易、批发交易以及发行产品的不同交易关系,实现不同层次的增信主体的各自交易目标。

四、法律关系

在金融担保业务中,参与非标准增信合约的当事人包括,FIS 发行人/融资者,FIS 投资者/持有人,增信机构。FIS 的发行人/融资者,是非标准增信合约的签约人,也是被增信者;增信机构,是非标准增信合约的签约人,也是增信者;FIS 投资者/持有人,一般是非标准增信合约的受益人(融资增信),有时也是非标准增信合约的签约人(投资增信)。FIS 则是增信对象。

在现代增信业务中,参与标准增信合约的当事人包括,FIS 投资者/持有人,现代增信机构,FIS 的发行人/融资者。在投资增信中,现代增信机构,是标准增信合约的签约人,信用保护卖方,或产品卖方,也就是增信者;FIS 投资者/持有人,一般是标准增信合约的签约人,信用保护买方,或产品买方,也就是被增信者;FIS 的发行人/融资者,不是增信合约的签约人,只是增信对象。在融资增信中,现代增信机构,是标准增信合约的签约人,也是增信者;FIS 投资者/持有人,不是标准增信合约的签约人,只是受益人;FIS 的发行人/融资者,是标准增信合约的签约人,是被增信者。FIS 则是增信对象。

五、基本内容

1. 金融担保/融资担保的合约

金融担保/融资担保的合约基本内容就是担保机构为被担保方(FIS 发行人/融资者/持有人)对担保对象进行担保,并向被担保方收取担保费用。当担保对象发生信用违约时,由担保机构承担担保责任,替被担保方履行 FIS 兑付义务;在承担担保责任后,担保机构可向被担保方追偿;被担保方如因不能清偿担保机构的担保债权而破产的,担保机构则成为被担保方的破产清算债权人;当被担保方未违约而履行兑付义务的,担保机构不用承担担保责任,所收取的担保费用可转化为担保业务收入。

举例来说,2015 年,某广东私营能源公司拟发行 2 年期限、发行总价为 10 亿元人民币的债券,由于评级需要增信,与一家浙江债保机构签订债保协议。协议约定,由浙江债保机构作为担保方,对该 10 亿元人民币的债券进行担保,并向作为被担保方的能源公司收取一定数额的担保费用。如果被担保方发生信用违约，不能履行债券兑付义务时，由担保方代为履行债券兑付义务。在履行债券兑付义务后，担保方有权向被担保方追索；如果被担保方破产倒闭，担保方则成为被担保方破产的清算人之一。

2. CDS 合约

CDS 合约的基本内容为：寻求信用保护的一方（信用保护买方，CDS 买方），为避免参考实体发生信用事件，向信用风险保护提供人（信用保护卖方，CDS 卖方）定期支付固定费用，由信用保护卖方在约定时间内，就参考实体的债务向买方提供信用保护，当参考实体发生信用事件时由卖方向买方提供赔付。

举例而言，投资人 X 持有价值 1 000 万英镑的英国某公司的债券，该公司日后由于信用等级不佳等原因引起 X 的注意，X 可以通过信用违约互换合约来控制该公司的信用风险。假设合约以该公司发行的债券为约定债务，此时，该公司即为约定债务人，X 作为风险出售者将定期依英国银行准备金率加若干百分比，定期以 1 000 万英镑为金额计算后并以美元支付给 Y，Y 是信用保护卖方，即风险的买受者。在该合约存续期间，若有约定的信用事件发生，由 Y 补偿 X 的损失。假定信用事件发生后，该笔债券的市场价格仅为 600 万英镑，按照信用违约互换的约定，X 可以面额，即 1 000 万英镑的价格转让该笔债券给 Y，即进行实物交割，或由 Y 向 X 给付 400 万英镑，即以现金交割方式补偿该笔债券面额与市价间的差价。从而，X 因为持有英国该公司的债券所承受的信用风险，可经由信用违约互换合约予以补偿。

综上，英国某公司债券的信用风险随着风险利差转移给增信者，即信用保护卖方 Y；当约定的信用事件发生时，债券持有人 X 作为信用保护买方，可以得到信用保护卖方 Y 对债券价格损失的补偿。风险利差即是债券信用风险的定价，通过增信（CDS）合约从债券价格中分离出来并转移给增信者 Y，但由增信者 Y 承担债券可能发生的信用风险。

3. CRMA 合约

CRMA 合约的基本内容为：为了获得信用保护卖方的信用保护，信用保护购买方需要在约定期限内按约定的支付方式向卖方支付信用保护费，直到合约到期或信用事件发生。如发生信用事件，则由卖方向买方赔偿损失。也就是说，FIS 及其发行人/持有人，即信用保护买方，将 FIS 中的信用风险分离/转移至增信机构,即信用保护卖方;信用保护卖方则按风险利差范围向信用保护买方收取信用保护费用(增信费用);当 FIS 发生信用风险时,由信用保护卖方向信用保护买方赔偿损失。

举例如下:假设在 2010 年 1 月 1 日买卖双方达成 CRMA 交易。假设合约总值为 1 亿元,合约期限为 5 年,买方每年需要向卖方支付 90 个基点,即 90 万元给卖方,来获得针对参考实体违约风险的信用保护。如果参考实体没有发生违约,即没有信用事件发生,则买方收到卖方的支付额为 0。同时,买方需要在 2011—2015 年每年的 1 月 1 日支付 90 万元给卖方。假设在 2013 年 7 月 1 日参考实体发生信用违约,则根据 CRMA 合约约定处理。如是实物交割方式,则由信用保护卖方需要将参考债券的名义本金 1 亿元以及参考债务的应付未付利息支付给信用保护买方。与此同时,信用保护买方将债券交付给信用保护卖方。如果是现金交割方式,则将由计算机构算出最终价格,这里我们假设为每 100 元面值的最终价格为 35 元,则信用保护卖方需要支付给信用保护买方的金额为 6 500 万元,同时买方仍然持有参考债券。然而,无论是现金结算亏还是实物结算方式,信用保护买方都必须分别在 2011 年、2012 年、2013 年的 1 月 1 日支付给卖方 90 万元的信用保护费,另外还要加上从 2013 年 1 月到 2013 年 7 月的应计信用保护费 45 万元,从此以后买方便不需要再向卖方支付任何费用。

债券发行人,是因经营发展需要而发行 FIS 筹集资金的公司/企业,为提高信用级别或者降低发债成本而向 CRMA 创设机构购买 CRMA 合约用以信用保护,CRMA 合约不可转让。债券购买人/持有人,是为获得投资收益而购买 FIS 的各种投资机构,为保证到期能够顺利回收 FIS 全部本息而向 CRM 创设机构购买 CRMA 合约,该合约不可转让。也就是说,无论信用保护买方,还是信用保护卖方,对于 CRMA 合约都不得再次转让买卖。

4. FATT 合约

FATT 合约的基本内容为:FIS 发行人为了便于发行 FIS,或者降低 FIS 发行利率,与信用等级较高的独立第三方一起签署"金融资产远期买卖"协议。该协议约定,在合约存续期内,当 FIS 发行人无法兑付 FIS,或 FIS 发生信用风险时,由独立第三方按约定价格购入 FIS 或者支撑 FIS 的基础资产。为此,FIS 发行人向独立第三方支付一定费用(风格资产转让邀约费)。如果 FIS 到期未发生信用风险,FIS 发行人不得要求独立第三方购入 FIS,独立第三方同样也不得要求 FIS 发行人转让 FIS。

　　FIS 的信用风险因此交易被分离出来并转移给增信机构,即信用等级较高的独立第三方。所转移的 FIS 风险通过风险定价,形成风险资产—并由 FIS 发行人(资产卖方)转移给增信机构(资产买方)。当 FIS 发生信用风险时,由增信机构进行代偿,以保护 FIS 投资者的利益。

第十章　合约增信产品及规制增信产品

CDS是合约增信产品的唯一代表，又主要因交易对手风险而被规制为清算型增信产品，中国则因大陆法系而被规制为权证型增信产品。

第一节　概述

众所周知,承载权利义务的合约,经标准化后可演变成可投资流通的金融产品。金融产品,无论是股票、债券、基金、还是 ABS,只不过是承载相应股权、债权、基金与 ABS 证券等合法权益的公示性、标准化的合约,比如募股说明书,发行说明书等,犹如宣言信托一样。同理,在增信合约中,承载着从 FIS 转移出来的信用风险,包括信用买卖,或者风险资产交易等权利义务,并把信用风险传输给增信主体,或者增信物权,最终选择传输给增信产品。增信产品就是指承载信用风险并经定价管理、可交易流通的增信载体。

增信合约是非标准的,也只是增信媒介而已;增信合约一旦标准化,则可使增信合约的媒介性质向载体性质转化。这个承载信用风险,或增信权利义务的增信合约在标准化后,即可转化为增信产品,可称为合约增信产品。CDS 作为当初最为流行的合约增信产品,现已逐渐退出历史舞台。替换合约增信产品(CDS)的,仍称为 CDS 的规制增信产品。

所谓合约增信产品,则是指承载信用风险并作为媒介的增信合约,经标准化后转化为增信载体,成为可交易流通的增信产品。简单地说,合约增信产品,就是增信合约因标准化而直接转化为增信产品,CDS 是合约增信产品的唯一典型代表产品。CDS,从 20 世纪末产生,到 2008 年美国金融危机前达到历史最高峰,显示了增信产品取代增信主体的强大生命力。但是,CDS,从合约增信产品转向规制增信产品,说明了其存在基础性的内在缺陷,或称"基因缺陷",世界各国现已达成对其进行规制的合意。所谓规制增信产品,就是对合约增信产品进行立规定制,改变合约增信产品的交易流程,以清算中心(所)合约替换 CDS 交易双方达成的合约,形成清算型增信产品。

　　总之,在属于英美法系的美国,CDS 本来作为增信媒介的增信合约,通过标准化后可以直接转化为合约增信产品。又因 CDS 不可克服的内在缺陷,世界各国又对合约增信产品进行规制,形成规制增信产品。由于中国属于大陆法系,作为金融产品或增信产品不可能直接由增信合约转化而来,必须通过规制增信合约,并将其转化为规制增信产品,或者权证型增信产品。

第二节　合约增信产品

一、首交易与再交易

　　即使标准增信合约将增信对象(信用风险)转移给增信主体,对于 CDS 来说,只是首交易,即从增信对象到增信主体或交易对手的交易过程,首交易仅属于现代增信业务。但是,即使现代增信业务,如果只有首交易而没有再交易,甚至像 CRMA 那样,禁止转让增信合约,或禁止再交易,CRMA 也就无法转化为 CRMW,标准增信合约也就无法从增信媒介向增信载体转化。只有再交易与首交易相结合,并都采用标准增信合约,使其从增信媒介转化为增信载体,才能构成合约增信产品,比如 CDS。

　　再交易,就是在首交易后能够将承载信用风险的标准增信合约同样的与其他交易对手(后手)进行后续交易,并可在交易对手之间无间隔地持续交易。简单地说,如果抛开形式交易结构,就是标准增信合约在交易对手之间交易流通,现在则通过清算中心(所)在交易对手之间进行交易流通。那么,合约增信产品,比如 CDS,就是标准增信合约把信用风险先转移至增信主体或交易对手(首交易),然后在交易对手之间持续转移(再交易)。

　　在首交易中,标准增信合约是以买卖方式实现信用风险的转移,无论是形式上的信用买卖,还是实质上的风险(资产)交易。同理,再交易,既非担保、也非合并方式,同样也是通过买卖方式实现信用风险的转移。再交易可从两个方向来解读合约增信产品。

其一,信用保护卖方,因利率发生变化,或因时间变化形成利差,或者在持有一段时期收到一定信用保护费用后,或者为了对冲信用风险不惜损失利差等各种因素,买入同样标的资产(增信对象)的信用保护合约,这就是信用保护卖方的再交易。信用保护卖方通过再交易,信用保护卖方实现了套利的交易目标,或者实现了风险对冲,也许价格上有所损失。

其二,信用保护买方,因利率发生变化,或因时间变化形成利差,或因已经出售与CDS相关的FIS,卖出同样标的资产(增信对象)的信用保护合约,这就是信用保护买方的再交易。信用保护买方通过再交易,实现了套利的交易目标,或者实现了套期保值功能,尽管在交易价格上可能有所损失。

信用保护合约,由于其所采用的形式交易结构产生了"黑洞现象",导致交易对手风险及其由此引发的系统性风险,已经被规制为清算型增信产品。因此,CDS作为合约增信产品,是历史上第一个,也是最后一个,实际上已经走进了增信历史博物馆。

二、交易结构

1. 形式交易结构

首交易,信用(保护)卖方,以自身信用(保护),进行卖出或出售,收取信用(保护)费用。信用(保护)买方,买入信用(保护),支付信用(保护)费用。

再交易,首交易的CDS卖方,为了套利或对冲风险,反手买入信用(保护),支付信用(保护)费用,成为再交易的信用(保护)买方。再交易的信用(保护)卖方,为了后续套利或对冲风险,卖出或出售信用(保护)合约,收取信用(保护)费用。

首交易的信用(保护)买方,为了套利或套期保值,反手卖出信用(保护),收取信用(保护)费用,成为再交易的信用(保护)卖方。再交易的信用(保护)买方,为了后续套利或套期保值,买入信用(保护)合约,支付信用(保护)费用。

再交易的信用(保护)买方,可能要从2人或多个新的信用(保护)卖方那里,方能买到相同数量的、相同标的资产(增信对象)的信用(保护)合约,从而实现完全的交易套利或风险对冲的目标。再交易的信用(保护)卖方,也可能没有完全的100%的卖出信用(保护)合约,那么,也就必然未实现完全的交易套利和风险对冲的目标。

　　再交易的信用(保护)买方,可能要从2人或多个再交易的CDS卖方,方能买入相同数量的、相同标的资产(增信对象)的信用(保护)合约,从而实现完全的交易套利或套期保值的目标。因此,除了首交易的信用(保护)卖方,加上再交易的信用(保护)卖方,参与这个交易的信用(保护)卖方可能是2人以上或多个。再交易的信用(保护)卖方,也可能没有完全的100％的卖出这种信用(保护)合约,那么,也就必然未实现完全的交易套利或套期保值的目标。那么,结果是,除了首交易的信用(保护)买方,必然增加至2个以上或多个的信用(保护)买方。

　　由此可见,信用(保护)合约的交易参与者,只要参与了信用(保护)合约交易,即使买入后又反手卖出,或者卖出后又反手买入,即使再交易即使完全实现了交易套利、或者风险对冲,或者套期保值的目标。但是,所有信用(保护)买方和卖方并没有完全退出信用(保护)合约交易关系,反而由单一的首交易关系,形式了更为复杂、多层次的信用(保护)合约再交易关系或再交易网络。不仅如此,任何一方交易对手(信用保护合约交易参与者)由于无法完全退出信用(保护)合约交易关系,反而都支撑着一个更为复杂、多层次的信用(保护)合约再交易关系或再交易网络,尽管所有交易对手都已完全实现了交易套利、或者风险对冲,或者套期保值的目标。

2. 实际交易结构

　　形式上的信用(保护)买卖,其实交易或转移的交易(买卖)对象,并非增信主体(信用保护卖方)的信用,而是标的资产或者信用风险,即增信对象。因此,作为信用(保护)卖方,其实是信用(保护)合约(增信义务)持有人,或风险资产持有人,即通过信用(保护)合约买入了风险资产,包括风险及其对价,也就是风险资产的买方;反之,作为信用(保护)买方,其实并不是信用(保护)合约(增信义务)持有人,或者风险资产持有人,而是风险资产的卖方,即通过信用(保护)合约交易卖出了风险资产,包括风险及其对价,是信用(保护)合约(增信权利)持有人。

　　但是,标准增信产品的这种形式定价方式,受制于增信历史的发展阶段,不可能跳过这个发展阶段直接进入增信历史的高级阶段,即风险资产交易的增信定价方式。也就是说,承载着信用风险(增信对象)的标准增信合约(CDS合约),在信用(保护)合约交易参与者(交易对手)中穿梭交易流通。那么,交易流通的一定是以违约率为基础的可以形成科学合理定价的风险,或者风险资产,绝不是无法真正定价的所谓"高信用(等级)"。可见,形式上的信用(保护)买卖,实际上不是信用在买卖流通,而是受信用保护的风险(增信对象)在交易流通。

这样,作为 FIS 的发行人/融资者,或者投资者/持有人,只要通过标准增信合约卖出 FIS 中经定价的风险资产,便实现了对 FIS 的增信,可以实现增信功能,或者套期保值(增信)目标,以及可能的套利目标。市场投资者买入这个风险资产进行增信,可以通过再交易寻求合理利差,实现交易套利或者风险对冲目标。因此,经定价的风险所形成的风险资产,或增信资产,也就是金融资产,通过标准增信合约在交易参与者(交易对手)中穿梭交易流通。

三、历史必然

合约增信产品,出现在 20 世纪 90 年代中期,是历史必然的选择。

首先,20 世纪 70 年代初,黄金与美元脱钩,美元及其全球货币成为信用货币。美元的国际储备功能是通过美债(包括美元国债及其他美元债券"二房债券"等)实现的,美债的信用风险开始浮上水面。美国不仅在 20 世纪 70 年代初创建"金融担保"(FGa)业务模式和债保机构,而且在 20 世纪 70 年代中期用"国家标准化"规则规范了三大信评机构,通过掌控债券的技术规范,实现对全球债券市场、利率市场、货币市场等主要资本市场的控制权,从而实现美元继续独霸全球货币市场,确切落实美元货币政策的战略目标。

其次,自 20 世纪 70 年代初至 20 世纪末,美国金融担保的各类 FIS/债券总量在 1 万亿美元左右。这个 1 万亿美元的金融担保,大部分都是属于融资增信类型,增信对象为地方政府债、市政债和 ABS/MBS,美国 15 个债保机构以其资本金及其 10 倍杠杆率,并以 30 年时间开展这种金融担保业务,足以支撑起 1 万亿美元的增信业务,不需要对以主体信用为基础的金融担保业务进行创新。这样,在美国就不可能将金融担保业务进一步创新为增信产品,以融资增信为基础的增信产品就与美国失之交臂。

再次,自 20 世纪末开始,与金融行业或银行业务相关的 FIS 市场获得规模性大发展。一方面,以主体信用(资本金及其 10 倍杠杆率)为基础的金融担保业务,已经适应不了这种 FIS 市场规模发展的需求。另一方面,原来增信业务(金融担保)的主要对象,主要是附带政府信用的地方政府债、市政债,以及政府扶持的 ABS/MBS。然而此时的增信对象则完全是市场化的,与金融行业或银行业务相关的 FIS。这种市场化的 FIS,信用风险也完全是市场化的。因此,以市场信用为基础的合约增信产品就必然应运而生。作为投资增信的合约增信产品，就有了坚实的市场基础。

第三节　信用违约互换

一、CDS 的含义

根据国际互换与衍生品协会（ISDA）的定义，信用违约互换——CDS 是指用来分离和转移信用风险的各种工具和技术的总称。CDS 可为单一产品，即参考实体（资产）为单一经济实体，亦可为组合产品，即参考实体（资产）为一系列经济实体组合。

CDS，在 20 世纪 90 年代中期逐步形成雏形。1995 年，Blythe Master，这个美国大型著名金融机构——JP 摩根的财务总监所组织的创新团队首创 CDS。JP 摩根的第一份 CDS 合约就是成功地把安然公司的信贷风险转移给欧洲复兴开发银行，将资产负债表上商业贷款的部分信用风险一并转移给独立第三方——欧洲复兴开发银行。这样，JP 摩根运用 CDS，不仅转移了商业贷款的信用风险，还节省了 JP 摩根的资本金。因此，JP 摩根开发的这个增信产品（CDS），成功地得到了美国市场参与者和监管当局的认可，以参考公司为实体的 CDS，很快就出现在美国金融市场上。

二、CDS 的类型

CDS 主要有三种形式：单一信用违约互换（Single Name CDS），一篮子信用违约互换（Basket CDSs）、信用违约互换指数（CDS Indices，CDx）。其中，唯一具有风险对冲功能的是单一 CDS。但是，单一 CDS 并不意味着自动成为增信产品，必须具有风险对冲功能的单一 CDS，才是增信产品。没有风险对冲功能的 CDS，则为 CDS"裸交易"。CDS"裸交易"，与其他两种形式的 CDS 一样，只是追求交易利润，却与增信无关。

1. 单一信用违约互换

单一 CDS 是增信产品的最早形式，也是 CDS 作为金融衍生产品的最主要形式。"单一"意味着参考资产只有一种，主要是 FIS 及其融资人/发行人，包括公司/机构、银行和政府。在整个 CDS 交易市场中，单一 CDS 居多，CDx 次之。2008 年美国金融危机后，单一 CDS 因其结构简单而更受到市场的热烈追捧。

2. 一篮子信用违约互换

CDSs,以3～100个参考资产组成的投资组合为资产基础。与CDx相比,CDSs更为复杂,并且数量和价格更加不透明。其一,CDSs一般包涵很多特别的子产品,如首次违约处罚信用篮子(First to Default Basket)、满篮子CDS(Full Basket CDS)等;其二,CDS期权(CDS互换期权)这样的衍生品仍然拥有很大的交易市场,其主要特征就是购买者(持有者)有权利但没有义务必须购买或者出售远期CDS合约。这样,持有者的损失是有限的,甚至是已知的,即购买期权的期权费,收益则是无限的。出售者的收益是有限的,即出售期权所得期权费是有限的,而损失是无限的,这是一种"零和游戏"。

3. 信用违约互换指数

CDx是指由多个单一实体信用风险合成的资产组合中各个参考资产,反映了CDS风险加权值总和及其跟随时间进行波动的状态。目前,全球主要有两大信用指数:一个是道琼斯CDS指数,主要用于北美和新兴市场国家;另一个是i Traxx及其各项分类指数,主要用于欧洲和亚洲市场。

CDx在2004年的名义总值几乎是零,发展到2009年6月,CDx占据了CDS合约的名义总值的一半。CDx完全标准化且具有较强的流动性,市场参与者将其看成是体现市场价格的主要信息来源。CDx市场收集和整理这些指数信息,并且每天公布CDx的官方报价。

三、利益机制

1. 内在利益

1)信评利益垄断化

CDS作为投资增信类型的增信产品,是不改变FIS及其发行人/融资者的信用等级,FIS的信用等级及其评估技术规则仍需由美国三大信评机构掌控。CDS,尽管作为合约增信产品,但也不作为增信产品来称呼或探讨,而是算作信用(衍生)产品。信用产品及其衍生产品,就肯定离不开信用等级及其评估技术规则。

CDS,作为合约增信产品,尽管可以为FIS及其持有人进行增信,只是把信用风险转移给了CDS卖方,CDS买方获得了增信(套期保值),以免信用风险(在CDS中表达为信用事件)所带来的损失。但是,FIS的信用等级并不因CDS而有所提高,FIS发行人/融资者的信用等级并不因CDS而有所改善,FIS的投资者/持有人的信用评级仍需信评机构给予。

另外，CDS卖方，本来根据会计准则只是如同其他金融产品投资，并且应该加大组合以抗随机违约率。但是，持有CDS资产的CDS卖方，过度与否，是否影响其信用等级，仍由美国三大信评机构说了算，近年来德意志银行受困于近50万亿美元的CDS资产，被美国三大信评机构降为3B级以下。

因此，CDS的增信功能，并不给FIS及其相关人带来任何增信效果，也就是说，CDS的增信功能并不改变现有FIS市场及其信评作用，尽管FIS持有人通过买入CDS（作为CDS买方）可以转移信用风险。增信概念已经消失，消失在信用产品中，背后却存在着美国三大信评机构的巨大利益。

如果将信用（保护）买卖改为风险资产交易，那么，增信产品，比如单一式的、复合式的、集合式的增信产品，不仅适用于投资增信，同样也可以适用于融资增信。一旦适用于融资增信，就可能触及信评机构的巨大利益。第一，增信产品是基于市场信用，是市场交易出来的信用，只要与金融担保一样，具有追求增信效果的偿付安排和及时偿付条款，应该具有最高的信用等级。因此，基于市场信用的增信产品，应该豁免信评，如同股票一样。第二，为增信产品所增信的FIS，因此也应获得最高信用等级，甚至豁免信评。第三，FIS发行人/融资者，及其投资者与持有人，甚至增信产品持有人，不会因此改变或下调信用等级。可以想像，剩下的，还有多少利益可以让美国三大信评机构去分享。

2）平台利益扩大化

CDS，尽管可以分散风险，却不可覆盖风险。要么是前手承担风险，要么是后手承担风险，风险总是会在一个人手（交易对手）中爆发。因此，从本质上讲，CDS就是一种"聪明人游戏"。"聪明"的参与者，可以在这个游戏中获利；但总有"失败"的参与者，因接手最后一棒，成为FIS信用违约的牺牲品；最终，失败者或被教导，只要不断参与CDS产品交易，可以组成分散风险的CDS资产池，最终可以战胜随机"违约率"而取得盈利。另外，再加上CDS投资机构高层管理人员的短期利益驱动，CDS交易市场可以不断持续扩大。1万亿美元的FIS增信额度，通过CDS"裸交易"可以产生数十万亿美元的CDS交易额，这也是CDS交易设计平台的最终"利益导向"。

3）定价利益倾向化

形式上的信用（保护）买卖，实质上的风险资产交易，可能基于下述两个方面利益因素：一方面，可能基于CDS卖方都是当初的金融机构，定价技术明显优于当初的CDS买方（债券投资者），由金融机构作为CDS卖方便于挂牌交易，也方便于产品定价。如果 CDS 买方(债券投资者)定价不准,定价高了可能会产生无风险套利,定价低了可能会产生有行无市状况。另一方面,这种交易形式,实际上是保护了 CDS 卖方的利益,即 CDS 卖方的定价权和定价利益。如果改为实质上的风险资产交易,CDS 卖方的定价权和定价利益可能偏向 CDS 买方(债券投资者)。

其实,挂牌交易如果采取双向触合配对方式,不会影响定价权和定价利益。当初 CDS 出台时,仅为合约增信产品,并且都是柜台交易性质,没有条件进行实质上的风险资产交易。现在已经具有了实施实质上的风险资产交易的基本条件,因为 CDS 的这个形式交易方式所产生了交易对手风险,合约增信产品已被规制为清算增信产品和权证增信产品。清算中心(所)已经替代所有交易对手,成为任何交易对手的交易对象。这样,清算中心(所)就可以采取双向触合配对方式进行交易,可以避免 CDS 买方(债券投资者)定价不准的影响。

4) 避税利益合理化

信用违约互换,避开了买卖概念。这样,互换概念,不仅可以用以避税,而且可以避开监管。但是,自 2008 年美国金融危机以后,CDS 的诸多风险,特别是因形式交易方式导致的交易对手风险及其引发的系统性风险,引起了世界各国的极大关注。目前,世界各国不仅已把 CDS 纳入金融监管,而且已经把 CDS 规制为清算增信产品和权证增信产品。CDS 的避税避规利益,实际上已经荡然无存,回归"实际上的风险资产交易"已经没有任何障碍,除了原有习惯利益。

2. 外在利益

1) 交易利益

CDS,作为可交易流通的增信产品,具有交易利益。其一,在首交易中,CDS 卖方(增信方)在出售信用(保护)的同时,根据约定可以收到一笔交易对价(信用保护费用),这是初始收益。并且,由于不是现金交易,这个初始收益便认可为信用保护期限已满的收益,即视为风险期限义务已经履行的交易收益,不属于预收款和或有收入,可以作为营业收入计入当期业绩,有利于高层管理人员的绩效分配,并不用考虑未来或有风险或者交易损失。其二,在再交易中,要么通过交易实现套利目的,要么通过交易对冲风险。实现套利目标的,实现了管理收益;实现对冲风险目标的,可能会产生损益。但是,理论上却实现了减少损失的管理目标。为了对冲风险的再交易所产生的损失,计入当期损益。

2) 短期利益

如上所述,作为 CDS 卖方,可以获得短期的眼前利益,有助于短期财报。这样,对于金融机构的高层管理人,特别是有着巨大激励机制利益高层管理人,就有了参与 CDS 交易的利益冲动或交易动机。在这样条件下,高层管理人投资 CDS,则可能完全脱离了增信功能,而完全参与到赌博业务中去。CDS 作为"聪明人游戏",可以进一步衍生出新的金融衍生产品,大部分已经脱离了增信范围,仅仅为了满足交易利益需求。比如,CDS"裸交易"、CDS 指数等金融衍生产品。因此,有学者便将这些金融衍生产品称为"赌博产品"。

四、基本原理

　　(金融)机构出售 CDS(首交易),作为信用保护卖方,其实只是以主体信用承诺增信义务,故为现代增信业务。作为信用保护卖方的(金融)机构,为了对冲风险而卖出 CDS,并不能将第一次出售的 CDS 再次出售,或将第一次 CDS 所承担的增信义务转让给任何第三方机构,而是需要作为信用保护买方买入一个相同标的资产的 CDS(再交易),再交易买入的 CDS 与首交易卖出的 CDS 在价值方向/交易角色上相反,才可对 CDS 首交易所承担的风险进行对冲。同样,再交易卖出 CDS 的信用保护卖方,如果需要对冲风险,也必须如此交易。循环往复,CDS 交易直至 CDS 信用事件发生或 CDS 期满。

　　当(金融)机构首交易出售 CDS,作为信用保护卖方,需要对冲风险时,可能发生下列情形:①部分风险对冲。当 CDS 价格不变,可以对冲风险;当 CDS 价格下降,可以在对冲部分风险的同时获利;当 CDS 价格上升,尽管有所损失,但可以控制 CDS 仓位风险;也可以根据价格上升幅度,决定 CDS 仓位,达到对冲风险却未有或尽量减少损失。②全部风险对冲。当 CDS 价格不变,可以对冲全部风险;当 CDS 价格下降,可以在对冲全部风险的同时获利;当 CDS 价格上升,尽管有所损失,但可以对冲全部风险;也可以根据价格上升幅度,超买 CDS 仓位(超买部分为"CDS 裸交易"),达到对冲风险却未有损失。

五、案例

1. 首交易为卖方

1) 套利交易

　　某英国公司持有在美国上市的德国公司 1 000 万美元的 5 年期公司债券,为了对冲德国公司债的信用风险,又向一家美国金融机构买入 1 000 万美元名义本金的德国公司为参考实体的 CDS。CDS 约定,德国公司发生如"信用等级下降"

等信用事件时,该英国公司可以直接以票面1 000万美元价格将德国公司债券卖给这家美国金融机构。德国公司债券价格(RR)为30美元的,这家美国金融机构向英国公司支付1 000万美元以换取RR为300万美元的德国公司债券。德国公司债券在期满时未发生CDS约定的信用事件,该英国公司在5年内每季向美国金融机构支持信用保护费用(德国公司债券发行价的0.1%)。

美国金融机构在卖出CDS后的1年后,发现有的金融机构卖出同样标的资产(增信对象)的CDS价格比自己卖出的CDS价格便宜,为4年内每季度支付0.14%。美国金融机构就买入这个价格便宜的CDS。

一方面,美国金融机构在首交易中卖出CDS,未来可以期待套利目标;另一方面,美国金融机构在再交易中买入CDS,除了已收取的0.1%/年信用保护费用可为盈利收益,还可以在未来4年获取CDS交易差价0.04%,达到预期套利目标。

2) 风险对冲

某日本公司从一家英国金融机构买入一个标的资产为法国食品企业的CDS,因为日本公司持有在英国上市的、法国食品企业1亿英镑的,为期7年的公司债券。CDS约定,法国食品企业发生如"企业重组"等信用事件时,英国金融机构应直接补偿日本公司所购买债券的价格损失。法国食品企业债券价格(RR)为40英镑的,英国金融机构应向日本公司支付6 000万英镑补偿费用。法国食品企业债券在期满时未发生CDS约定的信用事件,日本公司在7年内每季向英国金融机构支付以美元计价的信用保护费用12万英镑(法国食品企业债券发行价的0.48%/年)。

英国金融机构在卖出这个CDS合约后的第二年年末,发现这家法国食品企业的市场份额、营业收入都在下降,尽管利润及利润率还未下降。于是,英国金融机构向一家德国投资机构买入了相同标的资产的CDS,只是5年内CDS交易价格(信用保护费用)为13万英镑/季。

英国金融机构在再交易中亏损1万英镑/季,合计亏损20万英镑/5年。但是,由于前2年已收取24万英镑信用保护费用,实际上仍未亏损,还略有盈余。这个再交易,其实是为了对冲风险而作出的,这个交易结果已经非常不错了。

2. 首交易为买方

1) 收回余额

一家德国投资公司向一家美国金融机构购买CDS,其中约定,标的资产是在美国上市的英国生物科技公司,名义资产总额为8 000万美元,为期5年,信用保护费用为 0.2%/季。如发生约定的信用事件,按现金结算方式交割。原来这家德国公司买入了 8 000 万美元的英国生物科技公司的为期 5 年的债券,希望通过买入 CDS 进行套期保值。

德国投资公司持有债券 1 年后,由于需要资金,卖出债券了结。与此同时,德国投资公司也卖出相同标的资产的 CDS,获得 0.2%/季的信用保护费用,可以收回剩余 4 年的信用保护费用。

2) 套利

一家新加坡金融机构因买入一家在美国上市的日本电子公司为期 3 年的债券,然后又向一家美国保险机构买入 CDS。其中约定,CDS 为期 3 年,名义资产总额为 1.6 亿美元,标的资产是日本电子公司,信用保护费用为 0.45%/季,如发生约定的信用事件以现金结算方式交割。

持有 CDS 1 年左右,新加坡金融机构发现这家日本电子公司的经营情况非常好,股票价格大幅上涨,但同时市场利率却大幅上升,导致 CDS 价格不降反升了 0.1%/季。于是,新加坡金融机构卖出标的资产相同的 CDS,获得未来 2 年的 0.1%/季的利差,实现了套利目标。

3. CDS 裸交易

作为 CDS 卖方,相当于增信方,不存在裸交易问题。但是,作为 CDS 买方,不持有标的资产却买入 CDS,既没有增信功能,又不符合套期保值目标。这样的 CDS 交易,就称为 CDS 裸交易。其实,如前举例,如果卖了债券仍持有买入的 CDS,这个 CDS 同样也是处于裸交易状态。

例如,某英国投资公司在有关业务中发现一家美国上市公司财务状况不佳,曾在市场上发行了期限为 5 年的 10 亿美元债券,预计在其未来 3 年存续期间有可能发生信用事件。于是英国投资公司在 CDS 市场上买入标的资产为这家美国上市公司的 CDS,名义资产总额为 10 亿美元,为期 3 年,信用事件约定为信用等级下降、公司重组等,以现金结算方式交割,信用保护费用比市场价格高出 0.2%/季。这样,英国投资公司很快就买到了这些 CDS。过了半年,由于这家美国上市公司信用风险日渐披露出来,CDS 价格已经翻了近 4 倍,于是,英国投资公司卖出同量同质的 CDS,实现了巨大利润的套利目标。

CDS 裸交易,作为金融衍生产品的 CDS 必然组成部分,尽管其并不属于增信产品本身。CDS 裸交易、CDS 指数之于 CDS,相当于融资融券、股票指数之于股票,是一种衍生产品关系。

六、CDS 评价

1. 宏观方面优点

1）增信全面对接整个资本市场

CDS,对增信来讲,最重要的特征是,不惜在名称上绕开行业管理,打破持牌经营的限制和垄断,不仅使所有金融资本都可参与 CDS,而且促使所有普通投资者(一般投资者)也都可以参与投资 CDS,从而增信全面对接上了整个资本市场。

2）满足 FIS 市场规模化发展的要求

CDS 全面对接资本市场,用以支撑 FIS 市场规模化发展,这本身又说明增信功能更为 FIS 市场所需。如果资本市场没有增信功能,金本位取消后的资本市场、FIS 市场将难以得到规模化发展。因此,CDS 作为第一个增信产品,支撑了FIS 市场或资本市场,成为支撑了 FIS 市场或资本市场的基础设施,这个作用是显而易见、毋庸置疑的。实际上,金本位只是作为支撑 FIS 市场或资本市场的物化基础设施,而增信产品就是产品化、流通化的基础设施。另外,如果 FIS 市场不是规模化发展,金融担保业务如果可以满足 FIS 市场,作为合约增信产品的 CDS也就无法应运而生。正是因为 FIS 市场具有内在的规模化发展的需求,金融担保业务不再适应这种规模化发展的 FIS 市场,CDS 才会脱颖而出,为资本市场所青睐。

3）彻底改变增信基础

CDS 作为合约增信产品,不再以增信机构的主体信用为基础,即以资本金及其 10 倍杠杆率为基础的增信,而是通过可以交易流通的合约增信产品进行增信。一般投资者通过投资增信产品可以为金融机构,或高信等公司/机构,特别是银行机构的 FIS 进行增信。一旦增信产品以现金交易方式开展,增信就不再是增信机构/持牌机构之事,而是一般投资者的日常投资。因此,增信,又为此被翻译为"信用增进"或"信用增强"等含义不清的概念。实际上,合约增信产品就是"颠倒增信",即彻底终结了主体信用作为增信基础,而以可以交易流通的合约增信产品作为增信基础,就是增信历史发展上一个重大里程碑式的进步。

2. 微观方面优点

CDS 交易总额能够在美国市场甚至全球金融市场稳步增长,特别是 21 世纪初,许多金融机构因参与 CDS 交易,避免了"世通公司"等大型机构倒闭所带来的损失,因此到 2007 年年底,CDS 迎来了黄金时期,全球 CDS 未清偿名义值达到了

高峰,共计 62.17 万亿美元。CDS 具有以下几个优点:

(1) CDS 作为增信产品,其交易成本远远低于标的资产的构成成本。CDS 合约是一种信用买卖(交易),并没有实际成本。CDS 买卖双方在签订 CDS 合约时并不一定支付保证金,只需买方在合同生效后按年(或者按季度)向卖方支付一定数额的保费,它的绝对价格也相比其他金融产品要低很多。

(2) CDS 是场外交易的增信产品,合约交易非常便利。不同于在证券交易所中所交易的金融产品,一方面,CDS 买卖双方可以根据自己的需求进行协商 CDS 合同的生效时间、到期时间、CDS 保费、支付日、违约日及交割方式等;另一方面,证券交易所交易的合约都是标准化的,交易双方必须根据标准化合约进行交易,不可自行协商合约交易内容。

3．缺陷

随着美国 CDS 市场的"过度"发展,CDS 从原先的规避信用风险和套期保值的金融衍生品工具变成了投机工具,于是产品的固有缺陷开始充分暴露出来。

1) 宏观方面

首先,CDS 交易名义上进行所谓价格风险对冲,但仍是出让主体信用。因此,各个 CDS 交易参与者,买卖的仍是主体信用,以求分散 FIS 的信用风险。从价格形式上看,通过 CDS 交易可以分散风险;从交易结构上,CDS 不断交易,则累积主体信用风险,因为不断交易 CDS,则形成一个前后交易对手网络化的交易结构。交易对手的主体信用暴露无遗,可形成所谓交易对手风险,从而影响产品定价,从单跳模型转向双跳模型。尽管 CRMW 不存在这种连续交易所产生的网状交易结构所带来的主体信用风险,但是核心交易商相互交易、互持 CDS,同样会产生这种网状交易结构所带来的主体信用风险。

其次,在金融监管机构干预资本市场的"救市"理念支配下,金融机构及其管理层为了短期利益追求"大而不倒"效应,大量持有 CDS 这种风险资产。当其所增信的 FIS(及其发行人),甚至 CDS 交易对手的信等下降时,就须增加资本拨备。如果无法拨备,金融机构就会撕开巨大的风险敞口,面临破产风险。如果开展 CDS 交易的金融机构倒闭,资本市场的风险敞口会持续扩大,雷曼兄弟公司倒闭的这种蝴蝶效应就导致了 2008 年美国金融危机的全面爆发。

最后,CDS 属于投资增信类型。直到现在为止,融资增信,仍停留在增信业务阶段,还未正式转化为增信产品,而这个时代正在呼吁这种创新型增信产品的出台,以适应这类 FIS 市场规模化发展的需求。大家应该明白,专业增信机构及其增信行业是在美国 20 世纪 70 年代产生的,直至 20 世纪结束,增信行业的主要业务或增信对象是地方政府债和市政债,即融资增信。随着美国百年基础设施建设完毕,才开始由融资增信转向投资增信,特别是投资增信从增信业务走向增信产品(CDS),为 FIS 市场规模化发展提供了客观条件。

但是,就目前情况来看,中国及全球发展中国家,包括很多发达国家,也包括美国在内,基础设施投资需求旺盛。单是美国就有近万亿美元的基础设施投资需求,中国拥有百万亿元人民币存量 FIS 需要市场增信,以便国家信用撤出,中国创导的"一带一路"所涉国家与基础设施建设项目也高达百万亿元人民币。对于此类 FIS,由于不符合投资增信类型所要求的财务透明、信用事件等特征,CDS 也无能为力。所以,从增信业务走向增信产品,这是融资增信得以迅速发展一个难得的历史机遇。何况,现在的大数据理论足以支持/覆盖风险随机、概率化的增信产品。如果在基础交易结构、增信费用收取方式、及时偿付等方面作出合乎理性的制度安排,一个属于融资增信的创新型增信产品便可呼之而出。

2)微观方面

其一,因高杠杆演化成赌博产品。CDS 的合约成本远低于其标的资产的风险和收益。当市场繁荣时,收益会通过高杠杆率而成倍放大;当市场经济衰退时,亏损和风险也被成倍的放大了,从而投机者很容易因为 CDS 的高杠杆性陷入财务危机,并降低市场流动性,影响整个金融市场的稳定性。CDS"裸交易"的大量后续买卖交易可能完全与增信无关,也与 FIS 信息对称问题无关,只与价值链上的剩余价值有关。CDS"裸交易",转嫁了个别风险但却堆积了系统风险,金融机构为了短期利益过量持有这种风险类的增信产品,就可能逐渐转化为赌博类型的交易产品。特别是,基于不可覆盖/周延增信风险的 CDS 定价,还只是或有负债性质,在信用风险随机发生的条件下,都将会把投资者推到"赌徒"地位。

其二,产品过度复杂,信息披露不足,累积风险。CDS 作为进行场外交易的增信产品,结构复杂。一项 CDS 的合约定价就需要很复杂的经济数学理论公式进行计算,而 CDS 还衍生出更多不同种类的信用衍生品,可以在市场中组合其他金融工具一起使用,生成更复杂的衍生产品合约。投机者想要完全掌握 CDS 及其相关产品是很难的。金融机构为了短期利益,CDS 大量繁衍、复制衍生产品,导致交易风险大量堆积,完全无视增信产品自身固有的信用风险。只要当年 CDS 没有产生风险拨备,增信 FIS 及其发行人没有被下调信用等级,金融机构对其出售 CDS 所获的增信收入就转化为当年利润被分配,而增信产品未到期的内在风险则留给未来,因而也就不断地累积风险。

其三,过度集中系统风险,产生"多米诺骨牌效应"。大量CDS合约充斥在柜台市场,使信用风险高度集中在资金和实力比较雄厚的保险公司和金融机构,从而形成信用风险链。如果市场风险在经济衰退期间集中释放,那么这些一流的保险公司和金融机构将面临巨大的保险赔偿,从而对市场的流动性造成比较大的负面影响。CDS对冲信用风险的交易对手是"累积性"的,而非"过手性"的。CDS的交易对手信用变化,可能会产生"多米诺骨牌效应",CDS就可能具有系统性风险。

其四,交易对手风险。一个数量的CDS经过二级市场的对冲交易可以呈几何级增长(如果无限制交易),这样系统风险敞口更加容易打开,无论是第一手信用买家,还是最后一手信用卖家,只要其中一个交易对手信等下调或破产倒闭,都会撕开一个巨量的风险敞口,可能形成系统性风险。有些专家总结了以下主要因素,这些因素将导致交易对手在交易中遭受损失。

首先,参考资产意料外违约,导致卖方财务危机,致使买方收不到赔偿。为了降低参考资产发生违约而遭受巨大损失,市场参与者从卖方那里买了一个关于参考资产的CDS保险。一旦这个参考资产发生了CDS合约中所规定的违约事件,保护买方则会从交易对手那里得到一定的赔偿。如果保护卖方并没有预料到会发生违约事件,保护卖方就将会面对一场突如其来的损失,损失过重会导致保护卖方产生潜在的财务危机,结果是,保护买方也有可能会收不到事先约定好的保护赔偿。

其次,参考资产没有发生违约事件时,CDS交易的一方仍有可能使另一方产生损失。即使参考资产并没有发生CDS合约中所规定违约事件,CDS的市场参与者仍有可能会因交易对手陷入财政危机而遭受实质性损失。

第四节　规制增信产品

一、产生缘由

1. CDS交易结构缺陷

作为合约增信产品,CDS形式交易结构是信用(保护)买卖。作为信用(保护)卖方,其实是风险资产,或者CDS(资产),或者增信义务的持有人,或风险责任人,如需完全实现风险对冲或套利目标,需要买入同样数量、同样标的资产的

CDS。作为信用(保护)买方,其实是风险资产、CDS(资产)的卖出方,或者增信权利的享有者,如因各种原因需要实现套利目标,需要卖出同样数量、同样标的资产的 CDS。

信用(保护)买卖双方,一旦 CDS 这样完成交易,并不如我们想象中的那样,可以退出交易关系,只是交易风险得以对冲,套利目标得以实现而已。其一,信用(保护)卖方,仍然对首交易中的信用(保护)买方承担信用保护(增信)责任;信用(保护)买方,仍然对首交易中的信用(保护)卖方享有信用保护(增信)权利。其二,信用(保护)卖方,由于在再交易中成为信用(保护)买方,开始对再交易中的信用(保护)卖方享有信用保护(增信)权利;信用(保护)买方,由于在再交易中成为信用(保护)卖方,开始对再交易中的信用(保护)买方承担信用保护(增信)责任。首交易与再交易中的买卖双方并不因为 CDS 买与卖,自动解除相应的增信权利和增信责任,退出各自在首交易与再交易中的买卖关系和交易地位。

无论信用(保护)卖方,还是信用(保护)买方,为了寻求风险对冲,或者套利目标,CDS 买入和卖出的交易对手,偶尔才会实现"一对一"交易,多数情况下是"一对多"或"多对多"交易。这仅是指单一增信对象的平行的一次数量层次的 CDS 交易。如果单一增信对象的 CDS 交易,在一定期限内(5 年内)多次进行 CDS 交易,将形成多层次的"多对多"交易网络。进一步,很多金融机构不仅仅只做单一标的资产的 CDS 交易,根据风险分散、资产组合原理,应该是采取"风险量化与分散承担"的增信原则。这样,很多金融机构尽可能多地对标的资产进行 CDS 交易。这样,很多金融机构就会拥有标的资产范围非常大的、多层次的"多对多"交易网络。

对于整个非常大的、多层次的"多对多"交易网络,如果从每个交易对手来看,却又是以一个个单体金融机构所支撑的数额巨大的、多层次的"多对多"交易网络。如上所述,每个单体金融机构不仅可以单一标的资产形成多层次的"多对多"交易网络,而且尽可能大的标的资产范围,又给这个多层次的"多对多"交易网络增加了数量巨大的广度和深度。尽管单体金融机构通过成千上万次的 CDS 交易,确已对冲风险,也许也有损益。但是,这样的 CDS 交易,并未让这个单体金融机构退出这个数量巨大、金额巨大、具有广度和深度的多层次的"多对多"交易网络,这个交易网络却仍然笼罩着这个单体金融机构。也就是说,一个个单体金融机构仍需支撑着这个交易网络,犹如层层缀缀的"千斤顶"互相联结着,支撑着。

不仅如此,以上所说的 CDS 交易都是真实的,具有增信功能的 CDS 交易,还不包括不具有增信功能的 CDS 裸交易,以及 CDx 等 CDS 衍生产品,这样便产生泡沫化的巨额的 CDS 交易总额。假设 1 万亿美元 FIS 需要增信,CDS 交易可能高达 50 万亿~60 万亿美元。

2.“黑洞现象”

1)巨大风险或风险敞口

CDS 交易中的任何一方,如果发生信用风险或者破产倒闭,意味着它的交易前手和交易后手都会产生巨大风险或风险敞口。

其一,信用(保护)卖方破产倒闭。在首交易中,对于交易前手,即信用(保护)买方来说,原来相应数额的增信权利消失了,所持 FIS 及其风险披露。如果已经对所持 FIS 作无风险交易或处置,意味着风险敞口产生。在再交易中,对于交易后手,即信用(保护)卖方来说,尽管豁免了原来数额的增信义务,但如果交易后手卖出 CDS 是基于对冲买入 CDS 风险,那么,未来在支付信用(保护)费用上会形成风险敞口,即使再卖出 CDS,但交易价格同样可能存在风险敞口。

其二,信用(保护)买方破产倒闭。在首交易中,对于交易前手,即信用(保护)卖方来说,尽管豁免了原来数额的增信义务,但如果其卖出 CDS 是基于对冲买入 CDS 风险,那么,未来在支付信用(保护)费用上会形成风险敞口。即使再卖出 CDS,但交易价格同样可能存在风险敞口。在再交易中,对于交易后手,即信用(保护)卖方来说,原来相应数额的增信权利消失了,所持 FIS 及其风险披露;或者已经对所持 FIS 作无风险交易或处置,意味着风险敞口产生;或者卖出 CDS 是基于对冲买入 CDS 风险,未来在支付信用(保护)费用上会形成风险敞口,即使再卖出 CDS,但交易价格同样可能存在风险敞口。

因每个交易对手都如同层层缀缀的、互相联结的“千斤顶”式的支撑着这个交易网络,而且增信对象范围广泛,交易金额巨大。任何交易对手,一旦发生破产倒闭,这个增信对象范围广泛,交易金额巨大的交易网络就会失去支撑而倒塌,如同白矮星倒塌后所产生的“黑洞”,可以吞噬周边的一切物质,即使光线也不例外。同样,这样的交易网络倒塌,意味着将产生巨额的风险敞口,导致系统性风险。

2)雷曼兄弟公司倒闭案经验

在 2008 年美国金融危机中,一个资本仅为百亿美元的雷曼兄弟公司破产倒闭,却因雷曼兄弟交易 CDS 所支撑的数千亿美元的、层层缀缀的、互相联结的、“千斤顶”式的 CDS 交易网络也开始崩塌了,把与之交易的一大群华尔街上的金融大鳄,包括花旗银行、美林证券、AIG 等大型金融机构撕开了一个高达数千亿美元的风险敞口。如果放任这些大型金融机构继续破产倒闭,那么这个 CDS 交易网络会继续崩塌,甚至会将整个华尔街推至破产边缘,导致美国倒退 200 年,回到没有多少金融概念、没有金融体系的 18 世纪的美国。

疏于认识 CDS 这种交易网络崩塌所形成"黑洞现象"的美国金融监管机构,这时才恍然大悟。于是,美国金融监管机构开始采取违反通常所秉持的市场自由、市场自律的经济原则,用国家税金为这些私营的大型金融机构注资,大规模介入金融危机。但是,这样的救市结果,又伴生了金融机构"大而不倒"的恶性循环。于是,全球各国政府对于 CDS 的改革有了明确的认识,CDS 改革拉开了帷幕。

3. 交易对手风险

从上述分析可以看出,"黑洞现象"来自于 CDS 的形式交易结构,即信用(保护)买卖。首交易的信用(保护)卖方,如需对冲风险或进行套利,在再交易中必须转化为信用(保护)买方;首交易的信用(保护)买方,如需进行套利,在再交易中必须转化为信用(保护)卖方。在这个 CDS 完整交易中,尽管交易地位发生改变,风险得到对冲,套利得以实现。但是,任何一方都不能退出首交易或再交易的交易关系和交易角色,必须同时兼具买方和卖方。这种兼具买方和卖方的交易地位,不能退出交易关系的结果,就是形成了交易对手风险,即由一个个单体金融机构(交易对手)支撑的数额巨大的、层层缀缀的、互相联结的、"千斤顶"式的 CDS 交易网络,尽管这个交易网络对于交易对手已经没有经济意义,却可能因交易对手破产倒闭造成这种 CDS 交易网络的崩塌,并通过"多米诺骨牌效应"导致系统性风险。

二、产品规制

基于 2008 年美国金融危机的经验教训,"交易对手风险"所引发的系统性风险已经被世界各国金融监管机构所确认。在 2009 年以后,美国、G20 集团及国际掉期与衍生工具协会(ISDA)均规定了 CDS 这种"信用买卖"必须全部实行清算,即将交易双方(交易对手)的信用买卖,通过清算中心(所)进行交易,把双方 CDS 合约通过清算中心(所)进行转让,可以使信用交易的任何一方(交易对手)不再成为网络交易的支撑点,放射点,只有清算中心(所)才能成为 CDS 义务履行的支撑点、放射点,以防交易对手风险导致的金融危机,导致金融机构"大而不倒"的恶性循环。

1. 规制合约

由双方所签署的买卖合约,交与清算中心并转换成两个合约。这样,买卖

CDS 的任何一方都以清算中心为交易对手，替换以往的直接交易对手，以防交易对手风险。

1）保留原有 CDS 合约

2）分拆为两个与清算中心交易的 CDS 合约

（1）CDS 买方与清算中心的买入 CDS 合约。

（2）CDS 卖方与清算中心的卖出 CDS 合约。

2．规制内容

1）沿用形式交易结构

尽管 CDS 因形式交易结构，即信用（保护）买卖，所形成的"黑洞现象"，导致产生交易对手风险及"多米诺骨牌效应"，最终爆发了 2008 年美国金融危机。但是，对 CDS 进行规制，还是保留了这种形式交易结构，并在此基础上规制出一系列的繁琐环节，即与清算中心交换合约、合约分拆交易等。

2）实际交易结构

与清算中心交换合约，并以清算中心为交易对手，本质上就是，CDS 卖方为清算中心交易前手，清算中心为 CDS 卖方交易后手，CDS 买方为清算中心交易后手，即以风险资产卖方为前手的、经清算中心这个平台中转交易、并由风险资产买方（后手）永续向后交易的实际交易结构，也就是风险资产交易结构。

CDS 卖方与清算中心签订卖出 CDS 合约，就是通过清算中心把 CDS 合约所含风险资产卖给 CDS 买方，清算中心与 CDS 买方签订卖出 CDS 合约。或者，CDS 买方与清算中心签订买入 CDS 合约，就是通过清算中心把 CDS 合约所含风险资产从 CDS 卖方那里买入，清算中心与 CDS 卖方签订买入 CDS 合约。CDS 合约所买卖流转的是经定价的风险，即风险资产，而不是"信用保护"。

3）规制习惯

为规避 CDS 的交易对手风险，对 CDS 所进行的规制，本应从源头上去解决。众所周知，CDS 的交易对手风险，来自于 CDS 的形式交易结构，即形式上的信用（保护）买卖。因此，只要除去形式上的信用（保护）买卖，回归实质上的风险资产买卖，就可以全面完成 CDS 作为合约增信产品的真正改革，以适应市场发展的需求。但是，为了满足 CDS 的习惯性，及其习惯的既得利益者，所有规制只能在CDS 原有基础上进行小修小补，甚至打个"补丁"——替换合约，也在所不惜！

4）规制不足

本来一步到位的规制机会，不仅可以彻底规避交易对手风险，而且可以扩大适用增信类型,从投资增信扩展到融资增信;同时,还可以彻底改变增信行业,改善增信风险,创新增信产品,适应增信市场发展的需求。因此说,规制增信产品,无论是清算型增信产品,还是权证型增信产品,都将是一个过渡产品。

第五节　清算型增信产品

一、概念

清算型增信产品是指在合约增信产品基础上进行规制改造的,由清算中心(所)替换所有交易对手的增信产品。标准增信合约转化成合约增信产品后,因交易对手等风险造成合约增信产品 CDS 成为金融危机的催化剂。为此,CDS,作为合约增信产品,遭到各国政府或相关国际组织的一致规制,即以清算中心(所)替换 CDS 的所有交易对手。具体方法是,无论 CDS 买方,还是 CDS 卖方,都必须将双方签订的 CDS 合约提交清算中心(所),然后转换为与清算中心(所)的买入与卖出 CDS 合约。清算中心(所)取代所有交易对手与而成为其单一交易对手,交易对手的交易风险全部转移至清算中心(所)。于是,CDS,这种合约增信产品最终被改造成规制增信产品,也就是清算型增信产品。

二、合约替换

形成清算型增信产品,最主要环节在于合约替换。首先,原来合约增信产品(CDS),仅由合约双方签订而生效。现在签约双方必须将其所签订的合约提交给清算中心(所)。其次,根据 CDS 的交易角色,由清算中心(所)与签约双方分别签订新的买卖合约,用以取代原来签约双方签订的、并提交清算中心(所)的 CDS 合约。

1. CDS 卖方

CDS 卖方,作为原来 CDS 合约的卖方,在与清算中心(所)签订的合约中,仍然为 CDS 卖方,CDS 风险和 CDS 义务承担者,或 CDS 费用收取者。只是原来的 CDS 买方,不再是 CDS 卖方的形式交易对手,形式交易对手却是清算中心(所)。清算中心(所)是 CDS 的形式买方,CDS 权利享有者,或 CDS 费用支付者。

2. CDS 买方

CDS 买方,作为原来 CDS 合约的买方,在与清算中心(所)签订的合约中,仍然为 CDS 买方,CDS 权利享有者,或 CDS 费用支付者。只是原来的 CDS 卖方,不再是 CDS 买方的形式交易对手,形式交易对手却是清算中心(所)。清算中心(所)是 CDS 的形式卖方,CDS 义务承担者,或 CDS 费用收取者。

3. 清算中心(所)

清算中心(所)取代原来 CDS 合约作为交易对手的买卖双方,成为 CDS 合约的形式买方和形式卖方。清算中心(所)名义上身兼交易双方买卖角色,实为交易双方经纪,成为 CDS 合约交易的唯一交易对手。在这种 CDS 交易中,清算中心(所)并不真正承担交易对手风险和责任,只是经纪角色。但是,在极端条件下,当 CDS 卖方无法履行 CDS 的信用保护义务,或 CDS 买方无法支付信用保护费用时,清算中心(所)这个名义上的交易对手才会承担 CDS 的风险和责任。当然,这个风险和责任,清算中心(所)是可以向原来 CDS 合约买卖双方追诉的。

三、交易结果

1. CDS 买卖合同终止,双方退出买卖关系

无论 CDS 卖方,还是 CDS 买方,在首交易与再交易结合后,无论达成套利目标,还是达成对冲风险目标,CDS 交易应该已经完成。但是,本应在 CDS 交易完成后,CDS 交易双方应该退出 CDS 交易关系,却由于 CDS 形式交易结构,CDS 交易双方仍然无法退出 CDS 交易关系。

当清算中心(所)替换所有交易对手而成为其单一交易对手后,或者 CDS 双方合约提交并转化为规制合约后,CDS 交易双方在实现买卖(首交易和再交易结合)以后就退出了 CDS 交易关系,CDS 买卖合同终止。当然,在正常条件下,CDS 交易双方也已经完成了清算义务。

2. 清算中心(所)的风险

如上所述,CDS 买卖合同终止,交易双方可以退出买卖关系。但是,CDS 交易双方可能还未履行清算义务,这种作为交易对手已经不再享有任何权利,所有权利都已转移至清算中心(所)。因此,CDS 交易对手可能的清算义务,就成为清算中心(所)的风险。

四、成本与定价

既然清算中心(所)存在清算风险,就必然存在清算成本。原本主张 CDS 仅为信用风险成本的,在交易对手风险产生后,不得不考虑因交易对手风险而产生的成本,因此在 CDS 定价模型中有"单跳""双跳""多跳"理论。当交易对手风险被清算中心（所）的风险取代后，清算中心（所）的清算成本，当然也该成为 CDS 定价模型的参考因素。这样，增信管理成本，增信载体的管理成本，必将成为增信成本，也必然成为增信定价不可忽视的考虑因素。

第六节　权证型增信产品

一、合约权证化

在英美法系下，法律是建立在合约基础上的。增信合约标准化，可以产生合约增信产品。增信合约也就从增信媒介转化为增信载体。在大陆法系下，合约是建立在法律基础上的。增信合约不可能通过合约标准化，使标准增信合约成为合约增信产品，并从增信媒介转化为增信载体。标准增信合约如要转化为增信产品，必须获得法律或政府规制。信用风险缓释权证（CRMW）就是在大陆法系下的中国政府将标准增信合约进行规制而产生的。CRMW 属于规制增信产品，也是一个权证型增信产品。

所谓"权证"，在大陆法系下，就是把增信合约的权利义务，或合同权益，在法律上认可为一种权益证券。因此，权证效力在法律上高于合同权益，它可以是一种可以交易流通的金融产品。合同权益一旦被规制为权证，意味着交易合约转化为金融产品。因此，信用风险缓释权证（CRMW）又称为"权证型增信产品"。尽管在中国关于证券（权证属于一种权益证券）的法律认可效力还有待商榷或完善。但是，CRMW 至少作为权证概念，已经走出了第一步。

必须强调，权证型增信产品，不是把信用风险通过合并方式转移至权证产品，而是标准增信合约被规制为权证型增信产品，这是基于大陆法系下的法律要求。其实，在英美法系下的合约增信产品，与权证型增信产品并无二致，只是法律体系不同，规制要求不同罢了。

二、形式交易结构

权证型增信产品，信用风险缓释权证（CRMW），除了增加规制的法律属性外，产品的交易结构与 CDS 一样，也是一种形式交易结构，即信用（保护）买卖。CRMW 作为一种权证增信产品，如同 CDS 所承载、所交易的合约权益，并非是定价后的信用（保护）权益。因信用（保护）无法作为定价对象，而无法定价的信用（保护），就无法进行交易流转。即使信用（保护）买卖这种形式交易结构可以施行,也已因"黑洞现象"所形成的交易对手风险被规制改变。也正因为 CDS 被规制改变,才有了合约增信产品向规制增信产品转化,才有了清算型增信产品和权证型增信产品。否则,才不会有改革 CDS 的动力。

真正可以成为 CRMW 定价对象的,如同 CDS,就是风险资产。CRMW 真正作为一种权证(证券权益),如同 CDS 的合约权益,也是风险资产的合同权益。CRMW,如同 CDS,实质上是一种风险资产交易结构,而非形式上的信用(保护)买卖结构。因为经定价的风险,是一种风险资产。作为一种风险资产交易,才有可能成为 CDS 的合约权益或 CRMW 的证券权益。而且,正因为风险资产作为一种权益,如同其他权证交易一样,才可以由卖方卖出,由买方买入进行直线向后的交易过程,不会形成以任何一个交易对手为中心的交易结构网络,并有可能形成"黑洞现象"及其交易对手风险。

经相关合规程序的认可,CRMW 作为一种权证,其发行人地位属于中国银行间交易市场中的约 1 400 左右的交易成员。CRMW 发行人,就是享有 CRMW 发行权利的交易成员,称为核心交易商。实际上,CRMW 发行人也就是 CDS 交易中可以卖出信用(保护)的卖方。在 CRMW 中,与 CDS 不同,信用(保护)的卖方,即 CRMW 发行人是一种资格,不是所有人都可以成为 CRMW 发行人,比如一般交易商。也就是说,一般交易商,不可成为 CDS 首交易中的信用(保护)卖方,但可以是信用(保护)买方;但在再交易中,一般交易商不仅可以成为信用(保护)买方,还可以成为信用(保护)卖方。

三、基本原理

CRMW 是指由标的实体以外的资本机构所创设的,为凭证持有人就公开发行的标的债务提供信用风险保护的,可交易流通的有价凭证。CRMW 有如下几个特征:

(1)从形式上看,是由凭证创设人面向市场投资者"一对多"发行的、可在二级市场转让的、附带信用保护义务的有价证券。

(2)从实质上来看,是信用风险缓释合约的标准化形式,从而可以在不同投资者之间流通转让。

(3)从流程上看,与权证类似,有创设登记、发行销售、交易结算、注销等一系列流程规范信用风险缓释凭证的管理。实行"集中登记、集中托管、集中清算"。

凭证(合约)创设方,是可以开展 FIS 增信业务的金融机构,针对特定债券发行主体或标的债券创设凭证,并向市场参与者发行,以缓释债券市场风险,保障债券市场健康发展。凭证(合约)交易方,是以投资 CRMW 获利为主要目的的市场参与者,多数在凭证到期前平仓以获取价差收入,少数会在到期日交割以求获取债券违约补偿。

在信用保护目的下,CRMW 购买方为债券持有人,因担心债券发行人可能出现违约风险,向 CRMW 创设方购买 CRMW 凭证,转移债券违约风险。如果发生约定信用事件,便由 CRMW 创设方/出售方向 CRMW 购买方进行赔偿。在套期保值目的下,CRMW 购买方为债券的持有人,为了规避所持债券的信用风险,向 CRMW 创设方购买 CRMW 凭证,以使 CRMW 凭证的公允价值变动全部或部分抵销所持债券的价格变动,以达到套期保值的目的。在套利交易目的下,CRMW 购买方并不持有债券,仅购入可转让的 CRMW 凭证以获取差价(信用利差)收入。

四、案例

A 公司为国内某商业银行。2010 年 12 月 17 日,A 公司发布 2010 年第一期信用风险缓释凭证创设说明书,标的实体为 B 公司,具体情况如下:

2010 年 12 月 17 日,A 公司在公开市场针对 B 公司 2010 年第三期中期票据(10BMTN3)创设了一份信用风险缓释凭证(CRMW),名义本金为 1 000 万元,投资者可以 0.3 元/百元名义本金的价格认购该 CRMW(前端一次性付费)。根据该份 CRMW 创设说明书约定,若 B 公司在 2011 年 12 月 17 日前破产或在"10BMTN3"项下发生支付违约(宽限期为 15 天,且起点金额为 1 000 万元),则 A 公司将向该 CRMW 的持有人收购 1 000 万元"10BMTN3"债券。该 CRMW 的具体要素如下:

假设 A 公司及其标的公司发生如下情形:

2011 年 3 月 27 日,A 公司在评估该笔交易发生的预计损失时发现,B 公司在过去 3 个月内未发生重大信用受损的情形,预计不需要计提相关损失准备,且该 CRMW 当期公允价值为 25 000 元。

2011 年 6 月 27 日,A 公司在评估该笔交易发生的预计损失时发现,B 公司财务状况出现了恶化,但尚未触发凭证所约定的信用事件。A 公司估计该 CRMW 很可能会造成损失,风险管理部门预计 A 公司支付的赔偿金额最佳估计数为 500 000 元,且该 CRMW 当期公允价值为 325 000 元。

2011 年 9 月 27 日，B 公司破产，触发了信用事件，A 公司须按约定向 CRMW 持有人购入面值为 1 000 万元的"10BMTN3"债券，并终止该 CRMW，该笔标的债券市场价值为 500 万元。为简化计算，假设 A 公司每个月对该 CRMW 进行一次后续计量，并忽略债券利息的影响。

五、权证登记与清算

CRMW 是在 2008 年美国金融危机爆发后，在 CDS 作为催化剂作用被认知且进行规制条件下，在中国大陆法系环境下所产生的一种规制增信产品。因此，规制增信产品，规制 CDS，必然以规避交易对手风险为规制前提，以清算中心（所）替换交易对手为主要规制内容。因此，CRMW 流通交易在上海清算所清算则意料之中。

CRMW 被赋予权证法律地位，则在上海清算所登记。也许，这是适应大陆法系的需求。上海清算所被赋予登记、清算功能，使 CRMW 交易更加透明，更趋便捷。

六、成本与定价

上海清算所替换交易对手及其风险，必然有自身运行成本与交易成本。这个成本如果没有其他来源，那一定来自产品定价。那么，产品管理成本，作为重要的风险成本之一，不容忽视。

七、基本特征

1. 独立运行

CRMW，与 CRMA 同属 CRM 体系。与 CDS 不同，CRMW 是在中国大陆法系下特有的现象，是为了适应中国特有的 FIS 市场。

首先，由于中国融资担保行业资本金较小，不足以适应中国 FIS 市场规模化发展的需求，需要更大、更多的资本金进入这个增信（融资担保）行业。于是，CRM，在中国大陆法系下，被疑为"名为买卖，实为担保"，打破了融资担保持牌经营的垄断格局，侵蚀了融资担保领域和既有利益。

其次，既然融资担保的转让或再交易，是受限于担保法。那么，CRMA 同样也不得转让或再交易，这是一种所谓法权平衡。

再次，中国 FIS 市场规模是最大的，适应融资增信的央企国资、地方政府及其平台融资产品。因此,如果仅为 CDS 式的 CRMW,就无法适应中国 FIS 市场特有的需求。如果仅为中国版的 CDS 式增信产品,CRM 适用范围太窄。

最后,要成为可以流通交易的增信产品,必须给予其特殊法律地位。权证化,则是 CRM 分化出增信产品的必由之路。CRMW,必然与 CRMA 分离,两者却各自独立运作,并不关联。

CRMA 与 CRMW 的最大不同点在于,CRMW 是一种权证,而 CRMA 只是合同权益。作为权证,CRMW 在增信效果上要高于合同权益的 CRMA。CRMW 作为一种权证,可以自由流通,使一般交易商(投资者)与近 1 400 家核心交易商进行交易,相当于使增信与差不多整个中国资本市场相连接。因此,CRMW 则是高级形态的增信产品,而 CRMA 只是基础形态的现代增信业务,随着对 CRMW 监管的放开,现代增信业务不可转让所带来的巨大的主体风险逐步体现,可以预见,CRMA 将逐渐退出历史舞台。

2. CDS 中国版

从基础交易结构来看,CRMW 与 CDS 相同,故称之为 CDS 中国版。其一,两者同属投资增信类型,都是由 FIS 持有人(投资者)为对冲 FIS 信用风险而支付增信费用(信用保护费用),FIS 发行人应该都是财务公开可以查询的。其二,从信用事件上看,两者都是应该相同的。其三,两者具有相同的产品定价模型,并都以信用利差为基础。其四,两者交易角色相同,都是由产品卖出方作为信用保护卖方,是增信者,是承担增信义务的一方。产品买入方作为信用保护买方,是被增信者,是享有增信权利的一方。其五,交割方式基本相同,都以现金交割为主。

3. 比较

在 2008 年美国次贷危机后,根据 ISDA 目前对 CDS 合约关于信息披露和定价改革要求,中国的 CRM 体系是在 CDS 的基础上进行改造而成。尽管 CRMW 是 CDS 的中国版,但毕竟 CRMW 在 2008 年美国金融危机之后推出,已经有了相当改进。

1) 特征比较

(1) CDS,在一般情况下,多通过指定参考实体、债务类型和债务特征,把参考实体的债务组合都归入到信用保护之中。CRMW,则要指定具体的标的债务,以使信用保护与特定债务挂钩,使得 CRMW 更具增信产品性质,与指定具体标的债务虽然在一定程度上会影响市场交易效率,但在处理信用事件上则会更加方便,也能更容易地判断市场参与者的真实交易意图,为避免交易过于复杂,有益于防范市场风险。

（2）CRMW，在中国复制、修改 CDS 之时，割断了 CRMA 的联系，所有 CRMW 参与者都必须拥有"参考资产"，无法进行"裸交易"。那还是意味着只有"核心交易商"或"创设机构"才可能发起交易，再由"一般交易商"与之"对冲交易"。即使一般交易商最先获得"参考资产"信用风险的信息，也无济于事。这样，CRMW 就可能失去一大部分的 CDS 最具"价值发现"的功能。核心交易商与一般交易商的地位、风险和盈利能力是有很大区别的。

（3）CDS，没有区分合同版与权益版。CRM 体系则作了具体区分，在 CRM 体系中分成两个版本，CRMA 与 CRMW 这两个版本切开分别运作。这样，把 CDS 改造成 CRMW，不仅对其作了相应限制，包括买卖总量限制、资本金限制等，而且对 CRMW 进行登记结算，使风险总量在信息披露上得以控制。从增信产品上着，CDS 仍然是合同权益，CRMW 则是一种权证，在法律效力形式上更胜一筹。CRMW 作为权证交易，不仅流通便捷有利于定价，而且在偿付安排上比合同权益更有利于达到增信效果。

（4）CRMW 作为权证流通，可以在一定程度上防范"交易对手风险"。但是，CRMW 具有 1 400 家核心交易商，这些核心交易商之间相互交易，仍然无法避免"交易对手风险"。也就是说，防范"交易对手风险"的对象仅为一般交易商，无法防范核心交易商的"交易对手风险"。对 CDS 来说，所有参与 CDS 交易的投资者都可能产生"交易对手风险"，没有进行相应区分。

实际上，CDS 交易商之际还是拥有严格的信用等级识别标准，往往是信用等级无法及时识别，信用等级的跟踪评级未能及时反映，长期信用等级的变化突如其来，出人意料，无论是 21 世纪初倒闭的世通公司，还是 2008 年破产的雷曼兄弟公司。因此，CRMW 通过所谓权证化，区分不同交易参与者，只是在形式上防止"交易对手风险"，未从根本上杜绝"交易对手风险"。

2）CRMW 优点

首先，国际通行的信用衍生产品普遍挂钩参考主体信用状况，CRMW 只是对特定具体的债务提供信用保护，每笔交易与具体对象相匹配，相对更加简单明确，充分体现了"穿透性"原则，即增信目的明确。

其次，吸取美国金融危机的教训，为了防止信用风险不当转移，CRMW 相关规则将市场参与者分成创设机构、核心交易商和一般交易商三类不同的市场主体。三类市场主体的交易范围逐层缩小。创设机构的交易范围最大，可与所有参与者进行 CRMW 交易,核心交易商虽然也可与所有交易商进行交易,但是交易内容局限在仅出于自身需求的 CRMW 交易。一般交易商的交易范围最小,只能与核心交易商交易,且只能进行以套期保值为目的的 CRMW 交易。对市场参与者进行适当分层,可以防止风险扩散到不具备相应风险管理和承担能力的机构,以实现信用风险的科学配置,有利于提高市场效率、防范市场风险,符合债券市场健康、持续发展的要求。

再次,由市场对 CRMW 交易进行集中报备、定期披露信息,并由相关交易平台和托管机构负责可集中交易品种的集中托管、集中清算,这样就有效地提高了市场透明度,为 CRMW 市场的健康运行提供了重要保障。《银行间市场信用风险缓释工具试点业务指引》建立了全面的风险控制体系,从以下方面对市场交易杠杆进行严格控制:任一交易商针对单一标的债务的 CRMW 净买入余额、净卖出余额;任一交易商净卖出总余额与其注册资本的比例;针对单一标的债务的 CRMW 市场总规模等。

第十一章　增信物权与增信衍生产品

增信衍生产品是增信物权中的一种可交易流通的动产形式。增信物权的有限责任抛开了传统的无限增信责任，从而为增信衍生产品确立了与风险资产价值相匹配的新型增信价值观念，打开了产品创新思路。

第一节　概述

在 1971 年美国宣布黄金与美元脱钩以前,增信最主要表现形式为贵金属的实体增信。比如,1944 年美国布林顿协议规定了黄金与美国的法定兑换关系,在此之前的英国英镑与黄金的兑换关系,在中国宋朝的交子与白银关系等,表明了黄金、白银是前述货币的增信物权。自 1971 年黄金与美元脱钩以后,实物增信开始走向主体增信,包括国家信用的增信和机构信用的增信,并于 1993 年产生 CDS 开始,最终又由主体增信走向产品增信,以市场信用替代了主体信用。但是,无论主体增信,还是产品增信,都是以信用进行增信,或高信等对低信等进行信用增级,这就是增信。因此,前述实物增信,均为货币增信,故归入货币学范围。以黄金、白银等贵金作为 FIS 增信的,则归入增信物权,为增信物权的一种,主体增信、产品增信则是增信学的主要研究范围。

增信物权其实都是有限增信,即仅以物权价值进行增信,无论物权价值变化与否,不会再追究物权持有人的经济责任。它包括动产与不动产,而且动产也包括金融产品,比如债性金融产品(FIS)、ABS 夹层证券等,这就形成了增信动产。

可见,增信动产所基于的动产如为可交易流通的动产,比如前述债性金融产品,那么,增信动产就演变成增信衍生产品。

吸收、承载信用风险的金融产品,可称为增信衍生产品。这表明,增信物权抛弃了绝对的价值形式,正在走向有限的、预估的信用增信。或者说,增信物权也只是信用增信的一种表现,如同民事担保走向商事担保,关键是及时偿付的核心义务或法律责任。因此,增信物权是在如下三种状态中产生:

第一种状态是增信自由意志的无奈之举。它以第三方的独立的财产或物权,并以抵押/质押方式为被担保方进行担保。以独立的物权抵押/质押方式进行担保,由独立担保物权承载从 FIS 转移出来的信用风险,即为增信物权。

第二种状态是增信自由意志而为之。如某项财产拥有人通过对财产的内部分序实现增信,内部分序则是自由意志的体现。比如,ABS 资产池所支撑的 SPV 可分割为优先级证券和夹层证券,并由夹层证券作为 FIS 对优先级证券进行增信。ABS 夹层证券,其本身作为一种金融产品,或者 FIS,通过合并方式,吸收、承载了从优先级证券转移出来信用风险,可称为增信衍生产品。

第三种状态则是增信自由意志的创新。金融产品,或者权益产品,包括类股权、类基金等商事信托,中国银行业称之为"非法人产品",通过买卖方式,吸收、承载从 FIS 转移出来的信用风险,形成创新型的增信衍生产品。

总之,金融产品作为一种动产(物权),如果承载了信用风险,就演变成增信衍生产品,包括 CLN、ABS 夹层证券,以及其他创新增信产品。承载信用风险的载体,比如金融产品,或者 FIS,则充分体现了人类智慧的博大精深;所形成的增信衍生产品,则是极其多样化,并且是绚丽多彩的。增信衍生产品,抛弃了以往担保主体的无限担保责任,改变了担保物权价值必须大于被担保物或担保对象的价值观念,确立了增信物权与信用风险定价所形成的风险资产价值相匹配的新型价值观念,这是增信价值观念的创新,也是人类智慧的一大进步。

第二节　增信物权

一、增信物权的含义

FIS 信用风险转移至物权,该物权可称为增信物权,它是既承载信用风险且又经相应公示程序或法律程序的物权。与增信主体相比,增信物权更直接与财产(权利)相结合。因此,如果说,增信物权属于财产增信,那么,增信主体属于信用增信,实际上也是一种间接财产增信。增信主体是基于主体信用,财产增信是基于财产价值,涉及财产覆盖率。当然,这是相对而言,财产增信与信用增信相互联系、相互区别,可以理解为两种不同的增信方法。

财产增信与信用增信之间的关键在于风险资产的资产覆盖率。资产覆盖率是指用于增信融资资产(FIS 价格)的实际资产与融资资产的占比关系。如果除去信用增信,财产增信可以从以下几个方面去理解:①动产,现金,首先是存款;有价证券,国债、股票及其债券;有价金属,黄金、白银和珠宝等。②不动产,商业地产与居住地产。

现金存款,本身也是有风险的,商业银行存在倒闭风险。尽管世界各国均有存款保险制度,却是有限额的。因增信额度比这个限额大得多,存款保险对增信额度来说并不适用。有价证券本身,价格变动也是巨大的。有价金属及其不动产,价格也是随行就市的。因此,财产增信本身也有信用增信。主体信用的增信,从单一增信项目看,增信主体资本金都足以覆盖增信对象的价值,否则不可增信。但从资本杠杆角度看,增信主体资本金不足以覆盖所有增信对象的价值。(主体)信用增信,也包括财产增信。

二、反担保

如以 FIS 发行人/融资者的财产为其 FIS 进行抵押/质押,由此产生的担保物权只是反担保措施,而非增信物权。由此可见,增信物权与担保物权是不同的,仅当第三方的担保物权可以属于增信物权,而 FIS 发行人/融资者的担保物权就不属于增信物权。可见,用以反担保措施的担保物权不属于增信物权,如同关联担保不属于增信一样。

复杂的是,在 ABS 中,适当的、有限的增信物权,属于名义上的外部增信。ABS 发起人以出售给特殊目的载体(Special Purperse Viehcle, SPV)的资产所支撑的 SPV 部分权益(次级权益)进行增信,有变相的关联担保之嫌,而非外部增信工具。还有一些所谓"内部增信工具",包括超额抵押、现金利差账户/现金抵押账户、资产出售方提供追索权等,即以 SPV 名下资产为 ABS 优先级证券进行增信,实际上属于变相的反担保措施,而非增信物权。

三、风险对价与物权价值

如以主体增信、产品增信的,即可以支付风险对价(增信费用)的,可不以物权进行增信,即无物权增信;如果增信对象可以确定信用等级或信用风险而进行定价,则可以对独立物权进行增信;如果增信对象无法确定信用等级或信用风险,特别属于垃圾级 FIS(3B 以下)及其发行人/融资者,由于无法定价,不仅完全基于物权价值,风险对价即为物权价值,而且可能是非独立的物权增信,并涉及主体担保责任,例如中国的连带责任担保或最高额担保。

所谓 ABS 次级证券,实际上也属于增信物权(动产),却非证券或增信衍生产品。①如果在 ABS 中只分优先级证券和次级证券两种,并且次级证券是不可交易流通的。那么,这种不可交易流通的所谓次级证券就只能算作证券,应叫其次级权益,属于物权(动产),不属于金融产品。②如果在 ABS 中分为优先级证券和次级分档证券,那么,次级分档证券中最低层的、不可交易流通的证券,同样也只能算作证券,也应叫其次级权益,属于物权(动产),不属于金融产品。

可见,上述这两种 ABS 次级权益,作为物权而非金融产品,由于优先级证券的信用等级或信用风险而可以确定并进行定价,因而这两种 ABS 次级权益以其自身价值吸收、承载优先级证券所转移的信用风险,即风险定价与次级权益的价值相当,因此可称之为增信物权,而非增信衍生产品。

四、独立担保物权

增信物权亦可称为一种独立的担保物权,与中国式的担保物权有所区别。增信物权是独立的担保物权,即担保物权不是基于连带责任,担保责任仅限于抵押物权/质押物权。当这种担保物权处置收益低于担保价值时,第三方作为担保物权所有人无须继续承担连带担保责任,或最高额担保责任。简言之,信用风险在价值上是完全转移至这种独立的担保物权上,担保物权的原来持有人不再承担这种物权价值以外的任何信用风险及其对价。

中国式的担保物权却不是独立的,即担保物权是基于人身担保责任,无论连带责任担保,还是最高额担保,甚至一般担保,第三方的担保责任在风险对价上可以超越、大于抵押物权/质押物权,即当担保物权处置收益低于担保价值时,第三方作为担保物权所有人及其担保人,仍须承担连带担保责任,或最高额担保责任。也就是说,信用风险在价值上并未完全转移至担保物权,而是全部转移给担保人,担保物权只是隶属于担保人而延伸至物权所获得的优先受偿权。因此,严格意义上讲,中国的这种担保物权,不应属于增信物权。因为中国的这种担保物权不是独立的,只是从属于主体增信,或者支撑主体增信的一种手段罢了。

独立担保物权,是个极为重要的增信概念。无论担保物权价值高低,可能与被担保(增信)的 FIS 价值不相匹配,但可能与 FIS 的随机违约率所确定的信用风险对价相匹配,因此,才有可能把 FIS 的信用风险进行定价并转移出来,以风险资产价值与担保物权价值相匹配。现行增信衍生产品,特别是 ABS 夹层证券,就是按此价值匹配原理发展起来的。因此,增信衍生产品的创新,不仅应该抛弃以往那种增信主体、担保物权价值要全部覆盖增信对象价值的思维,而且也要从单一增信产品走向复合增信产品,甚至集合增信产品,即以风险定价所形成的风险资产价值作为这些创新增信产品的定价基础。

五、增信合约与形式

增信物权是指承载信用风险的物权,即物权承载着通过非标增信合约并以合并方式从 FIS 中所转移过来的信用风险。非标增信合约,将 FIS 中的信用风险转移到物权,并由物权承载信用风险。因此,非标增信合约,也是传输从 FIS 转移过来的信用风险的增信媒介,当信用风险传输到物权,增信合约作为增信媒介完成了传输功能而消失,物权因承载了信用风险而成为增信物权,但无法再通过增信合约把信用风险从增信物权中转移出来。要么信用风险随增信到期消失,要么 FIS 信用风险产生,与增信物权一起消失(处置)。

物权,与其所承载的信用风险是通过合并方式结合为增信物权的。如为担保方式,则为关联担保,因为并无对价。如为买卖方式,因无对价,不成交易。因此,信用风险转移至物权形成增信物权,合并方式是最佳途径。

六、利益机制

1. 成本与效果

增信物权,涉及增信成本与增信效果之间的相互关系。如果物权变现能力差,增信成本则较低,增信效果无法实现而变差。如果变现能力强,增信成本就高,增信效果方便实现而加强。可见,增信物权流通性好,变现能力强,增信效果非常好;但增信成本太大,甚至大于增信收益,造成收益倒挂现象;这样,可能造成增信望而却步,丧失增信的经济价值。实际上,LC,高额的开证成本已经远远大于增信收费,就是属于不符合增信成本、增信效益与增信效果相互关系的增信物权。

2. 边际收益

在不影响物权自身成本和收益的条件下,如以不交易流通的物权进行增信,可以收取增信收费,这种增信收费对于增信物权持有人来说,是一种边际收益。当然,增信物权持有人必须充分考虑信用风险对物权的损害及其损害程度。

3. 有限责任

增信物权的产生,相对增信者(担保人)来说,必须是两种状况的结合。其一,是增信者信用不足以让人知晓/满意,必须以其拥有的、公允价值的物权作增信,承担 FIS 信用风险。其二,增信者不愿承担(主体)增信义务或(连带)担保责任。增信义务或担保责任仅止于增信物权,不可再追究增信者的增信义务或担保责任。

七、增信物权分类

物权,可分为动产与不动产。不动产抵押,动产质押,也可以通过增信合同创造不动产、动产与增信相结合的增信物权。

以第三方的不动产进行增信,不动产承载从 FIS 转移出来的信用风险,并办理抵押公示或登记程序的,为增信不动产,或增信物业,或增信物权。增信不动产(担保物权)由来已久,经久不衰。

以第三方的动产进行增信,动产承载从 FIS 转移出来的信用风险,并办理质押公示或登记程序的,为增信动产(质押物)。增信动产,又可因动产的可交易流通性而成为债性增信产品。增信动产,包括 LC Letter of Credit,LC,ABS 次级权益等动产,这些动产本身不具交易流通特性,不是金融产品,因此只能是增信动产,不是增信衍生产品。

八、具体内容

1. 增信不动产

不动产增信是指把 FIS 信用风险通过非标增信合约转移至不动产,并经相关程序由不动产承载信用风险。它具有以下特点:

(1) 信用风险仅转移至不动产,即风险仅止于不动产,不动产持有人不承担信用风险,风险不可追索到不动产持有人,以免成为主体增信的附属物,而非不动产增信。

(2) 增信不动产仅属于 FIS 交易的第三方,不为 FIS 发行人/融资者所拥有;否则,这种增信不动产,将成为反担保措施。

(3) 增信不动产,还受制于公示或法律程序以取得对抗他人的优先权。因此,在增信合约完成增信媒介功能(传输信用风险)以后,公示或法律程序是信用风险与不动产结合的重要连结点。

(4) 增信不动产的经营收益归其持有人,增信收益却不进入增信不动产,而是归持有人所有,是持有人的除正常不动产经营收益以外的边际收益。

2. 增信动产

(1) 增信动产与增信不动产的状况相同。只是在公示程序和法律程序上存在差异,法律名称有抵押与质押的区别。

(2) 增信动产,要区分非交易流通动产和交易流通动产,即金融产品。这里所称增信动产,是指非交易流通动产。增信动产主要分为 LC 等各种票据及其珠宝。其他票据和珠宝作为增信动产的情况很少,就不作探讨。信用证(Letter of Credit,LC)是由金融机构发行的"保险单",最高评级的国际银行获得的信用证(LC)则是最古老的增信形式。目前最新的商业银行监管规则大大降低了 LC 业务对银行的吸引力。因为 LC 变得更难取得,更为昂贵,开证费用与增信费用倒挂,增信业务也就无法使用 LC。

第三节　增信衍生产品

一、基本内容

增信衍生产品是指金融产品通过合并形式承载了增信对象(FIS)所转移出来的并经定价的信用风险。金融产品,是一种物权,也是一种可以交易流通的动产。属于动产或物权的金融产品是债性的(固定收益),那么属于动产(物权)的金融产品,可称为债性增信产品。既然这个金融产品可以是债性的(FIS),当然也就可以是其他权益产品,或者其他金融产品,这样就可以对增信产品进行创新。因此,现有的债性增信产品,并不排除未来可能设立的创新增信产品。

二、增信衍生产品与增信产品的比较

1. 增信衍生产品与增信产品相同之处

(1) 产品定价方式相同,即信用风险对价都是信用利差。

(2) 信用风险转移方式相同,即不以担保行为转移信用风险,而是交易或合并形式转移信用风险。

(3) 都具有交易市场,无论如何,增信衍生产品与增信产品都需要一定的交易市场与参与者共同运行,否则无法作为交易产品。

2. 增信衍生产品与增信产品不同之处

（1）增信衍生产品的增信合约是非标准的，增信产品的增信合约却是标准的。

（2）增信衍生产品的增信形式是合并方式，增信产品一般为买卖交易形式。

（3）增信衍生产品的风险定价都是"双重"的，增信产品却是单一的。

（4）增信衍生产品的载体为金融产品，增信产品却是增信合约及其规制产品。

（5）增信衍生产品价格是现金交易的，增信产品还是合约交易的，尽管正在努力开展现金交易。

（6）增信衍生产品的风险，在总体上应该比增信产品要小。尽管增信衍生产品存在自身风险，是"双重"风险，但对于 FIS 所转移出来的信用风险来说，不仅以风险对价反映在增信衍生产品的价格中，而且增信衍生产品的载体本身价值可以覆盖 FIS 全部或部分价值，或者信用利差。增信产品仅仅以风险对价反映在增信产品的价格中，却没有任何剩余价值可以覆盖 FIS 全部或部分价值，或者信用利差。

（7）增信衍生产品持有人仅以产品价值承担增信义务或增信风险，即有限承担。增信产品无法以产品价值承担增信义务或增信风险，增信产品持有人仍须承担增信义务或增信风险。

三、内在要素

1. 增信合约

增信合约承载着增信对转移出来的信用风险，并把信用风险通过合并方式进行传输、转移给金融产品，增信合约作为增信媒介，在传输功能完成后不再转化为增信载体，即不能再独立地、自由地进出金融产品。因为增信衍生产品一旦成立，无法再通过增信合约分离、转移信用风险。信用风险，要么因增信衍生产品到期而与金融产品共同解除（兑付），要么信用风险发生而与金融产品共同消失（处置）。但在形式上，作为媒介的增信合约不是独立的，而是包含在增信衍生产品设立文件中。

2. 法律概念

转移信用风险的法律概念是合并形式，即增信形式为合并。在增信衍生产品中，信用风险的转移，既不可以行为无法定价的担保来转移信用风险，也不存在买卖方式来转移信用风险，而是将一个信用风险通过合并方式转移至金融产品，形成了以往所谓的金融衍生产品，此处所谓的增信衍生产品。

3. 产品定价

金融产品属于动产或物权,特别是作为一种 FIS 的金融产品,必须对自身拥有的信用风险定价;从其他 FIS 转移过来的信用风险进行另行定价;最终,两个 FIS 的风险定价合而为一,成为债性增信产品的定价。因此,债性增信产品应该具有双份风险定价,相比较而言,定价较高。比如,ABS 夹层证券的定价,就是在优先级证券定价基础上加上其风险定价,即优先级证券的双份风险定价,形成 ABS 夹层证券(Mezzanine Securities,MS)的定价。

4. 产品风险

增信衍生产品本身具有双重信用风险,如果为债性金融产品。无论哪个发生信用风险,无论是优先级证券的信用风险,还是 ABS 夹层证券的信用风险,也不管是 CLN 发行人的信用风险,还是标的资产的信用风险,增信衍生产品持有人都将因此遭受损失。

第四节　债性增信产品

增信衍生产品,尽管可因所承载的信用风险的金融产品不同而不同。但是,目前存在并实际运行的增信衍生产品,主要是以债性产品承载信用风险的债性增信产品,主要包括 ABS 夹层证券、信用联结债券(CLN)等。

一、ABS 夹层证券

1. 基本原理

在 ABS 中,对拥有资产池的 SPV 权益资产进行分割,形成两种或几种不同信用等级的证券,优先级证券、次级分层证券,或者次级权益。所谓 ABS 夹层证券,是指次级分档证券中可以流通部分的证券,它承载了从优先级证券转移出来的信用风险。次级分档证券中最低层的,因其不可流通交易,只能称为次级权益,而非次级证券。简单地说,ABS 夹层证券,就是上有优先级证券、下有次级权益的可流通交易的证券。因此,作为债性增信产品,在 ABS 中,实际上是指夹层证券,而非次级证券或次级权益。

ABS 夹层证券是定价的风险或风险资产转移至 FIS 所形成的增信衍生产品最好的典范。其一,风险概率化的个体信用风险与集合化的基础资产,促使违约概率大幅下降,并以此违约概率作为定价基础,将定价的风险或风险资产转移至

FIS。其二,承载风险资产的 FIS 自身应该拥有与 ABS 优先级证券同样的利率价格,同时增加了 ABS 优先级证券的信用利差价格,最终形成 ABS 夹层证券价格。其三,ABS 夹层证券价值一般少于 ABS 优先级证券价值,少则不到 ABS 优先级证券价值的 5%,多则为 ABS 优先级证券价值的 5%~40%,而绝对不会是 ABS 优先级证券价值的 100%。因此,这就意味着,ABS 夹层证券为 ABS 优先级证券增信,是无需以 100% 的资产支撑增信的! 这是风险定价所形成的增信产品及其增信衍生产品所追求的目标。

可见,ABS 夹层证券作为一种 FIS,吸收并承载了优先级证券的信用风险,并可进行流通交易,形成了债性增信产品。夹层证券不仅有自身的定价,而且还具有优先级证券的风险定价。因此,夹层证券定价,一般都会高于优先级证券。当然,夹层证券定价,则由夹层证券和优先级证券的信用等级所决定的。另外,夹层证券还可以进行再增信,即对 ABS 夹层证券进行再次增信,不仅保护 ABS 夹层证券投资者/持有人的利益,而且更是保护 ABS 优先级证券投资者/持有人的利益。

2. 举例

某个信用等级为 2A + 商业银行发行一个按揭贷款证券化产品(MBS),把 11 000 份、总值为 100 亿美元的按揭贷款合同打包组成资产池,并转让给 SPV,成为 SPV 名下资产。然后,SPV 将其分成优先级证券和次级分档证券。其中,除了 1.5 亿美元的最低层次级权益由商业银行持有(不得流通)外,3.5 亿美元的夹层证券和优先级证券 95 亿美元,可以对外发行。优先级证券发行的收益率为 2.5%/年,夹层证券发行收益率为 3.5%/年,产品期限为 5 年。无风险利率为 1.8%/年。

首先,95 亿美元的优先级证券,夹层证券总值 3.5 亿美元及其 1.5 亿最低层权益的资产出表,或收益与风险转移,需要会计确认。其次,夹层证券的收益率比优先级证券高 1%/年,是优先级证券的风险对价反映在夹层证券收益率中,即夹层证券的收益率为 3.5%/年,是合成收益率。再次,资产池资产的现金流优先分配给优先级证券,剩余的现金流再分配给夹层证券,如果没有剩余的现金流,则夹层证券无法分配,或兑付。可见,夹层证券以 3.5% 的资产对优先级证券信用利差 0.7% 的风险进行覆盖,风险覆盖率为 5 倍。

二、信用联结债券

1. 基本原理

商业银行发行某个企业债券,除了一般条款(本金、利率、期限、结息日期)外,特别约定,当这个企业法人发生约定的信用事件,商业银行没有义务兑付这个债券。如果某个企业法人没有发生约定的信用事件,商业银行正常兑付债券本息,除非商业银行倒闭。

首先,这是商业银行债券(FIS),但却指向另一企业法人(贷款)的信用风险与这个商业银行债券相联结。其次,这个利率为合成利率,这个结息期限与到期期限均为同期期限。由此可见,这是一个典型的信用联结债券(CLN)。再次,CLN的真正增信对象是企业法人/贷款(FIS)/信用风险,商业银行则是贷款(FIS)持有人,实际上就是CLN的信用保护买方,或者增信受益人/被增信人,通过支付利差给债券(FIS)合成CLN,既通过发行债券全额收回了贷款(扣除利差/增信费用),又通过支付利差(增信费用),对冲了企业法人贷款的信用风险,最终实现了交易利润(贷款利率-债券利率-利差)。

不仅如此,而且以债券全部价值作为贷款增信的基础价值,商业银行因此持有的企业法人贷款就没有任何风险了,可以把企业法人贷款调整为表外资产。因此,商业银行更喜欢、更中意CLN。但是,CLN投资者/持有人却承担着双重风险,企业法人贷款的信用风险和商业银行债券的信用风险。

2. 举例

某一信用等级为2A+的商业银行拥有一笔10亿元港币贷款(或者其他FIS),贷款企业是一家信用等级也为2A+的企业法人,贷款期限为5年,贷款利率为4.1%/年,按季结息。过了将近1年,商业银行因资金周转需要收回这笔贷款。因为期限问题和维护客户的需要,不适用于保理产品和银行ABS产品。为此,该商业银行决定发行CLN,此时无风险利率为1.8%/年。

CLN,本金为10亿元港币,期限为4年(与前述贷款同时终止),合成利率为3.5%/年(2A企业法人所发行债券利率为3.2%/年,产品流通利差0.3%/年,相加形成合成利率),按季结息。债券同时约定,如果这家企业法人发生约定的信用事件(违约风险),商业银行没有义务兑付这个债券(CLN)。如果这家企业法人没有发生约定的信用事件,商业银行正常兑付债券本息,除非商业银行倒闭。

从商业银行角度看,在不增加任何风险、也不用影响客户信贷关系的条件下,商业银行发行CLN,不仅可以收回本金,同时还有0.6%/年的利差收益。如果商业银行不发行CLN,临时缺少这笔头寸。如果做保理产品和ABS产品,不仅交易时间和交易对象可能不确定,而且利率也很难自主定价。如果为ABS产品,可能还要持有次级权益,并且金融监管、会计确认和财务审核更为严格。因此,保理产品和 ABS 产品,在收益和风险上都不如发行 CLN,但是,CLN 一般为柜台交易,不是公开发行的金融产品,流通性比 ABS 差一些。

从 CLN 投资者角度看,CLN 收益率比这家企业法人所发行的债券要高0.3%/年,增加风险的情况有二:其一,是商业银行信用风险。但商业银行的信用等级与这家企业法人的信用等级相同,应该可以接受这个风险。其二,CLN 的流动性较企业债券的流动性差一些,0.3%/年利差收益则主要来自这个流动性。这个流动性差一些的风险也是 FIS 长期投资者所能接受的。如果觉得这个流动性与长期限结合有风险,可以买入一个标的资产(对象)为这家企业法人的 CDS,就可以对冲这个风险。而且,这个结构性操作的结果,无论买还是不买 CDS,投资CLN 的收益高于投资这个企业债券。

3. 两者特征比较

CLN 与夹层证券形态相同,都是债性产品(FIS),是一种动产,只是两者基础资产的形态不同。夹层证券所吸收、承载的信用风险,是来自同一个基础资产(资产池)支持的 SPV 所分割的优先级证券,即优先级证券与夹层证券都基于同一个基础资产(资产池)。CLN 的发行人与转移信用风险的 FIS 发行人/融资者不是同一个主体,却是同一个资产。

CLN 与夹层证券,本身就是一种 FIS,有着 FIS 自身的定价。夹层证券在一定程度上承载了 ABS 优先证券的信用风险。而 CLN 风险则独立于被增信的FIS,不仅承担被增信的 FIS 信用风险,而且 CLN 的发行人也同样存在信用风险。正因为如此,CLN 和夹层证券,对其所承载的信用风险不是独立定价,而是包含在 FIS 价格之中。

4. 两者利益比较

从 CLN 发行人角度看,就是金融机构(商业银行)把对客户的债权(贷款)通过发行 CLN,收回贷款,转移债权(贷款)的信用风险,并因此取得利润。商业银行发行 CLN,比发行 ABS 更有利益,更少风险。从 CLN 投资者角度看,可以分享一般无法取得大客户融资(贷款)的利益,可以得到比大客户发行债券更多一些利息。

对比一下 CLN、ABS 的风险收益,就可以发现,CLN 无论在风险上,还是在收益上,都对商业银行有利,对投资者不利。从风险角度看,ABS 的风险仅为一种资产,即 ABS 资产池的风险,这个资产池的风险已与 ABS 发行人进行了风险隔离。CLN 的风险实为两种不同主体的信用风险,一个是发行人(商业银行)的自身风险,另一个是大客户(贷款人)风险,任何一个风险都构成 CLN 风险。CLN 投资者/持有人同时面临金融机构(商业银行)和大客户这两个违约风险,比大客户的债券风险增加一倍。从收益角度看,ABS 的优先级或各分档证券收益一般远远高于 CLN 的收益。因为,CLN 定价是可以由 CLN 发行人(商业银行)主导的,CLN 投资者没有议价权。ABS 优先级或各分档证券的收益,是市场交易定价的,不是发行人(商业银行)可以控制/主导的。

由此可见,商业银行不仅掌握定价权,利润比 ABS 更高,而且不用担心 ABS 国际会计准则中关于风险资产转移等会计确认问题,更是在风险上全面转移,不用保留 ABS 中不可交易流通的次级权益所具有的风险。CLN 与 ABS 夹层证券,两者赖以发行证券的资产不同,但两者内在机理上却是几乎相同。

商业银行发行 ABS,不仅会计要求较高,还需以次级权益或分档证券增信优先级证券,并且极有可能还需持有次级权益。自然而然的,发行 ABS 的最终风险仍在商业银行手中,商业银行资产质量尽管有所提高,但仍不尽人意。

商业银行发行 CLN,既可以不用出让信贷而得罪客户,又可在不增加成本的基础上彻底转移贷款风险。投资者持有 CLN,CLN 中的债息相当于一部分贷款利率、无风险利率再加上风险利差。所以,商业银行发行 CLN,比发行 ABS,更有助于银行资产质量改善。当然,CLN 只能属于柜台交易产品,而 ABS 属于公开市场交易产品,因此 ABS 监管更胜于 CLN。正因为如此,CLN 有利于商业银行改善资产质量,分散商业银行经营风险,而且商业银行对 CLN 具有定价权,据此商业银行中意 CLN 更甚于 ABS。

从增信衍生产品角度看,CLN 无疑丰富了增信衍生产品,而且增信产品以债券为偿付安排,具有极好的增信效果。但是,不得不承认,这些好处更多地属于金融机构(商业银行),大大多过于 CLN 投资者/持有人。CLN 对于调整金融机构(商业银行)的资产质量和增加利润具有重要作用,同时,也丰富了资本市场上的 FIS 品种,当然 CLN 投资者/持有人的投资风险有所提高。为此,CLN 投资者/持有人应该进行风险对冲,如果价格允许,可以通过 CDS 卖出大客户的信用风险。当然,买入一个 CLN,再买入一个 CDS,要比较风险利差。要么可以无风险套利,要么通过时间差进行套利,但时间差本身就是成本或风险。

第十二章　增信产品创新

中国与以美国为代表的西方国家不同，以融资增信类型为主，因此根据增信目的和增信原则，依据增信定价基础和增信交易结构，创新增信产品是整个增信历史发展的理性选择。

第一节　概述

一、历史发展与市场需求

众所周知,增信对象,有的在财务管理上比较透明,比如上市公司、金融机构;有的则在财务管理上比较不透明,比如央企国资、地方政府及其平台公司、中小企业。因此,增信分为投资增信和融资增信。一般来说,对在财务管理上比较透明的增信对象,适用投资增信,由 FIS 投资者/持有人自行进行增信。对在财务管理上比较不透明的增信对象,适用融资增信类型,由 FIS 发行人为 FIS 投资者/持有人进行增信。

20 世纪 70 年代初美国以金融担保名义开展增信业务时,增信对象主要是地方政府债、市政债,也是 3A 信用等级的增信机构主要业务。在这 30 年期间,增信机构累计实现融资增信总量为 1 万亿美元左右,并由以主体信用为基础的增信机构承担这个增信总量。因此,金融担保业务产品化,或者融资增信产品与美国失之交臂,也是可以理解的。20 世纪末美国以 ABS 为代表的,金融类型的 FIS 获得规模化的迅猛发展,以主体信用为基础的增信机构及其增信业务,却无法适应这种规模化发展。于是,摆脱持牌经营和行业监管,全面对接资本市场的增信产品 CDS 应运而生。

随着中国国家信用逐渐从中国 FIS 市场撤退,刚性兑付开始终结,FIS 信用违约开始大规模显现,上万亿元人民币的"钢贸债"把投资者从刚性兑付梦想中敲醒并惊慌不已。因此,近几年来国务院常务会议几次涉及融资担保,希望融资担保为中国 FIS 市场解难排忧。有专家提议设立千亿/万亿元的国家级融资担保基金,有人呼吁完善再担保体系。但 2016 年 9 月底中国银行间市场出台的 CRMW,引进的 CDS,则表明了中国金融监管层的态度。只有摆脱融资担保机构的持牌经营,出台全面对接资本市场的增信产品,CDS/CRMW,才有可能应付目前中国数百万亿元人民币级的 FIS 市场。

但是,作为投资增信产品,CDS/CRMW,在中国适合增信对象,只有少量的(银行)金融债、(上市)公司债。在目前中国现存数百万亿元人民币的 FIS 之中,主要发行人/融资者却是央企国资,地方政府及其平台公司,还有"一带一路"沿途国家及其建设项目在未来 20 年内所需融资的数百万亿元人民币,却都是适合融资增信,无法适合投资增信产品(CDS/CRMW)。另外,适合融资增信的融资担保业务,由于资本金及其持牌经营的限制,根本无法适合这两个数百万亿元人民币的 FIS 市场。因此,寻求适合融资增信产品,进行增信产品创新,这是整个增信历史发展的理性选择。

二、理性选择

以往所有的融资增信,FG/FAFT,都是以主体信用为基础的增信业务,是一种点到点的传统平面的增信业务,在信用风险随机概率条件下,受限于资本金的增信主体,如同带着资本金进入赌场的赌徒,因此增信业务风险巨大。在这个条件下,无论是增加现有增信机构的资本金,还是新设增信机构而增加资本金,增信机构的增信业务(FG/FAFT),都是无法摆脱这种赌徒式的风险。另外,完善融资担保体系,并不能改变增信机构受限于资本金及其 10 倍杠杆率,也同样无法支撑中国数百万亿元人民币的 FIS 市场。

随着中国 FIS 市场交易规模迅猛发展,要满足 FIS 市场规模化发展的需求,就要承担更大规模的信用风险。但是,受限于增信主体资本金和风险巨大的增信业务,在增信资本效益最大化的条件下,增信资本是不会继续投资增信主体资本金来支撑 FIS 规模化发展的需求。因此,利用现有资本效益已经尚好(高信等)的资本机构,参与投资增信产品,比扩大增信机构资本金更为有效,可使增信资本效益最大化。因此,增信业务产品化和去主体化,是增信发展的必由之路,也是满足FIS 市场规模化发展的必然需求。

目前中国银行间市场出台的 CRMW 和引进的 CDS,尽管有助于银行业的资产质量调整,却无助于中国现存最大量的、仅适合融资增信的 FIS。因此,适应FIS 市场规模化发展的创新型增信产品,在信用风险随机概率条件下,减少和控制市场动荡和系统性风险,将成为资本市场的基础设施或稳压器。适合融资增信的创新增信产品,不仅要为中国规模巨大的 FIS 市场提供必要的交易成本,即为资本市场提供市场信用,以替换国家信用或刚性兑付,而且要作为资本市场/金融体制的支撑能力/基础设施,可以避免市场动荡和系统性风险。

三、创新方向

1. 增信形式与增信载体

如前所述,在信用风险转移上,民事担保,是追求行为方式与法律责任;商事担保,是讲究风险转移与定价管理。作为商事担保的增信,增信产品及其增信衍生产品所基于的风险转移形式,即法律形式,到目前为止,只是买卖方式和合并方式。增信产品及其增信衍生产品创新方向将被揭示如下:

其一,因形式上的信用(保护)买卖产生了合约增信产品与规制增信产品。规制增信产品,在没有回归到实质上的风险资产交易的条件下,并在合约增信产品基础上进行规制调整。如果能够回归到实质上的风险资产交易上,便可进行增信产品创新。

其二,因合并形式在金融产品基础上产生了增信衍生产品,比如现行的债性增信产品,都是建立在 FIS 这类金融产品基础上的。那么,还有哪些 FIS,或者其他金融产品也可以作为信用风险的载体或合并对象,或者说,还有哪些 FIS 或金融产品可以作为创新增信衍生产品的增信载体,比如商事信托或资管形式(SPV),或者进一步为投资基金形式等。拟或非合并形式,买卖形式也可以成为创新增信衍生产品的法律形式。

其三,无论采用哪种法律形式、哪个金融产品,进行创新增信产品或金融衍生产品,都需要确定一个金融产品类型。如果没有,可以创造出一个类金融产品或另类金融产品,比如,类股票、类基金、类债券、类 SPV 等。

2. 创新选择

第一,创新增信产品及其增信衍生产品,不可能是股票产品(股票是公司权益)。因为以主体信用为基础的、持牌经营的增信公司所开展的增信业务,是通过非标增信合约形成增信资产。因增信资产在增信公司中具有很大风险,因此通过增信合约标准化打破持牌经营的增信公司所带来的巨大增信风险,使增信资产脱离增信公司这种载体桎梏,并通过增信资产交易形成增信产品。因此,对增信产品进行创新,就不可能重返增信公司,再次承受这种载体桎梏。但是,创新增信产品及其增信衍生产品可以拥有类似股票的属性,即"上不封顶下不保底"、具有 PE 值的类股票产品。

第二,创新增信产品及其增信衍生产品,不可能是一种基金产品(投资基金)。基金产品,首先是募集资金,其次再以所募资金通过适当投资组合进行投资,最后形成具有最佳投资组合和投资回报的基金资产(池)。创新增信产品及其增信衍生产品,则是先拥有增信资产(池),包括现金资产,然后再形成增信产品。不过,创新增信产品及其增信衍生产品可以是一种类基金产品或另类基金产品,可采取以净值计价的基金定价模式。

第三,创新增信产品及其增信衍生产品,也不可能是证券化产品(ABS)。ABS 的基础资产往往是 FIS,是一种应收账款。但是,增信资产不是一种 FIS,一种应收账款,而是风险资产,是依据随机违约率进行风险定价的,如同股票风险属性"下不保底上不封顶"。当然,创新增信产品及其增信衍生产品可以采用 ABS 那种具有避税功能的,需要外在管理的 SPV 框架。

最后,创新增信产品及其增信衍生产品,不可能是期货产品,尽管信用风险及其风险定价具有未来不确定性;创新增信产品也不可能是保险产品,尽管信用风险是具有概率的,但与保险所依据的客观事物的概率存在巨大差异。历史经验证明,随机性质与金额巨大,不是保险机构所能承受的。创新增信产品及其增信衍生产品更不可能是股指期指等金融衍生产品,CDS 指数(CDx)等金融衍生产品不具有增信功能,就不属于增信产品,也不属于增信范围。

3.创新前提

首先,创新增信产品及其增信衍生产品,必须存在市场需求这个基本前提。美国创造了适应于投资增信的 CDS,却与融资增信业务产品化,或者融资增信产品,擦肩而过。目前中国现存及未来存在数百万亿元人民币的,适合融资增信的 FIS 市场,融资担保机构无法适应这个 FIS 市场的规模化发展,必然要求对融资担保业务进行产品化创新。

其次,增信合约标准化,是创新增信产品及其增信衍生产品的一个重要基础。增信合约标准化,意味着增信者去专营化,可以对接资本市场的所有投资者及其资本,用于支撑起增信市场所需的巨量信用。

最后,中国作为大陆法系国家,增信制度设立、完善均需有所规制。无论是增信产品,增信衍生产品,还是法定增信对象,拟或增信产品交易平台、登记结算机构,以及增信免税机制、增信保护基金等增信环境,都需要进行顶层设计与制度规范。

第二节 创新基础与创新方向

一、增信形式创新

综上所述,自从突破了以担保行为作为信用风险转移的民事担保概念,并采取了以信用风险作为增信对象进行转移的商事担保。无论担保,还是买卖,拟或合并,都是信用风险转移的法律形式,也就是增信形式。因此,增信形式上的创新,是增信的根本创新。犹如从担保行为,转向信用买卖/风险险资产交易,就意味着从民事担保向商事担保演化,从增信低级阶段的增信业务向增信高级阶段的增信产品转化;最终由买卖交易方式与合并方式共存,把增信高级阶段的增信产品向增信更高阶段的增信衍生产品演变,都是增信形式不断创新的结果。

在信用买卖的增信形式中,从 CDS 创设开始,即为形式上的信用(保护)买卖,实质上的风险资产交易。尽管这种形式上的买卖方式因交易对手风险可能引发系统性风险,世界各国及其主要专业组织对 CDS 的规制也只是小修小补。或以所谓替换 CDS 合约,以清算中心(所)替换交易对手,用以防止交易对手风险。

或以形式上的买卖方式直接规制为权证(法学史上绝无仅有),自然便以清算中心(所)作为交易中心,以绝交易对手风险之后患。这两种规制方法,其实在根本上未有触动形式上的信用(保护)买卖。但是,无论 CDS 定价,还是规制 CDS,或者创立 CRMW,其实都是对风险进行定价,而非信用定价;买卖对象应该都是定价后的风险,即风险资产,而非信用(保护)。

可见,从形式上的信用(保护)买卖,转向实质上的风险资产交易,这个转变本身就会产生诸多创新增信产品。以风险(资产)交易作为增信形式所形成的创新增信产品,不仅可以用于投资增信,而且可以用于融资增信;不仅可以形成单一增信产品,亦可形成复合增信产品,进而可以形成集合增信产品;不仅可为世界各国所用,更可为中国特色的金融市场、资本市场的改革所用,为人民币国际化所用,特别是为"一带一路"沿途国家及其项目所用。

在合并增信形式中,目前仅以相关债权类金融产品(FIS)作为信用风险转移的合并载体,即 CLN 和 ABS 夹层证券。其他金融产品或其他 FIS,也可以合并方式或者买卖方式作为信用风险转移的增信载体,这就为增信衍生产品创新,打开了全新思路。可以想象,如果可以有这么多样的承载信用风险的增信载体,或者金融产品如此丰富多样,那么,创新增信衍生产品定可层出不穷。

二、CRM 系统创新与缺陷

如果说,中国的 CRM 系统,希望全面解决中国增信问题,或者目标是为了创立中国特色的增信制度,那么,实际结果是,CRMW 只是 CDS 的中国翻版,没有抓住关键,切中要害。以至于在中国创立 CRM 系统的同时,CDS 也作为舶来品,引入中国资本市场或信用衍生品市场。

CRM 系统,根据中国特色,没有沿用 CDS 概念,创立了全新概念,并创立了一个增信业务 CRMA,一个增信产品 CRMW。作为 CRMA,其实是看到了 CDS 的短板,即 CDS 仅适用于投资增信,不适用于融资增信。

一方面,如果没有 CRMA,CRM 系统就缺少中国特色。因为中国特色的融资增信市场巨大,传统的融资担保体系及其行业资本金,风险控制机制已经无法适应中国 FIS 市场规模。因此,在设计并实施 CDS 中国版的 CRMW 之时,同时也推出了 CRMA,使中国增信从融资担保业务走向现代增信业务,即以信用(保护)买卖取代了融资担保这个"准增信"或"准商事担保"。

另一方面,有了CRMA,不仅使CRM系统具有现代增信概念,中国增信体系也更趋合理完善,同时也算是为中国金融监管机构,甚至国务院所急于改革融资担保体系找到了一条出路。

1. CRMA 创新与缺陷

CRMA,尽管突破了融资担保的持牌经营限制,使整个中国资本市场上的金融机构都可以CRMA名义开展投资增信业务或融资增信业务,可以广泛而深入地支撑起中国规模巨大的FIS市场。但是,CRMA作为一种现代增信业务,却存在诸多弊端,可能产生巨大的增信风险。

第一,CRMA作为商事担保,即以形式上的信用(保护)买卖方式实现信用风险转移,却没有深刻全面地理解到"买卖"作为商事法律上的实质概念。作为现代商事法律上的买卖,不仅体现了交易主体的平等性,而且,不仅要尽可能地体现自由意志的买卖,更是要不断实现"买"和"卖"的相互转换。但是,CRMA,却是仅有首交易,更是禁止再交易。因此,本来作为现代增信业务的CRMA,却被古老的民事担保概念限制了,也就是被现行融资担保行业禁锢了,以所谓"形式上的买卖关系,实质上的担保关系"名义,把CRMA拉回到"不伦不类"的融资担保,即"民事担保"向"商事担保"过渡形式——"准商事担保":已有商事担保的部分要素,如以信等差定价,却无及时偿付的核心责任,更无买卖之形式,特别是无再交易。

第二,尽管打破了持牌经营,CRMA却失去了再交易。这就意味着,CRMA受制于融资担保行业,混同于融资担保业务,这将会给CRMA的卖方(近1 400家增信机构)带来巨大风险。这种巨大风险可能导致中国金融市场或资本市场的系统性风险,使所有资本市场上近1 400家增信机构都被CRMA业务拖向万劫不复的境地。

第三,禁止再交易,也正是基于形式上的信用(保护)买卖方式。根据中国大陆法系,特别是担保法,凡是涉及主体信用转移,不是严禁,就是设置严格的转移条件,使得转移主体信用非常困难而复杂。也正是因为信用(保护)买卖,才使被现代增信业务和增信产品(CRM体系)边缘化的、原来主导中国增信业务的融资担保行业/机构,则找到了绝地反击的好机会。既然两者都是涉及主体信用转移,那么都应该禁止再交易。

第四,禁止再交易,使中国增信行业,或者融资担保行业失去了一次重大变革的机会,即从融资担保这个"准商事担保"向完全的商事担保全面而整体的转变。通过再交易,不仅可以使增信业务与增信产品并存,增信业务可以形成零售业务与资产批发并存,而且可以使增信业务、增信资产、增信产品与增信管理并存的分工有序、合作协调的中国增信行业。

可以预见,如果 CRMA 不抛弃形式的信用(保护)买卖,改换为实质上的风险(资产)交易,那么,CRMA 将会如何,不得而知。

2. CRMW 创新与缺陷

CRMW 的诞生,正处于规制 CDS 时代。作为合约增信产品的 CDS,正因交易对手风险被规制为清算增信产品,以清算中心(所)替换交易对手,以防交易对手风险扩展至系统性风险。在这种规制 CDS 的基础上,CRMW,不仅在名词上区别 CDS,而且以权证概念代替标准增信合约及其规制增信合约,更重要的是,在保持增信功能,或规避 CDS 裸交易上,以及防止虚拟增信产品交易所带来的系统性风险上有别于 CDS。

把 CRM 的合约权益规制为权证,是因为,其一,这是中国大陆法系之特征。在大陆法系国家法律中,标准增信合约及其合约权益,不可自动转化、上升为增信产品及其产品权益,也不可上市流通交易。标准增信合约及其合约权益,必须通过政府规制或法律规制,才可成为增信产品及其产品权益,并可上市流通交易。其二,通过政府规制或法律规制为权证,希望可以防止合约权益流通障碍,即再交易消失所带来的市场交易风险。其三,把 CDS 规制为清算增信产品,以清算中心(所)替换交易对手,也正符合权证流通交易的需求。因此,CRMW,作为创新意义上的增信产品来说,只是法律概念上的创新,其实没有多少实质性的创新意义。

CRMW,在基础交易结构上,还是采用形式上的信用(保护)买卖,实质上的风险(资产)交易这种形式交易结构,如同中国版的 CDS,只能用于投资增信。因此,单从中国设立 CRMW 开始,便同时将 CDS 引入中国,便可知 CRMW 底气不足。这么说是因为:

首先,形式交易结构,即形式上的信用(保护)买卖,存在诸多法律缺陷。哪怕现在有所规制,形式交易结构只是造成增信结构更为复杂,增信产品看上去有了更多"补丁"。增信结构更为复杂,更多"补丁"的增信产品肯定存在法律"漏洞",即使把合约权益规制为权证,先不讲法律效力究竟如何,只是从法律上比较而言,也存在严重失当。CRMA,因信用(保护)买卖而被禁止"再交易",CRMW同样也是基于信用(保护)买卖,却因合约权益权证化,就可以进行"再交易"。在法律上讲,CRMA与CRMW是不平等的,而且是因规制而不平等。这两者在法律上的不平等,可以想象,这些规制机构是多么的武断与骄横。

其次,这种形式交易结构,使得CRMW限制了增信产品创新。CRMW,如果改变这种形式交易结构,不仅可以适用于投资增信,而且可以适用于融资增信;不仅可以有效地协调增信业务,而且可以通过增信资产买卖交易释放增信业务的内在风险;增信产品投资不仅可以扩大到资本市场上的所有机构投资者,而且可以向个人投资者提供丰富多样的各种增信产品。

最后,无论CDS,还是CRMW,都只适用于投资增信。在中国特有的FIS市场上,占据2/3市场份额的规模最大的FIS,并不适合投资增信。那么,CDS,或CRMW,即使作为规制增信产品,不仅无法满足中国FIS市场发展的需求,而且也无助于中国增信市场及其增信行业的发展、调整和提升。

三、风险资产交易与创新

无论CDS,还是CRMW,都是形式上的信用(保护)买卖,实质上的风险资产交易。因为:其一,CDS,或CRMW,产品定价都是风险定价,即风险进行定价后所形成风险资产在交易。其二,产品买卖,或交易对象,或流通对象,其实都是风险资产,而非信用(保护)。其三,风险资产交易,可以永远直线向后流转,不会像合约增信产品CDS,因此可能产生诸如交易对手风险,需要进行规制成权证型CRMW,或清算型CDS。其四,即使规制成权证型CRMW,或清算型CDS,其实质也是风险资产交易。只不过多个"补丁",多个交换合约手续,可以让既得利益者心安理得罢了。其五,风险资产交易,可以重整增信行业,形成批零业务不同、风险结构合理、盈利手段清晰的增信机构,并最终在不同的风险资产交易和创新增信产品买卖中,消除、缓释增信风险。因此,风险资产交易,可能打破现行增信产品的利益结构,形成全新的增信行业及其增信业务。这说明以风险资产交易为增信定价方式的增信业务和增信产品,及其增信衍生产品,已经进入增信历史的高级阶段。

1. 风险资产交易

风险资产交易,可以形成增信批零业务,也可发行增信产品。这样可以彻底改变增信行业,明确增信批零业务模式和盈利模式,消除增信机构因增信(金融担保、融资担保)业务所带来的巨大风险,避免由此产生增信机构的破产倒闭。

1)增信零售业务

所谓增信零售业务,是指增信机构根据定价原理签订旨在建立增信关系的标准增信合约,并以盈利为目的进行择机转让的交易行为,也就是"首交易"。其特征如下:

(1)开展增信业务主体仍然是增信机构,比如持牌经营的融资担保公司,及其增信产品发行人指定代理。

(2)以定价原理进行定价,根据不同增信对象,采取不同的增信定价。增信定价从无信等的全额定价,到信等差的形式定价,再到违约率为基础的风险定价。

(3)以标准增信合约作为开展增信业务的基础。也就是说,增信机构不再自主地决定增信合约条款,而是为了出售风险资产或零售业务,并遵从条款格式化的标准增信合约,因此最终由风险资产买入方或增信产品发行人根据增信原理制定标准增信合约。

(4)择机出售风险资产或零售业务,获得预期增信零售业务利润。开展增信业务承载风险资产,是为了卖出、经营风险资产而获取经营收益,这是增信零售业务的经营模式和盈利模式。增信零售业务包括增信机构的自营业务和代理机构的代理业务。如果增信机构/代理机构按照上述零售业务的经营模式开展增信业务,就不再可能因开展增信业务、持有风险资产而产生巨大风险。

2)增信批发业务

所谓增信批发业务,是指增信产品发行人和管理人根据增信定价原理和标准增信合约,向增信机构买入风险资产的交易行为。其特征如下:

(1)拟定增信定价原理和标准增信合约。一方面是为了指导增信零售业务和落实增信批发业务;另一方面是为了发行增信产品而做好一切准备工作。

(2)开展增信批发业务的最终目标,就是发行增信产品,使得信用风险最终得以市场化方式分散、消化、递延。

3）发行增信产品

所谓发行增信产品，就是指风险资产经营机构以增信批零业务方式买入风险资产进行有效组合并发行增信产品。增信产品可以分为单一产品、同信等集合产品、不同信等集合产品、金融产品合并的复合产品。

风险资产交易，不仅适用于投资增信，也适用于融资增信，可以扩大 2～3 倍以上的增信市场。由于目前适合投资增信的 FIS 市场份额仅占不到 20％，而适合融资增信的 FIS 市场份额高达 60％以上。

2．彻底改变利益格局

1）信评垄断利益终结化

如前所述，适合投资增信的 CDS/CRMW，并不影响信评机构的现实利益。一旦产生适合融资增信的创新增信产品及其增信衍生产品，将会冲击信评机构的既得利益，也是信评机构最不愿见到的。首先，增信产品及其增信衍生产品，是一种市场化交易的、并以市场信用为基础的现金产品，应该具有最高信用等级，可以豁免信用评级，如同股票等非 FIS 的金融产品。其次，FIS 及其发行人/融资者，或者增信对象，因增信产品及其增信衍生产品的增信而获得最高信用等级，同样可以豁免信用评级。再次，被增信的 FIS 及其持有人/投资者，也不会因持有这种被增信的 FIS 而被下调信用等级。最后，增信产品及其增信衍生产品的持有人，并不因此而被下调信用等级。由此可见，融资增信的创新增信产品及其增信衍生产品，可以终结信评机构的垄断利益。

2）平台扩大利益正常化

由于创新增信产品，包括增信衍生产品，都是与增信对象、增信价值、增信定价及其增信交易相关，不会产生与增信无关的虚拟交易的金融产品及其金融衍生产品，使得增信平台利益正常化。但是，平台利益正常化绝不是缩小增信产品及其增信衍生产品的交易量，而是通过扩大、创立更多更好的增信产品及其增信衍生产品参与平台交易。

第三节　创新增信产品

一旦以风险资产作为交易对象，无论是 FIS 发行人/融资者，还是 FIS 投资者/持有人均可为了对冲 FIS 信用风险而开展增信业务,即卖出 FIS 的信用风险,或者经定价的风险所形成的风险资产。因此,以风险资产为交易对象的增信业务,不仅适用于投资增信,也适用于融资增信。当然,为了避免防范信用风险,如同 CDS/CRMW,可以将信用风险分解为不同层次的信用事件序列,专门用于财务透明度较高的上市公司、金融机构等增信对象。

根据增信对象的特性,可以把创新增信产品及其增信衍生产品分为单一增信产品、集合增信产品(包括同信等集合产品和不同信等集合产品)和复合增信产品。

一、单一增信产品

单一增信产品,可分为融资增信和投资增信。如为融资增信的单一增信产品,是指单一增信业务所形成的风险资产进行分散式发行交易,即把一定价格总量的风险资产通过交易平台,或者清算登记平台进行单一标准增信合约登记,并将登记的合约份额(合同权益)在交易平台上进行发行与交易。合约份额持有人享有合约份额所带来的收益,承担合约份额所带来的损失。

融资增信的单一增信产品,是一个考验。融资增信尽管可能增信收益高一些,但是违约风险却比投资增信的违约风险大得多。因为融资增信的信用事件仅为信用违约,再加上增信对象的财务透明度不够,违约风险悄然而至会造成产品投资者措手不及,因此风险居高不下。

单一增信产品亦可为投资增信,若是投资增信则需设定信用事件,并把 RR 作为定价因素,如同现行增信产品(CDS/CRMW)。投资增信的单一增信产品,陈设信用事件,并将信用违约列为垫底范围,多层次的信用事件可以防止信用违约的不期而遇所带来的巨大违约损失。故而 RR 作为投资增信的单一增信产品定价的重要因素,即 RR 是单一增信产品所设计的减震器或止损器。

单一增信产品与 CDS/CRMW 比较而言,只是基础交易结构不同,以及标准增信合约处置形式上有所不同,但在实际内容上都是一致的,可以如同 CDS/CRMW 那样操作,这已经有相当的历史经验积累。这样,投资增信的单一增信产品,如同 CDS 合约,由 FIS 持有人直接通过交易平台与市场投资者,或者增信产品参与人进行直接转让交易,可以避免以 CDS 合约替换清算中心(所)合约这种

"补丁"式行为。当然，投资增信的单一增信产品，也不用将 CRM 合约进行权证化形成 CRMW，因为 CRMW 在法律效力上受到质疑。

如前所述，单一增信产品无法抵御随机概率化的违约损失，在这个问题上，无论投资增信，还是融资增信，都会面临同样的困境，在这个"聪明人游戏"中，不幸者总是难免。尽管合约份额对每个持有人都是平等的，但遭受违约损失却因智商而不平等。因此，单一增信产品，不是创新增信产品的根本目的，只是承继现有增信产品，改变现有增信产品的基础交易结构，并试图将增信产品由投资增信扩展至融资增信，以适应中国现实需要。

二、集合增信产品

由于单一增信产品无法抵御随机概率化的违约损失，可能使单一增信产品投资者遭受从天而降的、断崖式的投资损失，这种损失可能使一般投资者难以承受。当然，为了防范如此投资损失，投资者可以进行单一增信产品投资组合。但是，各个单一增信产品的投资却不尽相同，价格差异较大。投资增信的单一增信产品，通过信用事件预防违约损失，可以减轻投资损失，但不可完全避免投资损失。为此，推出创新型的集合增信产品（Assemble Product of CE，APCE），进行风险资产有效组合，有助于避免投资损失。但是，集合增信产品一般只适用于融资增信，不适用于投资增信。集合增信产品又分为同信等集合产品和不同信等集合产品两大类。

1. 同信等集合产品

同信等集合产品，就是把相同信用等级的风险资产组成增信资产池，并把增信资产池通过交易转移至发行人所设置的 SPV 名下，由发行人进行管理；SPV 份额则由该产品投资者进行投资持有，享受 SPV 份额所带来的收益，并承担份额所带来的损失。

因此，同信等集合产品必须重点关注增信资产组合（池）是否足以抵御概率随机化的违约损失。高信等集合产品，"肥尾现象"可能导致前期持有 SPV 份额的风险增大，因为早期增信收益可能覆盖不了"肥尾现象"所带来的违约损失。但是，总体应该能达到平衡并有正常预期的增信收益。低信等集合产品，除了"肥尾现象"所带来的违约损失，还可能产生"过山车"大起大落情形，收益大风险也大，但总体也应该达到平衡并有正常预期的增信收益。同信等集合产品如果达不到平衡，并没有正常预期的增信收益，说明资产组合、信等评估及其增信定价存在巨大偏差，需要进行调整。

2. **不同信等集合产品**

不同信等集合产品结构设计，与同信等集合产品基本相同，主要为了防范高信等集合产品因"肥尾现象"所带来的违约损失，调整低信等集合产品"过山车"大起大落情形，可以保持产品交易的平稳性和价格的稳定性。

不同信等集合产品亦可称为"标准增信产品"（Standerd Credit Enhancement Product，SCEP）。所谓"标准"，就是以违约率作为定价基础，将相同或不同信等风险资产进行集合，就是为了应对信用风险的概率随机化对增信产品和增信市场所带来的冲击和巨震。不同信等集合产品只是适用融资增信，不适用于投资增信。

三、复合增信产品

复合增信产品（Business Trust for CE，BTCE）是指以类基金产品（SPV）承载各信等风险资产所形成的增信衍生产品。如前所述，增信产品与增信衍生产品不同之处在于，增信产品价值仅限于风险定价或风险资产价格，承载风险资产的是单一标准增信合约和集合增信合约的 SPV。增信衍生产品承载风险资产的是金融产品，现行金融产品则是债性金融产品（FIS）。因此，增信衍生产品，其价值不仅限于风险定价或风险资产价格，而且包括金融产品的价格，比如现行增信衍生产品 CLN 和 ABS 夹层证券中的债性金融产品（FIS），这个 FIS 具有自己的内在价值和交易价格。

增信衍生产品，一方面吸收、承载了定价的信用风险，成为增信衍生产品定价的一部分，另一方面，金融产品本身也有价值，也成为增信衍生产品定价的一部分，并且，这个部分价格，或者金融产品价格，一般都是几倍于风险资产价值，比如 ABS 夹层证券的自身价值是优先级证券中的经定价的信用风险，或风险资产价值的一倍或数倍。CLN 的自身债券价格是风险资产的数十倍，甚至数百倍。更重要的是，这些金融产品自身价格都可以覆盖风险资产的价值不足部分，覆盖率可以是几倍，如 ABS 夹层证券，覆盖率可以是数十倍，甚至数百倍，如 CLN，均可极大地、极为有效地抵御随机概率化的违约损失。

因此,集合增信产品与复合增信产品不同之处在于,集合增信产品是创新增信产品,除集合风险资产本身外并无其他资产;复合增信产品是创新增信衍生产品,除集合风险资产本身外还有募集的投资资金。因此,尽管集合增信产品可以有效地抗衡"肥尾现象",但是,为了提高这种抗衡能力,提高风险资产的风险覆盖率,以类基金的金融产品与集合增信产品合并,从而形成复合增信产品。与集合增信产品一样,复合增信产品只是适用融资增信,不适用于投资增信。

第十三章　复合增信产品

中国与以美国为代表的西方国家不同,以融资增信类型为主,因此根据增信目的和增信原则,依据增信定价基础和增信交易结构,创新增信产品是整个增信历史发展的理性选择。

第一节　概述

一、增信形式与产品载体

复合增信产品(Business Trust for CE，BTCE)，是一种创新的增信衍生产品，即通过增信合约作为媒介将已经定价的信用风险或风险资产以买卖形式转移至金融产品所形成的增信衍生产品。众所周知，在现行增信衍生产品中，信用风险作为增信对象表现为已经定价的风险或风险资产，风险资产转移媒介为非标增信合约，转移信用风险的增信形式是合并形式，承载风险资产的增信载体是金融产品。

1. 增信形式

现行增信衍生产品，包括 CLN 和 ABS 夹层证券，其中的金融产品与风险资产，尽管分属不同证券或不同主体，但是从另一角度看，却是基于同一资产。CLN，从债券(金融产品)角度看，属于金融机构的债券；但从风险资产看，又属于金融机构表外资产，CLN 是基于金融机构的贷款资产及其贷款人。债券与贷款资产是基于同一资产。ABS 夹层证券，与增信的 ABS 优先级证券，同属一个

SPV,基于同一资产池。正因为如此,CLN 和 ABS 夹层证券,都是以债性金融产品合并风险资产,无法进行买卖交易,即转移信用风险的增信形式是合并形式。

但是,创新的复合增信产品,金融产品与风险资产名义完全相关,虽同属一个 SPV,但却来自不同主体与不同资产。风险资产从增信零售业务开始,产生于标准增信合约,经零售批发买卖交易,最终形成风险资产池,成为 SPV 名下资产。金融产品则是发行 SPV 部分的约定的合法权益所募集的投资资金,并形成的 SPV 名下的资产。因此,风险资产是通过经零售批发的买卖交易进入金融产品,而非合并形式。

2. 增信合约

现行增信衍生产品,由于基于同一资产,风险资产以合并方式转移至债性金融产品,那么承裁风险资产的媒介必为非标增信合约,因为产品具有特殊属性(发行主体与贷款人)和共生性(无法再次分离)。创新的复合增信产品,风险资产从增信零售业务开始便以买卖方式转移,直至转移至创设的金融产品。因此,承裁风险资产的媒介必为标准增信合约,否则风险资产无法实现这种买卖交易,并转移至金融产品。而且,创新的增信衍生产品设立以后,风险资产仍可继续由增信合约转移进来,更重要的是,如果必要,创新的增信衍生产品还可分拆、合并,这意味着承裁风险资产的增信合约可以从某个创新的增信衍生产品中分离、转移出来。增信合约自由地在不同交易主体、不同的增信衍生产品之间转移,说明了增信合约必然是标准化的,否则无法实现。

3. 产品载体

金融衍生产品中的金融产品,不可为股性,也不可为期货,更不可为股指期指。却可以是债性的(FIS),形成债性增信产品,比如现行增信衍生产品 CLN、ABS 夹层证券。这种金融产品也可以是基金或类基金的(Fund, SPV),可以形成基金式增信衍生产品或类基金增信衍生产品。因为这种金融产品可以为风险资产成倍地提高风险覆盖率,可以极大地、有效地防御随机概率的信用风险所带来的违约损失。

复合增信产品的信用风险载体正是商事信托(BT),开始时可以采用较为灵活的类基金产品(SPV),到未来成熟时期并经监管机构允许,可以采取公募基金(Fund)。也许,在增信产品创新初期,类基金产品作为金融产品比较合适;到了成熟时期,公募基金作为金融产品更为合适。

二、"两颗明珠"

以民事信托和民事担保为法律基础,演变成商事信托的 ABS 和商事担保的 CDS,是金融产品中最为耀眼的"两颗明珠"。如果能将 CDS 的信用(保护)买卖结构及其单一合约,变更为风险(资产)交易结构及其集合(SPV)合约,即由 APCE 取代 CDS,意味着,ABS 与 APCE 都可运用商事信托的 SPV。

商事信托(Bussiness Trust,BT)有投资基金(Fund)和特殊目的载体(SPV)等载体形式。中国的证券投资基金,采取了投资基金形式,中国的证券化产品,采取了特殊目的载体形式。投资基金是先募集资金后投资资产,并为审批制的公募产品。特殊目的载体是有资产池再募集资金,实为备案制的私募产品。商事信托与民事信托的不同之处在于,民事信托,是以个人(信托人)的民事行为转移资产并由他人(受托人)管理,他人作为名义上的持有人管理资产,并对信托人承担信托责任。商事信托,却是一种投资信托,是通过资产买卖交易转移资产并由他人(受托人)管理,即由投资者(信托人)投资商事信托(合法实体,拟制人,可称为"Fund"或"SPV")的信托权益,成为信托权益的持有人;商事信托及其名下资产则由管理人受托管理并对投资者承担信托责任。从行为信托到投资信托,无论如何,核心理念就是受托人的信托责任。没有信托责任,就没有投资信托,虽然也许存在投资关系或者委托关系。中国的投资基金、集合信托计划、资产管理计划等,其实均为商事信托,但中国法律没有将商事信托认可为合法实体或法律上的人。这样,在民事信托向商事信托/投资信托转化中,就把信托责任这个核心理念给抛弃了。失去了信托责任,其实就不属于商事信托/投资信托,而是监管机构所谓的"非法人产品"。究其原因,所谓"拿来主义"均不理解信托原理,特别是民事信托如何走向商事信托/投资信托的转化原理。

商事担保(Bussiness Garranty,BG)有买卖形式和合并形式,通过标准增信合约及其规制合约,并以买卖形式承载定价的信用风险或风险资产的,称之为增信产品,包括 CDS/CRMW。商事担保与民事担保的不同之处在于,民事担保,是以担保人的民事行为转移信用风险,并由担保人承担。商事担保,却是一种投资担保,或信用增级,是通过买卖或合并形式转移信用风险/风险资产,并由风险资产管理人进行定价管理/价格管理。从行为担保到投资担保,归根到底,核心理念就是及时偿付的增信义务。如果没有及时偿付,就没有投资担保,虽然也许存在投资关系。中国的融资担保(FGc),应该属于商事担保,如同美国的金融担保(FGa),但中国法律法规及其行业监管,均未认可及时偿付这一增信义务。这样,中国的融资担保只是半个脚跨进了商事担保,成为"准商事担保"。究其原因,是因为还未理解民事担保与商事担保的根本区别和转化原理。

信托原理为"财产转移且由他人管理",强调受托人的信托责任。但是,受托人不是谁都可以担当的。在民事信托中,受托人是信托人选择的,因此是被动的,必须被信托人认为具有信托责任,具有信托责任的人不一定成为受托人。反之,受托人在管理信托财产时是消极的,保守的。在商事信托中,管理人(受托人)是主动的,以其信托责任及其管理能力证明其具有管理人资格,并为市场投资者所认可。管理人以积极进取态度进行资产管理。但是,在 ABS 中,管理人(受托人)在资产管理上却是采取谨慎态度,而非积极进取态度,这是 ABS 的 SPV 管理模式与 Fund、PE 的投资模式的区别。

增信原理为"信用风险转移且定价管理",强调及时偿付的增信责任,即定价管理。但是,担保人同样也不是什么人都可以担当的。在民事担保中,担保人首先要具有担保资格,即使被选择为担保人,也可以拒绝。因此,担保人应是主动的,而且与被担保人具有很紧密的关联关系(不一定是血缘关系),一般属于关联担保。一旦为担保人,担保人对其所承担的信用风险在担保期间都是被动的,无法抛弃、转让或主动管理信用风险。在商事担保中,信用风险管理人不是消极地承担信用风险,而是经营管理信用风险。只是增信主体受限于资本金及其管理方式,难以采取主动管理方式去经营风险资产。因此,以增信主体作为承载信用风险的,增信业务风险巨大,难以为继。当以增信产品投资方式管理风险资产时,既不受于资本金,又不受限于管理方式,可以采取主动管理方式去经营增信产品(风险资产),关键在于价格管理或盈利管理。不同的风险资产管理人可以采取不同的价格管理或盈利管理,在单一产品中,可以是时间利差管理,风险对冲管理。在集合产品中,可以是零售管理、代理管理、批发管理、产品发行管理,产品投资管理等。

三、珠联璧合

由此可见,ABS 并不注重资产价格,更强调信托责任,采取谨慎态度进行资产管理。CDS 比较强调及时偿付的增信义务,即定价管理,但是缺乏信托责任。如将 CDS 变更为 APCE,并把 APCE 通过 SPV 与 ABS 结合起来,形成 BTCE。不仅讲究定价管理,而且追求信托责任。这样,两者结合就能够相得益彰,日月同辉。BTCE 就是在信托责任基础上,把风险资产与投资资产归于 SPV 名下进行管理,既强调积极的定价管理,以投资资产成倍地增加风险资产的风险覆盖率,又强调谨慎的资产管理,以风险资产价格管理为前提,进行适当投资。商事信托与商事担保的结合,也即 ABS 与 APCE 的结合,就是复合增信产品(BTCE)。BTCE,就是一种创新型的增信衍生产品,可谓是"珠联璧合",定能绽放出更加绚丽的光芒,成为金融产品中最亮丽、最硕大的"夜明珠"。

四、符合增信原则

BTCE 是建立在 SCEP 基础上的。从宏观来看,BTCE 及其 SCEP 仅适用于融资增信,是符合主动性承担原则;作为集合式增信,BTCE 及其 SCEP 符合预防性承担原则;BTCE,募集资金用以成倍增加风险资产的风险覆盖率,更是符合预防性承担原则。从微观来看,BTCE 及其 SCEP 作为产品发行与交易,符合风险量化与分散承担原则;BTCE 及其 SCEP 作为集合式增信,符合风险概率与集中覆盖原则;BTCE 及其 SCEP,依据市场交易与市场信用,可以支撑起数百万亿元的 FIS 市场,符合资本效率与规模支撑原则。

第二节　产品构造与管理

一、SPV

SPV 是一种特殊目的的载体,如同投资基金(Fund)和有限合伙(PE),都是一种商事信托,不过是一种具有特殊目的的商事信托。所谓"特殊目的",是指仅为某一特定目的,一旦达到目的即终止。SPV 广泛运用于各类 ABS,特别是适用于金融机构资本金管理或资本金限制的金融资产,一旦这种金融资产进入 SPV 名下,就可以摆脱金融机构资本金管理或资本金限制,因为 SPV 不是金融机构,不受限于资本金管理或资本金限制,仅为了资产管理目的而存在或消失。

1. SPV 与风险资产

基于集合增信产品(SCEP),风险资产是通过标准增信合约作为媒介传输、转移至 SPV 名下,成为 SPV 名下的风险资产,并由 BTCE 产品发行人进行管理。BTCE 发行人将按各个信用等级及其相应比例、各个地区、各种行业、每个企业发展阶段等各种因素,从增信零售机构及其他风险资产管理机构进行交易获得的风险资产,发行人依据相关法律法规,设立 SPV 并将这些风险资产转移进入 SPV 名下,并由 SPV 管理人进行管理。

这些风险资产应通过标准增信合约取得、承载、传输、转移至产品发行人,或者 SPV 名下。为了便于发行 BTCE,在增信零售业务中应该采用标准增信合约。无论代理商,还是独立增信机构,都应该采用标准增信合约,否则风险资产无法转移,可能会给从事增信零售业务的各类机构带来巨大风险。

这些风险资产转移到 SPV 名下,不是发行产品时一次性将风险资产转移到 SPV 名下,而是根据 SPV 设立约定文件规定,不断"注入"、转移到 SPV 名下。当然,转移到 SPV 名下的风险资产总额,将由 SPV 设立约定文件规定。为了抗衡随机概率的违约风险,这个风险资产总额在 SPV 设立约定文件规定中也是附条件的。

2. SPV 与投资资金

如同证券化产品(ABS),将 SPV 的合法权益(BTCE)按照约定发行,募集投资资金。但是,SPV 的合法权益所募投资资金与 ABS 不同,不是支付给原始权益人的,而是进入 SPV 名下,成为 SPV 名下资产(投资资金)。这种投资资金,在成倍提高风险资产的风险覆盖率的同时,可以用于适当投资,提高投资收益。

SPV 的合法权益(BTCE)发行额度,应该基于增信资产与增信现金收益的比例。这个发行额度,可以由发行人择机发行,并不要求一次性发行完毕;而且,随着风险资产的增加,发行额度将随之增加。发行人择机发行,主要是为了用于平衡、增加风险资产的风险覆盖率。

二、现金化管理

1. 收费现金化

在风险资产交易基础上发展起来的增信零售业务或代理业务,必须要求增信零售业务进行现金化增信收费(增信收益),即增信合约生效前把未来增信年份应收取的增信费用,以一次性方式全部收取。增信零售业务实现增信收费现金化,可为 BTCE 的风险资产交易、形成风险资产池、设立 SPV 及其合法权益(金融产品)打下坚实基础,是增信零售业务摆脱主体增信风险、获取零售业务利润的必要前提;否则,增信零售业务就失去存在和发展的基础。因此,BTCE 如要以增信零售业务为基础,必须改造增信零售业务,使增信零售业务适应 BTCE 设立的需求。除了现金化增信收费要求外,对增信合约及其相关文件也须严格把关,并使增信合约标准化,更符合 BTCE 的规章制度及其操作方法。

增信收费现金化的理论前提是,与以主体信用为基础的增信主体不同,BTCE,是以市场信用为基础的,不存在长期信用风险,或不具有长期信用等级不确定性,即不存在倒闭破产问题。即使增信的 FIS 及其发行人破产倒闭,增信产品同样可以通过偿付机制赔偿 FIS 投资者的违约损失。因此,无论对于增信 FIS 及其发行人/融资者,还是增信 FIS 投资者/持有人,增信是确定的,增信义务是可以实现的,增信赔偿是可以预期的。因此,一次性现金支付增信收费,或者增信收费现金化,应该是合理的、平等的。

增信收费现金化作为标准增信合约的相关条款,作为 FIS 发行人/融资方的义务,或者作为增信机构的权利,也是完全合理合法的。众所周知,以往增信收费分期支付,其实是基于对增信主体/增信机构的不信任。设想一下,在增信零售业务中,如果增信机构对 FIS 增信并一次性收取增信费用后却因故倒闭,或发生信用危机导致信用等级下降。那么,这对已经支付全部增信收费的 FIS 及其发行人/融资者来说,增信收费现金化显失公平。如果 BTCE 作为增信者(增信载体),就不存在增信机构的信用风险问题。

反之,如果分期分批支付增信费用,可能存在问题的却是,增信后的 FIS 及其发行人/融资者,在 FIS 到期前若干年后发生信用违约,甚至破坏倒闭。这样,BTCE 作为增信者,要及时履行增信义务,承担全部违约损失,及时支付赔偿金额。但是,BTCE 作却没有全部收到预期的增信收费。对 BTCE 来说,分期式的增信收费显然也是有失公允的。BTCE 在承担义务的同时,没有享有应有的权利。

增信收费现金化,从表面来看,增加了 FIS 的发行成本,或 FIS 的融资成本,不利于融资者/投资者,其实这是极大的误解。增信基本功能之一,就是"风险换利率";否则,增信无法成行,增信行业无法发展。图表 13.1 将增信费用现金化对 FIS 发行利率及其各方成本的影响做一个说明。

图表 13.1　　　　　　增信收费现金化表

项目	发行利率	增信利率	增信费用/亿元	发行总量/亿元	实际利率	优惠利差
融资者	4%/年	3.6%/年	20 bp	100	3.838%/年	0.162%/年
3A/5 年期	4%/年	3.6%/年	20 bp	101	3.836%/年	0.164%/年
投资者	4%/年	3.6%/年	20 bp	100	3.76%/年	0.16%/年

（续表）

项目	发行利率	增信利率	增信费用/亿元	发行总量/亿元	实际利率	优惠利差
3A/5 年期	4%/年	3.6%/年	20 bp	99	3.76%/年	0.16%/年
融资者	4.5%/年	3.9%/年	30 bp	100	4.29%/年	0.21%/年
3A/3 年期	4.5%/年	3.9%/年	30 bp	102.1	4.282%/年	0.218%/年
投资者	4.5%/年	3.9%/年	30 bp	100	4.11%/年	0.21%/年
3A/3 年期	4.5%/年	3.9%/年	30 bp	97.9	4.11%/年	0.21%/年
融资者	5.8%/年	4.2%/年	100 bp	100	5.36%/年	0.44%/年
2A/3 年期	5.8%/年	4.2%/年	100 bp	103	5.326%/年	0.474%/年
投资者	5.8%/年	4.2%/年	100 bp	100	4.66%/年	0.46%/年
2A/3 年期	5.8%/年	4.2%/年	100 bp	97	4.63%/年	0.474%/年
融资者	6.2%/年	4.5%/年	120 bp	100	6.06%/年	0.14%/年
2A/5 年期	6.2%/年	4.5%/年	120 bp	106	5.97%/年	0.203%/年
投资者	6.2%/年	4.5%/年	120 bp	100	4.72%/年	0.22%/年
2A/5 年期	6.2%/年	4.5%/年	120 bp	94	4.628%/年	0.128%/年

当然，增信收费现金化，还存在市场利益导向问题。增信收费现金化，对于 FIS 利率/增信利差变动仍然存在一定折损率。信用等级高的增信利差折损率越大，信用等级低的增信利差折损率越小。因为信用等级低的增信不仅仅是融资成本，还有发行成本。因此，增信收费现金化以后，增信收费折损率是一种客观存在，那么可以预见，增信代理必然如同保险代理蜂拥而至。

2. 产品交易现金化

BTCE 的发行、交易、坐市、偿付等交易都应采取现金方式交易，而不是如同现行增信产品基本上采取合同交易方式，尽管现在 ISDA 也要求 CDS 尽量或尽快采取现金方式进行交易。CRMW，虽然称为权证交易，但也只是如同 CDS 的合同交易方式，即按合约规定分次分批支付增信费用（信用保护费用）。因此，BTCE 的每个交易环节或阶段都会产生交易成本，并因交易成本对 BTCE 进行持续的市场化定价。但是，无论如何，交易成本都应在增信产品价格范围内，否则，过度投机将会偏离增信价值，甚至导致增信市场交易失序。

1）发行成本与现金发行

在 BTCE 发行交易中的折损或交易成本（包括发行成本、买卖成本），都与

BTCE 的定价模型有关,特别是增信时间 T 的调节作用有关。增信时间 T 的调节作用,与增信对象定位于长期、高信用等级的 FIS 相协调。如果增信对象定位于短期、低信用等级的 FIS,增信时间"T"对增信收费的调节作用将出现负面影响,直接影响 BTCE 内在价值及其交易价格,影响到 BTCE 的存在与发展。因此,增信交易成本之于增信定价,要得到合乎逻辑的认可,而不是简单的增信(信用)利差。

BTCE 发行定价,就是在大数据理论支持下,在增信总量范围内,及其在违约损失与增信收益的调节性平衡条件下所产生的增信盈余,与 BTCE 所募集资金共同形成产品净值。因此,BTCE 作为权益产品,必然募集资金,并以现金交易方式进行发行。为了获得具有 PE 值的投资收益,BTCE 投资者必须出资购买 BTCE。募集资金与出资购买,两者构成了 BTCE 现金发行。

2) 交易成本与交易定价

交易成本,与交易税费相关,这是所有金融产品交易所形成的成本。但是,这个交易成本与合约交易成本不同,是现金支付的,即交易成本现金化。

如上所述,以基金净值购入的 BTCE 具有内在的 PE 值。当 BTCE 投资者/持有人认为,BTCE 已经实现 PE 值,或者达到预期投资回报时,BTCE 投资者/持有人可以通过出售 BTCE 实现预期投资回报。但是,有些 BTCE 市场投资者认为,BTCE 尚未实现 PE 值,或者仍未达到预期投资回报时,可以买入 BTCE,或者继续持有。这个交易过程就是交易定价过程,最后达成的 BTCE 价格,就是 BTCE 交易定价。这个 BTCE 交易定价过程,都是以现金交易方式完成的。

三、产品风险与风险控制

1. 道德风险与风控措施

道德风险,由于 BTCE 的风险承担者和利益享有者为 BTCE 投资者,但从事增信零售业务的增信机构、代理商,及其 BTCE 发行人,未承担风险却享有相关利益,可能导致道德风险。比如,某个增信零售机构/增信代理机构为了 FIS 发行人/融资者利益,掩盖关键事实,或弄虚作假,甚至共谋,骗取增信用以发行 FIS,非法募集资金等欺诈行为。然后,它们再将此项增信业务或风险资产单独或打包转让给 BTCE 发行人。这个增信零售机构/增信代理机构不仅因此增信业务获取零售利益,而且增信机构经办人极有可能接受 FIS 发行人/融资者的贿赂。因此,且不谈贿赂的犯罪行为,增信零售机构/增信代理机构这种假借增信业务获取零售利益,并损害 BTCE 投资者利益的行为,是极具道德风险的。另外,BTCE 发行人中的相关管理人员,以其职权为 FIS 发行人/融资者自行从事前述欺诈行为,或者要求增信零售机构/增信代理机构从事前述欺诈行为。同样,BTCE 发行人中的相关管理人员极有可能接受 FIS 发行人的贿赂,构成严重的道德风险。

应该说,BTCE 发行人的道德风险应该高于增信零售机构/增信代理机构。如果说,增信零售机构/增信代理机构的道德风险也许是个别现象,危害有限,并且容易堵漏。那么,BTCE 发行人的道德风险,一旦形成利益输送机制,则可能危害整个增信市场。因此,除了行贿受贿犯罪行为应受法律管制和处罚外,对于这两种不同的道德风险,应采取不同的风控措施。

首先,风控措施应该基于 FIS 及其发行人信用等级的信评报告。对于已经发行过公募 FIS,曾经有过并仍然有效的信评报告,关注各个信评基点的变化因素和相关数据,并经严格的现金流及其风险覆盖率的测试。对于未曾发行过公募 FIS,未进行过信评的 FIS 发行人,除了符合前述要求外,还应参考相似行业、相关地区、信用等级及其他因素。

其次,除了 FIS 发行人聘用信评机构外,BTCE 发行人也应自行聘用信评机构。根据客户(FIS 发行人)分类,凡是为某个客户及其关联人聘用,曾经聘用过的(3 年内)的信评机构,不得为 BTCE 发行人所聘用来处理这个客户的信评问题。为 BTCE 发行人所聘用过的信评机构(解除聘用合同 3 年内),不得为这个客户进行信评。除此之外,BTCE 发行人还应聘用退休信评专业人员作为顾问,对不同的信评机构、不同的信评报告,为董事会下设风控委员会发表内部报告或内部意见。

再次,对于增信零售机构/增信代理机构,BTCE 发行人应通过网络进行资料联系,尽量不用设置市场部门/销售部门与其联系。即使需要纸质文件来往,也应为纸质文件自动生效编号进行来往,不得以部门/人名进行纸质文件来往,以免人员接触。

接着,BTCE 发行人的内部机构及其内部人员的设置要相互制衡,同样实行自动生成编号的网络/纸质文件来往交流系统,避免内部机构及其内部人员因业务往来产生道德风险。

最后,关于内核人员,应实行自动生成编号选择项目内核人员的制度,实行增信项目除名化内审制度,实行内核人员独立办公制度。

2. "肥尾现象"与风控措施

所谓"肥尾现象",是指在违约率不变条件下,其随机特性可能导致违约率分布不均,形成期初非违约事件离散(较少),期末非违约事件集中(较多)的现象。肥尾现象,实际上是符合大数据理论原理和质数定理的,只是一种形象表达而已。正因为"肥尾现象",不仅造成以主体信用为基础的增信机构处于赌徒地位,而且也可能造成增信产品兑付危机和市场振荡。BTCE 作为创新产品,已经规避以主体信用为载体的增信机构赌徒风险,与此同时,BTCE 也非常正视肥尾现象,在专门防御随机违约率的增信产品 APCE 的基础上,增加了投资资金,成倍地增加了风险资产的风险覆盖率,可以有效地掌控肥尾现象所形成的市场危机。

众所周知,"泰坦尼克"号称当时最大最好的游轮,所撞的北冰洋冰块面积可能不到北冰洋的万分之一,但这个在北冰洋里并不大的冰块,却轻松地将人们所认为的最大最好的"泰坦尼克"游轮撞沉,这就是所谓的"随机"特性造成的。增信的 FIS,比如 3A 信用等级的违约率,哪怕只有 2‰(远高于冰块与北冰洋的面积之比),在数百万亿元计的 FIS 市场上,会造成数千亿元的违约损失(不用太高比例,如同钢贸企业近万亿元信用违约),就足以造成增信机构/增信产品的兑付危机和市场振荡。关键在于,"随机"特性的"肥尾现象",人们无法预知其规模、时间及其分布情况。

为了防范这种"随机"特性的"肥尾现象"所带来的市场风险,在 BTCE 的产品设计中予以高度关注。首先,BTCE,必须去除主体性赌徒风险,以资本金及其 10 倍杠杆率作为赌资,与这个违约率具有随机性的市场进行博弈,最后倒在肥尾现象面前。因此,BTCE 不可能设计成公司及其股票。其次,尽管 BTCE 基于在扣除预计的集合化违约率后仍具有较高增信收益的增信资产池,但与 ABS 不同,BTCE 却如同投资基金,可以募集资金,可以进一步提高风险覆盖率,或者进一步覆盖集合化违约率的随机风险,来化解"肥尾现象"带来的市场危机。再次,BTCE,不仅可用于募集资金,而且可以进行分期额度发行。通过分期额度发行,可以根据产品内在价值的增加,同样权益的募集资金数量可以大幅增加,用于处理"肥尾现象"带来的市场危机。接着,BTCE 所基于的 SPV 及其名下的风险资产池,不是完全封闭的。在遇到"肥尾现象"所带来的市场危机时,如果有必要,可以在原有风险资产池基础上增加新的未来的风险资产(额度)。所增加新的未来的风险资产(额度),可以按一定规则发行新的 BTCE,用以风险资产池抗衡肥尾现象带来的市场危机。最后,设立投资者保护基金。由于 BTCE 的特殊性质,尽管按投资基金净值发行,但却具有内在 PE 值。由于 BTCE 投资者对 PE 值认知与要求不同,BTCE 交易价格波幅较大,交易频繁。这样,交易税费收入较大。为了应对肥尾现象带来的市场危机,应该以交易税费收入的 50% 设立投资者保护基金。投资者保护基金的规模,可能在 BTCE 发行交易后的 10 年内,达到数百亿元人民币。这个规模的投资者保护基金,可以在应对肥尾现象带来的市场危机中起到非常重要的作用。

为了防范"肥尾现象"带来的增信危机,在违约率并没有改变/调整,或者预判无误的条件下,在某一特定时刻某些风险资产的违约率集中发生,造成违约损失巨大而导致增信偿付失调,并严重影响增信效果和产品交易价格,从而可能危及BTCE 的存在与发展。因此,BTCE 发行,必须采取额度发行价格。

额度发行价格包含以下几个方面的含义:

(1)额度发行,是指在确定 BTCE 产品结构和预期收益率以后,以增信资产池为基础的 BTCE 凭证,是基于增信资产池的预期总规模(增信总量),而非现有增信资产池规模。比如,增信资产池现有规模为 1 000 亿元,但 BTCE 发行总额却是基于增信总量,可能为 1 万亿元,甚至更多。

(2)分期发行,是指 BTCE 发行总额确定后,可以分步发行。一方面,因为BTCE 发行价格以基金净值发行,那么,一般来说,越早发行的 BTCE 价格越低,越晚发行的 BTCE 价格越高。因此,分期发行有利于提高增信资产池的价值/质量,可以有效地防范违约率上升,甚至发生"胖尾现象"。

(3)扩大额度发行,如果前述额度发行、分期发行都无法抵御"胖尾现象",必须采取扩大额度发行措施,即如下两种措施:其一,在原有额度发行的基础上增加或扩大新的额度发行总量。例如,原有的额度发行总量为 1 万亿元,可以调整为5 万亿元,甚至更多。其二,增加或扩大新的额度发行总量,可以是现有效益较好的 BTCE 名下的增信资产池,相当于合并,也可以是未来产生的增信资产,相当于新增。无论合并,还是新增,扩大额度发行就是为了应对"肥尾现象"所带来的增信危机。

第三节 制度配套

一、现行业务与标准化

在 2009 年前后,中国四大银行系国有资产管理公司以"金融资产远期交易"

(FAFT)开展的增信业务,实际上就是风险(资产)交易形式的增信业务。FAFT的存续期虽然并不长,很快被中国银监会以"名为买卖,实为担保"托词而叫停。但是,风险(资产)交易这种形式的增信业务,如上所述,具有信用买卖所不具有的多个优势,改革了信用买卖中的根本缺陷"黑洞现象",及其所带来的交易对手风险和系统性风险。因此,从理论上讲,风险(资产)交易应该有着强大的生命力,应该发扬光大。

但是,作为风险(资产)交易的初级增信业务本身,仍然存在着增信业务同样的许多致命缺陷,FAFT也不例外。首先,作为以主体信用为基础的增信业务,仍然具有增信业务所带来的增信风险,比如赌徒风险。其次,FAFT定价,仍未以FIS违约率作为价值基础,仍以融资担保的行业定价作为FAFT定价,不具有科学性。最后,更重要的是,FAFT作为增信业务,不是增信产品的零售业务,也不可能是在增信产品要求或指导下的标准化增信业务。

因此,只有将作为增信业务的FAFT,纳入创新增信产品/增信衍生产品,成为创新增信产品/增信衍生产品的零售业务,并在创新增信产品/增信衍生产品的要求下进行标准化改造。标准化的、具有零售业务性质的FAFT,才可从根本上摆脱资本金及其计提的限制,消除增信业务的内在缺陷或赌徒风险。作为风险(资产)交易,创新增信产品/增信衍生产品,可以避免以信用买卖为基础交易结构的增信产品所形成的"黑洞现象",避免由此形成的系统性风险。

创新增信产品/增信衍生产品,因为只是风险(资产)交易,就可以让所有市场交易者参与,并向后传递交易风险,不会形成循环网络式的交易格局。自然的,创新增信产品/增信衍生产品可以通过证券交易所进行集中交易,同样由证券交易所替代单个交易者的登记结算业务。但是,不同的是,创新增信产品/增信衍生产品取代证券交易所承担信用风险或增信义务,而不是如同规制增信产品那样,只是由清算中心(所)替换了交易对手,并因此承担了信用风险或增信义务。

二、创新产品与制度配套

1. 建立增信(衍生)产品交易市场

增信业务都不以产品交易为前提,因而不存在增信交易市场建设的需求。现代增信业务或增信产品,无论CDS,还是CRMW,都以增信交易市场为前提。增信交易市场可以不是公开交易市场,只是隶属于"柜台交易"性质。这个"柜台交易",可以是一家公司自行挂牌交易,也可以由坐市商双边挂牌交易,当然也可以引入第三方结算机构,在交易市场上交易。

据此,BTCE 不仅可以进行增信,而且可以进行产品交易,并通过产品交易分散/递延增信风险,实现增信价值管理,完善增信定价机制。据此,创立与发展 BTCE,必须建立一个行之有效,并以效率为前提的市场交易机制,这就如同股票交易市场,或债券交易市场等公开交易市场。公开交易市场将使 BTCE 连接整个资本市场,因而与全部市场资本相连接。BTCE 就是以市场信用为基础的创新增信衍生产品。

2. 设立法定偿付机制

在增信交易市场制度建设中,重要的是应该通过制度性安排设立 FIS 信用违约时需要及时偿付以达到增信效果的偿付机制。从具有现代增信意义上的"金融担保"开始,已经证明,及时偿付或偿付机制是达到增信效果的最佳制度安排,是区别于民事担保、传统保险的重要标志。站在严格立场上,应该说,尚未实行及时偿付的增信业务或增信产品,都是"准增信",还未完全进入增信门槛。

法定偿付机制,首先应该建立在 BTCE 作为现金化产品的基础上。只有现金化产品,才能建立以"增信准确金"为核心的法定偿付机制。增信准确金,就是与集合化违约率相适应的违约损失相平衡的增信收益,以现金形式储存于受托人银行账户中(增信资产池中的资产之一),以应对 FIS 信用违约时需要及时偿付的制度。但是,当发生集合化违约率变化,或者"肥尾现象"时,增信准确金可能扩大到很多防范增信交易市场的诸多制度性安排,比如增信资产池中的预期增信收益,投资者保护基金等都将成为增信准确金。

3. 建立法定增信制度

至于要形成增信的大数概率,实现 BTCE 的盈利条件,国家/政府应该实行中长期(3 年以上)FIS 的法定增信制度,如同建立法定存款保险制度。如果说,在国家信用支撑 FIS 市场条件下,刚性兑付盛行,根本忽视增信的需要和存在;当国家信用准确撤离 FIS 市场,钢贸行业大量违约事件,在惊悚之余还未反应条件下,"债转股"这种行政性手段就成为必然。那么,以市场化手段吸收 FIS 信用风险的 BTCE 姗姗来迟之时,难道还要无视 FIS 信用风险,忽视和否认增信的需求?进一步说,法定存款保险制度就是对所谓高信用等级、人们以往无比信赖的银行长期信用的保险,难道高信用等级企业的长期信用要比银行更可信赖,而且信赖到无需增信(保险)。另外,BTCE 作为分享经济,必然需要迅速落实一个稳定而巨大的增信市场,否则,分享经济不会产生正效益。

法定增信制度,不仅促使中国 FIS 市场将发生巨大变化,FIS 的信评条件也将发生根本变化,尽管前述信用利差也已说明中国信评机制的高评现象而采取市场隐含评级方式,中国 FIS 信评不准、高评 4 个信用等级的初级信评时代也将一去不复返。可以预期,法定增信制度,不仅可以恢复中国 FIS 的实际信用等级,并将会对投资者心态造成重大影响。增信产品,无论现行增信产品,还是 BTCE,对于 FIS 投资者来讲,都是相随并进的。

4. 设立投资者保护基金

BTCE,如上所述,有着股票 PE 值的预期增长和经营业绩,当然也有亏损。因此,可以预见,在不同 PE 值的预期条件下,BTCE 交易价格波动应与股票类似,甚至波幅更大。因此,BTCE 的交易场所、登记结算、税务机构在收取相应交易、登记、结算等税费后,应以其收取全部税费的 50%,由金融监管机构统一组建 BTCE 交易市场的"投资者保护基金",以防 BTCE 交易市场上的系统性风险,维护 BTCE 交易市场的稳定性。

设立投资者保护基金,是基于如下事实。首先,可以保证在国家信用撤离后,FIS 市场维持稳定和更加市场化的发展,不会因国家信用撤离产生市场信用缺失的状况。其次,政府原来就希望建立业已过时、风险巨大的国家级融资担保基金,投入数千亿/万亿元人民币。现在不用掏钱,而是用 BTCE 交易税费的 50% 成立投资者保护基金,可谓为国分忧,减少投入。再次,如果不设计出 BTCE 的内在 PE 值,如同一般 ABS,或者(投资)基金,也不可能因具有较大的交易波幅及其交易量所产生的巨额税费。故道,取之于民,用之于民。BTCE 作为分享经济,也是需要公共资源支持的。

5. 改善增信分配与税收制度(公共资源)

基于目前人们对增信缺乏了解,对增信分配和税收制度更是无从下手,只能把增信行业作为服务行业进行收税。当前的增信费用是按服务企业征税,增信机构收取的增信费用即确认为业务收入。但是,当 FIS 信用风险出现前,增信费用已经交税并分配完毕,却只能要求资本金履行增信义务。如果增信机构投资人不愿投资,或有限责任,那么,在美国发生金融危机时以纳税人的税收进行"救市"也就顺理成章了。由于这种税务制度的失当,对增信机构或增信产品的投资者来说,增信分配是极其不合理的。另一方面,增信行业、增信产品及其增信衍生产品,作为分享经济,也是需要公共资源支持的。

众所周知,增信,经营的是增信(信用)风险,所谓增信收费,其实就是信用风险的承担成本和经营成本,并且还是一个风险巨大、杠杆式的经营成本。也就是说,在增信收费后,如果增信义务没有结束,意味着增信收费还不能成为经营收入,如同证券化的收入,需要对风险转移的会计确认。

首先,在一般增信业务中,对增信义务(风险)尚未终结的增信收费,至多只能算作预收款,不仅不应征税,更不得进行分配;否则,这个增信机构必须为无限责任,方可分配这种预收款。但是,对增信义务(风险),分配这种预收款的增信机构,其投资者必须承担无限责任。在中国 FIS 市场刚性兑付盛行时代,增信机构所从事的增信业务,其业务风险只是形式的。因此,增信机构只要收取增信费用,就须上交税费。随着钢贸行业大规模信用违约事件发生以后,在国家信用逐渐撤离,刚性兑付正在终结的新型条件下,原来税费制度必须作相应调整,应以风险转移的会计确认原则为基础。

例如,某个增信费用在增信业务完全终止前,或 FIS 兑付前,增信费用作为信用风险对价,仅仅是一种预收款形式,这种预收款应该不是一种债务,而是一种尚未确认的营业收入。因此,增信费用此时还不能转化为增信机构的收入,因此也无从涉税。当然,在增信总额所承担的全部增信义务完全终止时,或增信的 FIS 全部兑付后,增信机构方可开票确认收入。在收取增信费用时,增信机构可以开具增信收据。在确认收入后,方可开票,交纳税费,权益分配。

其次,信用违约是概率化的,增信义务也是需要增信总额作为基础的。没有增信总额作为基础的信用违约,不可能是概率化的,那么增信收费(定价)就无法适从。也就是说,某个增信义务的终止也不意味着增信费用可以自动确认为增信机构的增信收入。当增信机构所承担的增信义务总量大于未正式开票确认的增信费用总量时,增信机构应仍处于增信义务或信用风险边际范围内,增信费用仍可处于未确认收入状态。

比如,注册资本为 100 亿元人民币的增信机构,已完成的增信总额(增信资产)为 1 000 亿元人民币,平均按 2% 计算收取增信费用,合计为 20 亿元人民币。其中,增信义务已经终止的只有 300 亿元人民币,这样就存在 6 亿元人民币的增信费用,是否在会计上终止确认,并因转化为业务收入而需纳税。如果纳税,未来 700 亿元人民币的增信资产发生违约赔偿怎么办?税务机构肯定说,先纳然后递延。但问题是,这种风险巨大的增信业务,在发生违约赔偿后,会因资本金 10 倍杠杆率放大赔偿风险,以及信用等级下调造成司法追诉风险,最终可能导致增信机构的倒闭破产。先纳然后递延的税收政策对倒闭破产的增信机构没有任何意义,增信机构的理性投资者会放弃投资,远离增信机构,增信市场则因缺少投资者而消失。

同样是纳税,假设某一增信机构已经完成增信义务的增信总额(增信资产)为2万亿元人民币,完成交纳税费,并完成权益分配200亿元人民币。剩下150亿元人民币的增信资产却发生违约,100亿元的资本金不足赔偿而倒闭。这样的税收分配制度,肯定对增信市场是不公平的,尽管符合有关公司法、破产法等法律规定。

由此可见,增信机构在增信总额所承担的全部增信义务完全终止前进行部分确认收入,开票纳税,完成权益分配,无论对于增信投资者,还是对于增信市场,都将产生负面影响。反之,问题同样存在。如果不确认收入,开票纳税,完成权益分配,就意味着增信投资者无法获得投资回报,税收机构无法获得税收。这个两难问题如何解决,涉及完善我国增信税收和权益分配制度。要完善我国增信税收和权益分配制度,除 CDS/CRMW 外,就必须改变现有增信业务(融资担保),使现有增信业务转型为增信零售业务。

增信零售业务,使增信机构在转移增信业务(风险资产)前,不再确认增信收入,也不会纳税分配。当完成转移风险资产后,增信零售业务风险已经完全转移,可将营业差额或服务收益确认为增信收入,再行纳税分配。如果增信零售业务由增信代理机构完成,那么,增信代理机构收到的代理费用则可确认收入,再行纳税分配。BTCE 发行人,在把增信业务(风险资产)转移给 SPV,进入增信资产池后,把转移差额或服务费用确认为增信收入,再行纳税分配。根据国际惯例,SPV 本身没有税收,但投资 SPV 的权益凭证(增信投资凭证)所产生的利益,可按20%所得税进行纳税,也可按股票投资收益处理。

第十四章　增信管理

增信管理，就是增信定价管理，与增信价值管理不同，主要根据不同定价模式、不同价格影响因素进行价格管理。

第一节　概述

增信管理,就是增信定价,除了前述内在价值管理外,主要根据不同定价模式、不同因素进行价格管理。

不同的增信对象,有不同的增信定价基础,需要采用不同的定价方式。不同的增信对象,是指是否具有信用历史。具有信用历史的增信对象,可以采用违约率定价方式。不具有信用历史的增信对象,则以比较方式确定信用等级及其信等差,再以信用利差作为增信定价基础,即采用形式定价方式。这两种定价方式,各自应对不同的增信对象,不可交互替代。

模式管理,可分为分散模式管理和集中模式管理两种,都是依据增信原则进行的价格管理,各自有存在的客观基础。分散模式管理,不仅包括全方位的放射形模式管理,而且包括单方位的放射形模式管理,两者都是基于交易的客观需要而形成,并且各自发挥着应有的作用。集中模式管理包括多种增信载体的价格管理。在增信产品的集中模式管理,包括交叉模式管理、概率价格型模式管理和注入型模式管理。

因素管理就是对影响增信价格的各种因素作出增信价格反应或调整。增信价格管理就是对影响增信交易及其增信价格的各种因素进行管理。与增信价值管理不同,增信价格管理的主要因素有长短期利率、利差变化及其信用事件(信用等级或违约风险等因素均包括在内)。这三大因素对增信价格及其价格管理具有重要作用。

对于融资增信类型,或者法定增信对象,应采取不同于投资增信类型的因素管理,应该具有创新管理思路,包括如何处理"肥尾现象",以及"肥尾现象"与价格管理的关系等;如何看待违约率,及其增信价格与违约率变动关系。如果没有RR,或者没有采取投资增信产品所采取的信用事件序列,增信时间 T 的作用将会突出,甚至成为不可或缺的调节工具,从而印证了法定增信对象,或者融资增信类型,在时间上的长期性,既是信用风险的基本来源,又是克服信用风险的调节工具。与此同时,增信额度,对于分散和控制随机概率的信用风险,准确预测或降低违约率,追求增信产品内在价值具有重大作用。而风险覆盖率,又突出了增信时间 T 的作用。

增信载体管理,是增信管理的主要方面,也是增信价格管理的边际成本,或者说是对增信载体的价格管理。不同的增信载体,具有不同的程序管理:在增信主体为增信载体时,其为增信业务的程序管理;在增信合约及其规制合约,或者金融产品为增信载体时,则其为增信产品的程序管理。从业务程序管理到产品程序管理,特别是产品程序管理又包含着业务程序管理。业务程序管理,既包括经营资格、增信额度的审查管理,又包括增信咨询与调查、增信收费与交易的内容管理、增信偿付与增信交割,以及增信机构的管理。产品程序管理,与业务程序管理比较而言,除了审查管理类似外,管理内容不尽相同,包括产品交易预案与实施,增信条件与偿付,增信(风险)资产管理,及其制度配套。

第二节 价格管理

一、定价方式管理

定价方式管理就是根据不同增信对象所采取的不同定价方式,不同定价方式主要有:首次 FIS 且可以信评的,依据信等差的行业定价方式;拥有信用等级且多次 FIS 的,依据违约率的定价方式,包括"跳跃"模型、风险中性模型、大数据模型等。增信价值与对象价值相当的足额增信,增信价值与对象价值具有差额的限额增信,这两者也有不同的定价方式,或定价方式管理。

1. 行业定价方式与违约率定价方式并存

首次 FIS 且可以信评的增信对象,实行信等差的行业定价方式管理。信等差方式,包括行业定价与额度增信两个方面。一方面,由于资本金及其杠杆率限制,行业定价的潜规则为额度增信,即由拥有增信额度的增信机构决定增信定价。另一方面,拥有信用等级的增信对象,特别是新兴行业与新兴企业,第一次 FIS,无法以正常违约率数据或违约率模型进行定价,只能按相似相关行业、企业的信用等级,以及信等差所形成的利差进行行业定价管理。这个行业定价管理是基于信等差所形成的利差,而非行业规则或潜规则。美国的金融增信(FGa)和中国的融资增信(FGc),从此跨入了增信门槛,开始了增信的初级阶段。

拥有信用等级且多次 FIS 的增信对象,实行违约率定价方式管理。违约率定价方式,从"跳跃"模型到风险中性模型,再到大数据模型等定价模型,正是现代增信定价所追求的。以违约率为基础所确定的信用利差作为增信定价内核,并以信用利差作为增信定价边界,正是现行增信产品及其增信衍生产品所实行的增信定价方式管理。

2. 足额增信与限额增信并存

足额增信有不同的表现。有的表现为主体增信,即增信主体/增信机构为增信载体,增信主体/增信机构的资本金不会少于(增信)对象价值或 FIS 价值。比如,中国融资担保法规规定,融资担保机构的资本金比(增信)对象价值或 FIS 价值要大 3 倍以上,即担保对象价值或 FIS 价值不可超过融资担保机构资本金的 30%。有的表现为增信衍生产品,即 CLN,CLN 总价值可与 FIS 总价值相当。足额增信,表现了在增信发展过程中,不同增信阶段所表现的一种增信定价方式,或者增信定价管理中的慎重态度。

足额增信,在主体增信中体现了对主体信用风险的慎重态度,并使增信主体/增信机构的有限责任得以保持;否则,无限责任将使增信主体/增信机构难以成立或无法投资。在 CLN 中体现了商业银行/金融机构在对冲风险上的慎重态度,否则,商业银行/金融机构无法通过 CLN 改善资产质量,优化资产配置与资产结构。

限额增信表现为增信产品、物权增信、ABS 夹层证券等。限额增信,就是增信价值与 FIS 价值不一致,或少于 FIS 价值,少于价值甚至数十倍、数百倍。因此,限额增信真正体现了增信价值,以违约率为基础的客观定价方式表现了有限的风险资产的定价本质,从而将增信价值反映在增信定价中。不仅如此,从增信产品(CDS)的无限信用追索,到物权增信或 ABS 夹层证券的有限资产支撑,说明了限额增信促使增信走向更为高级阶段,真正实现了增信的核心价值。

从物权增信、增信产品(CDS),再到增信衍生产品(ABS 夹层证券),并在这个基础上进行增信创新,无论单一增信产品,集合增信产品或者复合增信产品,都促进了增信事业或增信产品的丰富繁荣,及其无穷无尽的创新和升级换代。

二、模式管理

在宏观原则下,如为主动承担原则,为防止庞大金额的增信对象的长期信用风险对资本市场的断崖式冲击,可采取增信对象法定化、增信业务产品化、产品定价利差化及其限额增信的定价方式,以达到覆盖系统风险的目的;在微观原则下,增信产品可采用风险量化分散承担原则,使每个价值巨大的增信项目得以分散风险,增信产品及其增信衍生产品也可采用风险概率集中覆盖原则,来控制并驾驭具有随机违约率特征的风险。

1. 分散模式管理

在风险量化分散承担原则下,可能产生如下模式管理。

1) 先由单一增信主体进行集中增信,然后通过再交易进行分散或转让

即此种模式可以通过标准增信合约形成放射形模式管理。比如在 CDS/CRMW 中,或者创新增信产品中,可以先由单一增信主体进行集中增信,然后与众多增信产品投资者进行分散或转让交易(再交易)。在这种情况下,增信主体大多可以采取全方位的放射形模式管理,比如以分期、分批方式对两个或多个增信产品投资者进行转让。当然少数情况是单方位的放射形模式管理,比如一次性转让。

2) 作为增信产品,直接通过首交易进行分散或转让

比如,在 CDS/CRMW 中,由一个需要进行风险对冲的卖方,挂牌出售 CDS/CRMW 合约;多个 CDS/CRMW 产品投资者买入这一卖方挂牌出售的 CDS/CRMW 合约。在这种情况下,众多增信产品投资者大多可以采取单方位的放射形模式管理,少数情况是全方位的放射形管理模式,比如分期分批对两个或多个增信产品投资者转让。

由众多增信产品投资者进行分散增信,则增信合约必然为标准增信合约,即以市场信用为基础的增信产品。作为标准增信合约所形成的增信产品,不仅风险

可以分散或者覆盖,而且也可以支撑 FIS 市场的规模化发展。因此,分散模式管理主要是增信产品/增信衍生产品的管理模式。

2. 集中模式管理

在风险概率集中覆盖原则下,可能产生如下模式管理。

1) 在金融担保/融资担保中,产生闭环模式管理

例如,融资担保机构通过非标增信合约完成增信业务(首交易)后,所有增信风险/信用风险均集中转移到融资担保机构,融资担保机构以其资本金及其核心资本进行增信。但是,由于融资担保机构的合约是非标增信合约,或者行业管理/法律规定而无法转让非标增信合约,处置或优化风险资产,从而就产生了这种闭环模式管理。闭环模式管理只发生在主体增信/机构增信中,这也导致了主体增信/机构增信的巨大风险,造成增信主体/增信机构处于赌徒地位,无法应对"肥尾现象"。因此,集中模式管理也主要是增信产品/增信衍生产品的模式管理。

2) 在 CDS/CRMW 中,产生交叉组合模式管理

例如,CDS/CRMW 投资者,因为惧怕随机违约率对增信产品投资所造成的投资损失,必然进行风险资产最佳组合,即买入众多 CDS/CRMW;又因对冲风险或者实现套利目标,可以卖出众多 CDS/CRMW;但仍持有众多,甚至不减少增信项目的增信产品,最终形成交叉组合模式管理。

3) 在集合(复合)增信产品中,产生概率价格型模式管理

例如,增信产品发行机构发行相同信等/不同信等的集合增信产品(APCE/SCEP),除了产品金额和信等结构差异外,各个产品之间并无重大差异,产品价格都是随违约损失与否而变化,但增信产品总的违约概率却是相同的。

4) 在复合增信产品中,产生了注入型模式管理

增信产品发行机构发行复合增信产品,可以不断注入增信资产,用以对抗随机违约率,特别是"肥尾现象"。

三、因素管理

因增信价值及其管理而对增信定价,因增信价格管理产生交易,交易价格决定增信价格。增信资产或增信产品基于什么因素而进行交易,交易价格是基于什么因素而变动的,这是价格管理所要解决的问题。这些因素主要有以下几个方面。

1. 长、短期利率

市场利率或无风险利率的变化,将影响、甚至决定信用利差。随着信用风险转移所带来的时空变化,不同增信时期可能会有不同利率。在完全市场化利率条件下,对于高信用等级长期 FIS 的增信,无论单一增信,还是复合(集合)增信,如果利率不变,FIS 期限越长,风险越大,利率越高,作为利差反映的增信收益就越多;FIS 期限越短,风险越小,利率越低,作为利差反映的增信收益就越少。

作为投资增信类型的 CDS/CRMW,或单一增信产品,对于增信者(信用保护卖方)来说,因长短期利率不同所形成的信用利差就是套利基础。假设:5 年期利率为 2.8%,1~3 年期利率为 1.9%,1 年期利率为 1.1%,那么,5 年期的单一增信产品的增信收益肯定大于 1~3 年期的增信收益。对一个 5 年期、2A+ 标的资产的,卖出价格为 0.34%/年的 CDS 卖方来说,假设无违约事件发生,且过了 3 年,不仅可收取前 3 年的信用保护费(0.34%/年),而且可以买入一个同期(剩余 2 年期限)同质(共同标的资产及其信用事件)的,买入价格为 0.21%/年的 CDS,不仅对冲信用风险,而且还有交易差价(0.13%/年)可作套利利润,实现 CDS 卖方作为增信者参与增信的套利目标。另外,从此时的 CDS 卖方判断来说,2A+ 标的资产的信用风险在 2 年内可以承受,并认为可以忽略不计,可以将未来 2 年增信收益转化为增信利润(0.21%/年),或者在剩余 1 年内进行套利交易。

作为融资增信类型的单一增信产品、集合增信产品或复合增信产品,对于增信产品投资者来说,长期的、高信用等级 FIS 增信,随着时间流逝,如果未发生违约事件,高信用等级 FIS 的长期信用不确定性将逐渐消失,增信产品价格逐步走低,可以期待套利目标。对于集合增信产品投资者来说,由于风险下降,平衡风险的增信基金收益提高,增信产品价格逐步走高,可以期待套利目标。

2. 信用利差变化

信用利差,从总体上看,既取决于增信对象眼前的信用等级,又取决于增信对象未来的违约率。信用等级低,或者违约率高,信用利差大,增信收益高;信用等级高,或者违约率低,信用利差小,增信收益低。市场利率高,无风险利率也高,信用利差也同步增大;市场利率低,无风险利率也低,信用利差也同步减少。可见,信用利差,与市场利率、无风险利率呈正相关。另外,即使信用等级(违约率)相同,但在不同时期,信用利差可能不同。高利率时代,信用利差大;低利率时代,信用利差小。在目前全球低利率时代,对低信用等级 FIS 的增信,其信用利差却接近对高信用等级 FIS 的增信,即信用利差非常小。

对于信用利差来说,增信对象的信用等级或者违约率,都应属于静态变化因素,虽有相应变化,但变化缓慢且不大。除此之外,信用利差,实际上更多地受制于货币供应量、市场利率变化等动态变化因素,并随之经常发生变化。在不同时期的货币政策条件下,由于市场利率、无风险利率变化,信用利差也将发生变化。信用利差的变化,导致增信交易产生。不同的信用利差变化方向,交易价格也随之变化,上升或下降。

假设,原来国债 3 年期收益率为 3.1%/年,但由于货币政策发生变化,利率市场发生调整,国债 3 年期收益率为 2.5%/年,信用利差减少,增信价格下降。作为投资增信类型的 CDS/CRMW,或单一增信产品,对于增信者(信用保护卖方)来说,买入增信产品可以产生交易差价,在对冲风险的同时,实现套利目标。作为融资增信类型的单一增信产品和复合增信产品,对于增信产品投资者来说,增信产品风险下降,无论已收还是未收增信收益,增信价格都会下降,可以通过交易实现交易利差,获取交易利润。对于集合增信产品投资者来说,尽管这种暂时的利差调整,可能对集合增信产品的长期风险与总体价格影响不大,但是,短期价格还是有相应调整的,则价格保持升势。

3. 信用事件

在投资增信中,RR 因信用事件范围设定而成为 CDS/CRMW 定价要素之一,不仅是价值管理(定价管理)要素之一,而且也是增信价格管理要素之一。在融资增信中,RR 因信用事件范围设定而无法参与定价要素,但信用事件本身,尽管不是定价要素,不属于增信价值管理,却属于增信价格管理。也就是说,信用事件,对于各种增信产品来说,都将非常重要地影响着增信价格和增信交易。

已经发生的信用事件,肯定对增信产品价格发生作用,CDS/CRMW,以及单一增信产品的价格会急剧上升,复合增信产品视信用事件的增信对象所占比重也可能有上升趋势,或者少许上升。集合增信产品则视信用事件的增信对象所占比重也可能有下降趋势,或者少许下降。

除了已经发生的信用事件,更重要的是,如何在信用事件发生前可以预测到信用事件发生。正确预测信用事件,不仅需要研究客户的各种宏观与微观信息,包括行业发展趋势、产品技术发展、替代竞争者及其产品、产品市场占有率、利润结构以及信评机构对客户的专业信评报告等,还需要具有获得这些客户信息的渠道与载体,包括正常公开及其专业媒体报道、专业机构报告,市场分析的专家意见,以及偶尔交易信息,特别是价格离谱的、单个数量较大的交易,交易客户又是增信对象的其他交易相关者等。

4. 价值链管理

无论哪家商业银行拥有信贷资产组合(银团贷款),其他商业银行都可以通过CDS分享信贷资产组合价值链上的剩余价值。一般来说,信用等级较低的中小商业银行难以取得对大客户银团贷款的地位,但是,中小商业银行可以卖出CDS作为保护卖方获取这种信贷资产组合的信用利差;高信用等级的大银行通过买入CDS作为保护买方,在保留一定风险利差的前提下,对冲这种信贷资产组合中的信用风险,反之亦然。

1) 交易前提

X金融机构以融资成本shibor + 10 bps买入标的资产,收益率为shibor + 90 bps,可获得净收益80 bps,但必须承担标的资产的信用风险。为了对冲信用风险,X金融机构与交易对手、保护卖方Y金融机构开展CDS交易。X金融机构按期(如6个月)支付保护费shibor + z,z为CDS利差。若保护卖方Y金融机构与标的资产无关,X金融机构更安全。

2) z的确定

对X金融机构来说,只要$z \leq 90$ bps,除了对冲风险外,还有净收益$(90 - z)$bps。对Y金融机构来说,若买入标的资产,净收益为30 bps$(90 - 60)$。若以CDS交易,Y金融机构可取得合成的标的资产,收益率为shibor + z。只要$z \geq 30$ bps,Y金融机构的净收益大于原来买入标的资产的净收益(30 bps)。

这样,满足X金融机构信用利差为30~90 bps,即$30 \leq z \leq 90$。因此,$z = 75$是公平的。

(1) X金融机构获得15 bps$(90 - 75)$。

(2) Y金融机构也得到15 bps$(75 - 60)$。

(3) 合理的z应该为75 bps。

四、创新管理思路

1. "肥尾现象"管理

APCE,或者SCEP,甚至BTCE的发行价格,都是基于违约损失与增信收费的有效性和调控性的平衡。有效性和调控性,则是基于增信时间(T)和增信额度(SUM)。如果发生违约率上升,违约损失增加,偿付总额扩大,甚至偿付困难。

而实际上违约率并没有改变,这就是所谓的"肥尾现象"。从理论上讲,在增信产品 APCE/SCEP、或者 BTCE 存续期间的某段时间内,某个信用等级、某个行业、某些地区的增信项目(风险资产)违约率可能上升,违约损失可能较大;当然,也可能某些风险资产违约率下降,增信收益上升,违约损失缩小。其实,这两种现象都与"肥尾现象"有关。

无论增信收益上升,还是违约损失扩大,应该采取下述管理态度处理肥尾现象。

(1)"肥尾现象"不涉及违约率变化问题,不要立即调整增信收费。如果经常调整增信收费,就会造成产品(APCE、SCEP、BTCE)定价问题、产品风险问题,从而影响产品市场信誉,这些问题都关乎着增信产品及其增信衍生产品的存在与发展。

(2)违约率其实也不是一个确定数字概念,应该是一个数字范围。因此,产品定价也是一个价格范围,即使在产品发行时对风险资产池有个比较具体而确定的价格,但也只是临时确定的价格,只有通过市场交易最终确定的交易价格,才是真正体现增信产品及其增信衍生产品的内在价值。当然,市场交易价格,更不是一个确定数字概念,而是一个函数性的波幅,或一个波幅范围。

(3)在经过一个较长时期以后,并且达到一定的增信额度后,违约率才会慢慢稳定下来,预期误差率也会逐渐缩小,对违约率的判断将越来越准确/精确。精准把握"肥尾现象"与违约率,必须经过增信时间 T 的考验。因此,管理好"肥尾现象",是确定增信价格管理模式的不可或缺的前提条件。

2. 违约率管理

违约率是有个增信总额的,具有集合性质的违约率,非为单一违约率。同时,违约率又涉及集合增信,即集合风险资产或风险资产池。风险资产池中的违约率,必然是一种集合性质的违约率。不同集合性质的风险资产池,具有不同的违约率。任何单一增信项目、单一信用等级的风险资产违约率,都不能取代、改变这种集合性质的违约率。

在集合性质的违约率条件下的违约损失,与在一定增信额度下的增信收益,与现行的信用利差或信用等级,都应该是可以达到平衡的。集合增信产品或复合增信产品的价值正是建立在这种平衡基础上;否则,增信价值无以建立,增信又何以成立。

一旦集合性质的违约率上升,导致违约损失加大,偿付总额增加,甚至偿付困难时,必然涉及产品价值的有效性和调控性,增信收益率的失效问题,即原来根据违约率所决定的信用利差/信用等级不够准确,导致违约损失与增信收益的倒挂。当这种集合性质的违约率上升时,一方面,必须调整增信收益(收费);另一方面,产品价格会发生较大震荡,波幅巨大。但是,当违约损失加大,偿付总额增加,甚至偿付困难时,可能只是发生"肥尾现象",并没有产生集合性质的违约率上升。发生"肥尾现象",就无需调整增信收益(收费),虽然可能导致产品价格发生较大震荡。

3. 增信时间 T 管理

假设,标准增信时间 T 在时间坐标上代表 1 年,如果 $T>1$,即增信时间 T 向右移动时,代表增信时间延长或正增长。如果 $T<1$,即增信时间 T 向左移动,代表增信时间缩短或负增长。

如果说,集合性质的违约率所达成的违约损失,与一定增信额度条件下所形成的增信收益,两者之间的平衡就是增信价值的基点的话,那么,增信价值就是增信时间 T 所创造的。增信时间 T 作为增信价值的尺度/调节器,与增信价值正相关。增信时间 T 越长,增信价值越大。增信时间 T 越短,增信价值越小。

另外,不同信用等级的增信对象,所需增信的时间 T 不同。增信对象的信用等级越高,增信时间 T 越长,那么,增信价值就越大;增信对象的信用等级越低,增信时间 T 越短,那么,增信价值就越小。

由于增信时间 T 与信用等级的增信对象呈正相关关系,所以,增信时间 T 决定了增信资产池的违约率,也就是说,决定了集合违约率。增信时间 T 越长,集合违约率越低,增信价值越大。增信时间 T 越短,集合违约率越高,增信价值越小。

4. 增信额度管理

增信额度(SUM)与增信收益正相关。增信额度越大,增信收益越高。增信额度越小,增信收益越低。不仅如此,根据大数据原理和质数定理,增信额度又与违约率预期误差率、集合违约率呈反向关系。增信额度越大,违约率的预期误差率越小,违约率可能越低。增信额度越小,违约率的预期误差率越大,违约率可能越高。

在集合性质的违约率条件下,增信额度具有特别重要意义。尽管现行增信产品(CDS)基本上都是基于单一化的违约率,增信额度对现行增信产品来说,如果增信仅为对冲业务所需,从表面上看意义并不大。但是,如果 CDS 的投资者希望控制 CDS 所基于的 FIS 信用风险,那么必然会对 CDS 进行集合投资,用以分散风险,追求 CDS 投资价值。由此可见,增信额度,对于分散和控制随机概率的信用风险,准确预测或降低违约率,追求增信产品内在价值具有重大作用。

因此,在产品设计或产品定价中,应该充分关注增信额度对产品价值或产品风险的重要性。不仅表现在增信规模上,而且在"肥尾现象"处理上,都要把增信额度作为产品价值的一个调节器进行运用。不仅如此,有关产品的重组设计,也将基于增信额度。

5. 风险覆盖率管理

在排除 RR 对于产品价格影响后,风险覆盖率管理应基于限额增信管理模式。在一定增信总量条件下,在增信时间 T 调节下,最大限度地进行风险覆盖率管理,必须使得风险覆盖率大于 1,从而创造增信价值。

1) 单一增信

其公式如下:

$$E = ST = (B1 - B2)T$$

式中,E 为增信收益;S 为利差;$B1$ 为无风险利率;$B2$ 为风险利率。

当处于单一增信条件下,且是新兴行业、新兴企业或新型项目为增信对象时,RR 不存在了,信用历史数据尚未形成,因此信等差所形成的利差为增信收益,或者增信定价基础。T 大于 1,风险覆盖率也就大于 1,也就是增信收益大于 1。

2) 集合增信

其公式如下:

$$QL = QR \cdot QM, \quad QE = QS \cdot QT \cdot QM$$

式中,信用等级 Q 为 3A,2A,1A,3B,2B,1B 之集合;QL 为不同信用等级所对应的违约损失;QR 为不同信用等级所对应的违约率;QM 为不同信用等级的增信总量;QE 为增信收益总额;QS 为不同信用等级的(增信)利差;QT 为不同信用等级的增信时间。

QR 与 QS 在大数据统计概率上趋于一致,即 $QR = QS$。

3) 集合增信盈利机制

增信业务/增信产品/增信行业要盈利,应在集合增信条件下,增信收益大于违约损失,即风险覆盖率要大于 1。

$QT \geqslant 1$,即增信时间 T 大于 1 年。那么,增信收益总额大于违约损失,增信价值为正值:$QE/QL = QS \cdot QT \cdot QM/QR \cdot QM \geqslant 1$。

若 $QT \leqslant 1$,1 年中的某一个时刻,小于 1 年的时间,或者 0.5 年。那么,增信收益总额小于违约损失,风险覆盖率要小于 1,增信价值为负值:$QE/QL = QS \cdot QT \cdot QM/QR \cdot QM \leqslant 1$。

4)关于增信时间 T

(1)增信时间 $T \leqslant 1$ 的情况。①FIS 的总量结构所形成的存续时间小于 1 年。②FIS 的总量结构所需大于 1 年但违约却发生在 1 年内某一时刻,使收取增信费用的总量未达到超过 1 年以上而发生违约偿付。

(2)$T \geqslant 1$ 的情况。利差等于增信收益条件下,$T \geqslant 1$ 实现的可能在于:①T 在增信时间坐标上向右移动,即 FIS 期间或增信时间 T 应该大于 1 年,这意味着 FIS 或增信资产应该是长期的,对应的是高信用等级的长期 FIS,从而验证了前述增信对象应该是高信用等级 FIS。②T 在增信时间坐标上向左移动,即 FIS 期间或增信时间 T 应该小于 1 年。要么增信时间 T 小于 1 年,比如低信用等级的短期 FIS,增信时间小于 1 年;要么高信用等级的长期 FIS 在增信后的 1 年内突然发生违约损失。在这种增信时间 T 小于 1 年的条件下,可以未来增信收益作为解决 $T \geqslant 1$ 的前提,并在增信时间坐标上向右移动。也就是说,当信用风险出现明显的"胖尾现象"时,为了 FIS 市场的稳定性,应该可以设置注入式管理模式,将未来增信收费作为价值补充,支撑创新产品价格。为此,在设计复合增信产品时应预留未来很多空间或额度,比如分次发行产品,注入风险资产,投资者保护基金等。

第三节 程序管理

一、业务程序管理

1. 经营资格

在开展增信业务前,应先检讨增信主体业务资格。在信用出租、出售概念、或者信用(保护)买卖概念之下,在金融(融资)担保业务中,增信主体必须持牌经营,没有经营资格,无法开展增信业务。在风险(资产)交易条件下,分为增信零售业务、增信资产批发业务、增信产品发行业务及其增信产品投资业务。在增信零售业务中,增信机构要么应该是持牌经营的,要么由增信产品发行人授权的代理商。

在增信资产批发业务中,应该为市场认可的投资机构。

从事增信零售业务,如同从事金融(融资)担保业务。这样,可以有选择地把中国原有融资担保机构集中起来建立起一个全国性的增信零售业务网络。一旦融资担保机构有了无风险的增信零售业务,那么,就有更多底气从事没有信用等级的、中小企业的融资担保业务,为国家政府排忧解难。

毕竟中国原有融资担保机构需要一体化改革与整顿,增信零售业务也需要标准增信合约与客观增信定价,因此,增信产品发行人可以授权经其培训的代理机构从事增信零售业务。"两条腿"改革中国增信行业,既可以排除原有改革阻力,又可快速推进增信行业的改革进程,保障增信零售业务的正常顺利地开展。

2. 增信额度

在开展零售增信业务时,增信机构应该先检讨一下自身的增信额度。其中,代理机构的增信额度不是由代理机构自身决定的,而是以授权的增信产品发行人的增信额度为依据。有多少增信额度,才能确定开展相应增信量的零售增信业务;如果没有增信额度,可以进行增信资产转让,实现零售利润,"挤出"增信额度以便开展增信业务。因此,从事零售增信业务后,增信机构资本金及其 10 倍杠杆率都已经无法限制其无限的增信额度了。

一般来说,增信额度由增信机构的资本金决定,一般不超过增信机构资本金(或净资产)的 10 倍。这就是说,增信机构资本金在信用额度上有 10 倍杠杆率。例如,2010 年 3 月 8 日中国颁布的《融资性担保公司管理暂行条例》(下称《担保条例》)第二十八条规定:"融资性担保公司的融资性担保责任余额不得超过净资产的 10 倍。"

另外,任何一个具体增信额度不得超过资本金的 30%,这是为了分散增信风险,不能将资本金全部放在一个篮子里。例如,《担保条例》第二十七条规定:"融资性担保公司对单个被担保人提供的融资性担保责任余额不得超过净资产的 10%,对单个被担保人及其关联方的融资性担保责任余额不得超过净资产的 15%,对单个被担保人债券发行提供的担保责任余额不得超过净资产的 30%。"

增信额度与增信机构的资本金挂钩是行业监管的必然,是为了防止增信机构不负责任的增信行为,不仅有害于增信机构的投资者,也不利于增信 FIS 的投资者。简言之,不利于资本市场有序运行及其规模发展。

因此,增信额度不仅与增信机构的资本金有关,而且与增信对象(FIS)的信用等级,增信期限相关。FIS 及其发行人信用等级越高,增信资产越安全,风险越低。而且,一般来说,FIS 及其发行人信用等级越高,增信资产偿付期限越长,增信资产安全性越高,抵御风险能力越强。FIS 及其发行人信用等级越低,增信资产越不安全,风险越高。而且,一般来说,FIS 及其发行人信用等级越低,增信资产偿付期限越短,增信资产安全性越低,抵御风险能力越弱。因此,增信额度应该与增信对象(FIS)的信用等级、增信期限进行优化配置。

中国在增信额度的管理与实践是难以承受的。一方面,由于中国融资担保机构以往担保对象仅为低信用等级 FIS,因此融资担保额度偏低。据相关数据统计,中国融资担保额度仅为中国融资担保行业资本金的 2.6 倍,与担保法规的 10 倍资本金相去甚远。另一方面,许多信用等级较高的融资担保机构,放松自我约束和法规监管,一味追求利润,融资担保额度高达资本金的 20~30 倍。因此,近几年中国这种不正常的融资担保额度,不仅造成融资担保诉讼高企,还落得融资担保机构 10% 的破产率,更使中国融资担保市场信用尽丧,令人谈虎色变,即使国务院多次出台鼓励政策也无法挽回投资者对融资担保市场的冷漠。

实际上,增信额度对增信机构资本金的限制,在微观上是毋庸置疑的,确实具有无法忍受的矛盾与纠结,但在宏观上却可以通过零售业务进行解决。对于零售增信业务,资本金 10 倍杠杆率也是必须的,有利于增信风险的控制。但是,如果没有零售增信业务的买卖批发,增信机构即使控制了资本金 10 倍杠杆率,在风险概率上仍然处于赌徒地位,业务风险仍然巨大。为了降低和稳定违约率及其误差率,改善增信机构的风险地位,大力发展零售增信业务或增信资产的批发交易,也许是未来中国增信行业的必然选择。

3. 增信咨询与调查

作为增信程序,咨询与调查是增信程序中不可或缺的两个环节。咨询与调查,是零售增信业务的基础工作,增信机构必然将其作为开展零售增信业务的前提工作环节。

增信咨询是 FIS 发行人、融资者为易于发行 FIS 并节约发行成本,或者 FIS 持有人为了规避分散风险向增信机构进行前期咨询。可见,在融资增信类型中,咨询人是 FIS 发行人、融资者;在投资增信类型中,咨询人是 FIS 持有人/投资者。咨询信息(内容)包括 FIS 及其发行人/融资者的信用等级、增信额度、增信期限、增信收费及其 FIS 发行计划等。在人工操作条件下,FIS 及其发行人/融资者需要提供相应文件,特别是近 3 年来的信评报告与财务报告,如果是第一次,必须聘请这些专业机构制作信评报告与财务报告。在网络操作条件下,在格式标准的页面进行传输相应文件。如果为 FIS 发行人/承销商,而非融资人,则应按照增信机构前述咨询程序开展增信咨询。

增信调查是增信机构根据咨询人的要求,并经增信咨询相应程序对 FIS 及其发行人/融资者(增信对象)所开展的调查。无论手工还是网上开展增信调查,调查信息(内容)包括但不限于按照增信咨询所提交的相应文件,特别是聘请其他信评机构开展独立信评调查,并要求信评机构出具独立的信评报告。增信机构也可以聘请其他中介机构就 FIS 发行人或融资者的财务、法律、行业等状况进行增信调查。

增信报告是增信调查的最后环节。在增信调查完毕后,负责增信调查的部门或人员应该出具增信报告,增信报告必须有增信结论:同意增信或否决增信。同意增信的,增信机构进入增信交易与收费程序;无论同意增信与否,都要书面通知增信咨询人。

至于增信机构内部程序,则不属于增信业务程序。增信代理机构的上述行为,则由授权人承担,或者自行介入。

4. 增信收费与交易

在完成增信调查并同意增信前提下,进入增信收费与交易程序。作为增信机构,收取约定增信费用并为增信对象进行增信交易,这是增信内在机制必须存在的增信程序。

增信收费名义繁多。在担保概念下,为担保费用;在保险概念下,为保险费用;在 CDS/CRMW 概念下,为信用(保护)费用;在 FATT 概念下,为交易邀约金;在风险资产交易中,为风险资产内含风险覆盖资金。在融资增信类型中,是由增信机构向 FIS 及其发行人/融资者收取前述增信收费;在投资增信类型中,是由增信机构向 FIS 投资人/持有人收取前述增信收费。

从理论上讲,增信收费是增信定价的具体反映和实现,是在增信(信用)利差范围内的必然选择。①信用等级不同,增信收费不同。FIS 及其融资者信用等级高,增信收费低;FIS 及其融资者信用等级低,增信收费高。②信用等级相同,增信收费趋于相同,但也不是绝对相同,如同增信利差是一个范围,增信收费也有一个范围。因此,在现代增信产品中一般都是在增信利差范围内进行增信收费。③增信定价最终由随机概率化的信用风险来决定。

从法律上讲,增信收费却是增信交易双方根据市场需求进行平等自由协商而决定。例如,《担保条例》第二十六条规定:"融资性担保公司收取的担保费,可根据担保项目的风险程度,由融资性担保公司与被担保人自主协商确定,但不得违反国家有关规定。"因此,在以往增信业务中往往是根据增信行业定价进行增信收费。

增信收费方式包括分期付费和一次性付费。在增信合约上看,分期付费实际上是一种不公平条款。但从增信主体"增信悖论"上看,一次性付费对交易对手"FIS 及其融资人或持有人"也是不公平的。这种矛盾只有在增信业务向增信产品转化后才得以协调,在增信产品中应该以一次性付费才是公平合理的,更符合增信本质概念:FIS 信用风险转移及其定价管理。

增信交易是指增信合约的签署,包括 FG 合约、BI 合约、FATT 合约、CRMA合约等增信合约的签署。除了增信产品的合约,在原有相关增信业务中,增信合约一般由增信机构提供格式样本,属于非标增信合约。合约签署方既可以由增信机构与 FIS 融资人或持有人直接签署,也可以由 FIS 发行人及其代理商与 FIS 融资人或持有人签署。增信交易,或者增信合约的签署,并不意味着有效执行或者没有合约纠纷。

一般来说,增信合约签署后可以得到有效执行。但是,FIS 发行失败,或者FIS 持有人没有支付增信收费,均可能导致增信合约无法有效执行,尽管增信合约宣称生效条件为 FIS 发行成功且收到增信费用。如果 FIS 发行失败,或者 FIS持有人没有支付增信收费,增信机构为了保护自身利益,降低交易成本,可能采取相应措施:①在融资增信类型中,收取增信咨询费用,即使增信合约签署后得不到有效执行,增信机构也不用归还增信咨询费用。②在投资增信类型中,针对支付增信费用条款,在增信合约中约定违约金。

即使增信交易完成,或者增信合约生效,却会因增信收费支付方式产生合约纠纷,特别是分期支付增信收费。尽管在增信合约中约定违约金条款,增信合约中又约定生效条件为增信机构收到增信费用,一旦发生拒付增信收费,也可能会产生一系列的法律纠纷。在融资增信类型中,FIS 持有人的增信权利会受到损害。在投资增信类型中,尽管 FIS 持有人的增信权利没有受到损害,但是,如果投资增信发生持续连续交易,而拒付增信收费的违约行为可能导致信用等级的下降。这样,前后交易对手可能因其拒付增信收费的违约行为导致连锁信用反映,造成市场恐慌和剧烈振荡。

在增信零售业务中,增信收费、增信交易及其增信合约,都应由增信产品发行人制定标准,以使增信零售业务服从增信资产批发交易和增信产品发行,同时也可使从事增信零售业务的增信机构顺利出售增信业务,完成零售业务的增信收益,摆脱增信业务可能带来的巨大风险。

5. 增信偿付与增信交割

在融资增信类型中,增信交割是指现金偿付。由于不能 FIS 兑付,增信偿付只能是现金偿付。在增信机构向 FIS 融资者/发行人支付赔偿金的同时,FIS 融资者/发行人将代偿权,或资产池债权转移给增信机构。

因为信用事件(增信条件)为无法兑付,所以 RR 价格一般归零,RR 转化为 DA,参与破产重组。因此,价格归零的 RR,或者转化为 DA 的 RR,不仅在增信定价中可以忽略不计,而且在增信偿付中也可不计其价。

6. 增信机构管理

在原有金融(融资)担保业务中,增信机构在开展增信业务以后,必须进行增信管理,维护自身的信用等级,并在增信效益范围内实现增信效益最大化。增信机构管理就是维护增信机构的信用等级,即信用等级维护。增信机构管理,必然涉及增信资产配置、增信业务损益、对外投资损益。增信资产配置,不仅要求增信额度符合资本金 10 倍杠杆率要求,而且要求增信资产在时间与额度上的错配,在最大额限度上和最长期限上保持资本金覆盖增信额度的风险,实现增信资产优化配置。增信业务损益,必须保持正向盈利,即增信收费大于违约损失。对外投资损益,也应该保持正向盈利,即投资收益大于投资损失;否则,增信资产配置、增信业务损益、对外投资损益等增信管理不善,可能造成增信机构被信评机构下调信用等级。

如果增信机构不能维护自身的信用等级而被信评机构下调信用等级,就会产生一系列的连锁恶果。①原来已经增信的 FIS 随之被下调信用等级。如果是融资增信类型,FIS 风险上升,FIS 投资者/持有人的利益受损,可能引起集体诉讼。如果是投资增信类型,FIS 风险暴露,FIS 融资者、投资者/持有人的利益受损,不仅支付增信收费的 FIS 融资者会诉之法律,而且 FIS 投资者/持有人也会采取集体诉讼。②增信资产配置恶化。增信机构可能失去高信用等级的客户,无法为高信用等级 FIS 进行增信;增信机构只能为低信用等级的 FIS 进行增信,增信风险陡升,增信资产配置恶化,可能导致增信机构进一步被下调信用等级。③增信业务难以为继。增信机构因此失去市场信用,无法开展增信业务。

因此,增信机构管理、维护增信机构信用等级的唯一方式和途径为在增信业务、对外投资发生亏损时,应该拥有增加资本金预案,及时平衡资本损失。但是,这种方式和途径又是有违有限公司这一人类创举,重回无限责任之嫌。

但是,如为增信零售业务,增信机构管理,除了增信额度管理,最主要方式和途径为零售批发增信资产。增信机构通过零售增信资产,可以有效地规避上述所有增信风险,实现零售利润。更重要的是,增信机构可以无限地、不间断地开展增信零售业务,这是增信机构必须为之永续经营的,实现增信收益的主营业务。

从宏观上看,增信业务中的增信额度与资本金存在着无法忍受的矛盾与纠结。从微观上看,对冲增信风险,或增信资产调整/转让,并"挤出"增信额度是增信管理的必由出路。对冲增信风险,或增信资产转让,不再依赖再担保体系或再保险机构的、临时的增信管理,而是以增信产品交易市场为前提的、常态的增信管理。也就是说,增信机构所开展的增信业务,其实是一种零售业务;对冲增信风险,或者增信资产交易及其增信产品市场,则是增信的批发业务。增信的这种批发业务,不仅有利于增信风险的稳定和控制,而且有利于满足 FIS 市场规模化发展。

二、产品程序管理

1. 经营资格

如同银行保理业务属于"福费廷"银行产品一样,增信资产批发业务也可以算作是一种增信产品。参与增信资产批发业务的投资机构,应该是资本市场上,拥有卓著信誉的所有机构投资者,不应持牌经营,而应是市场认可的投资机构。

增信产品发行及其投资业务,考虑到微观增信原则,业务资格则应由政府谨慎特许经营。增信产品投资业务,应如同增信资产批发业务,为市场认可的投资机构,即拥有卓著信誉的所有机构投资者。

2. 增信额度、咨询与调查

在增信产品中,不存在增信额度、咨询与调查等增信程序。无论增信资产批发业务,还是增信产品发行投资业务,本质上都是增信资产买卖,那就不会受限于增信额度。另外,如为融资增信,增信咨询与调查已经完成;如为投资增信,则应按照增信标准要求提供增信资产交易信息。如果信息不符合增信资产交易或增信产品发行投资要求,就无法进行交易、发行与投资。也就是说,增信咨询与调查,融合在增信资产交易或增信产品发行投资之中,这是增信产品标准化的结果。增信产品标准化,不仅节约了增信成本,而且增强了增信效率。因此,在增信产品交易过程中,增信咨询与调查这种增信程序的两个环节已经不复存在。

3. 产品交易预案与实施

根据不同的价值管理原则和增信定价原理,开展增信资产批发业务,或者卖出现行增信产品(CDS/CRMW)。其中包括信用等级的确定、利差范围、利率变化、增信对象信用变化、市场价格波动等。因此,制定产品交易预案并实施,如为创新增信产品,则应完成发行业务预案并予以实施。

4. 增信条件与偿付

增信条件是指与信用变化有关的事件(信用事件),或偿付条件。在投资增信类型中,信用事件范围包括3层不同水平的事件:第一层,债务增加、信等下调、加速到期等信用事件;第二层,破产(资产)重组等信用事件;第三层,废止营业、停止支付等信用事件。在融资增信类型中,则以前述第三层信用事件为准,即实质违约。在投资增信类型中的信用事件,其实与融资增信类型中的信用违约不是一回事,即发生信用事件不一定发生信用违约,这些信用事件与信用违约不同:首先,债务增加、信等下调、加速到期等信用事件并不一定与信用违约有关。其次,破产(资产)重组、废止营业可能与信用违约有关,但不一定等同,停止支付则与信用违约相同。

信用事件不同于信用违约,信用违约是债务人的拒付行为,而信用事件则是有关金融交易的法律文件规定的事件。根据 ISDA 有关信用违约互换的标准文件(2003),信用事件包括:标的主体出现破产重组、无力偿还债务、拒绝偿还债务、债务增加或延期偿付等信用事件时,即意味着触发了合约约定的信用事件,合约购入方可要求卖出方进行相应赔付;在美国,以公司为参考资产,标准违约事件只包括:破产、拒付和重组。在 2009 年 4 月 CDS 重大改革以后决定将"重组"从北美的 CDS 合约中的违约事件中排除。目前,"重组"仍适用于日本、欧洲和其他新兴国家。

由于信用事件(增信条件)不同,RR 在增信定价中的作用不同。在投资增信类型中,增信条件/信用事件较为广泛,RR 价值范围很大。如果发生债务增加、信等下调、加速到期等信用事件,RR 价格很高。如果发生破产(资产)重组、废止营业等信用事件,RR 价格损失很大。如果发生停止支付等信用事件,RR 价格很低,甚至归零。这几层信用事件发生时间上的紧密程度,决定了 RR 价格的高低。在投资增信类型中,RR 价格归零,RR 转化为 DA,并只能采取现金结算,由增信载体/增信产品及/其持有人支付因违约损失所产生的增信赔付,并取得 DA 参与破产清算。

增信交割是指增信偿付形式。在投资增信类型中，由于 RR 还存在价格（交易），则包括实物交割与现金结算。实物交割是卖方向买方支付赔偿金（全额）的同时，买方将 FIS 转移给卖方；现金结算是价差交易，根据约定的估值方法对 FIS 进行估值，计算支付净现金额（差额），现金结算逐渐成为增信交割的主流方式。

自 CDS 市场形成以来，交易双方多为以实体交割为主。但是随着 CDS 市场的发展，实体交割的缺点逐渐暴露。它最大的缺陷就是一旦违约，CDS 买方必须在二级市场上购买可提交的债券。众多 CDS 的买方会在二级市场上对有限的债券形成相当的需求，从而在二级市场上推高债券的价格，产生不必要的波动，导致 CDS 合约成本上升。相比之下，现金交易则方便许多，更多的公司倾向于现金交割。2005 年以后，一种新的交割方式逐渐形成，交易双方既可以选择现金交割，也可以选择实体交割。

ISDA 在 2005 年引入了拍卖结算机制（Auction Settlement Mechanism, ASM）。经过几年的实践，ASM 通过运用清算交割程序已平稳处理了多起信用事件，并经历了金融危机的考验。ISDA 的新交割程序不仅减少了对已发生违约的债券因 CDS 交割而在二级市场上出现价格波动，使债券价格尽量与招标决定的回收率保持一致；还简化了交割过程，使所有 CDS 合同具有统一的"回收率"，提高了 CDS 衍生品的交易性。

但在增信交割实践过程中，实物交割与现金结算这两种结算方式都存在各自相应的问题，2008 年美国金融危机的爆发，更是放大了实物交割与现金结算这两种结算方式的问题。①实物交割的问题：一般来说，CDS 交易的名义本金都远远超过流通在外的债券票面本金总额，当信用事件发生时，CDS 保护卖方为了履约，往往会在债券市场上高价收购"稀缺"的违约债务，从而导致债务价格严重失真。②现金结算的问题：对违约债券的估值难以获得统一、权威标准与市场报价的获取时间和个数，都会对最终价格有很大影响。

2009 年 3 月 12 日，ISDA 又发布了《2009 年 ISDA 信用衍生产品决定委员会与拍卖结算补充文件》，又称为"大爆炸协定"。这个"大爆炸协定"重要内容如下：①正式引入强制拍卖结算条款，即拍卖结算自动成为首选的结算方式，只有对某些特定交易，才由交易双方自行约定进行实物或现金结算。②建立信用衍生产品决定委员会（Determination Committee，下称"决定委员会"）。决定委员会负责对信用事件的发生情况及可交付债务进行裁定，同时拥有对拍卖具体条款的裁定权。

基于"大爆炸协定"中的一些技术困难,如重组信用事件发生后未能解决拍卖结算适用问题,2009年7月14日,ISDA又发布了《2009年ISDA信用衍生产品决定委员会、拍卖结算与重组事件补充文件》,又称为"小爆炸协定"。这样,CDS中的每一类信用事件,均可找到相应的拍卖结算机制。直至2011年6月底,通过信用事件拍卖机制,ISDA结算了包括雷曼兄弟、房利美、房地美等为标的实体的79个CDS合约。

信用事件拍卖结算中,被拍卖的标的是违约债券。违约债券拍卖的目的,就是违约债券在没有市场交易或流动性极低的情况下,通过拍卖可以发现/揭示违约债券的公允价值。CDS持有人可自由选择现金结算或者相当于实物结算的方式进行结算。选择实物结算的,则需要提交实物结算需求。在确定该违约债券公允价值后,所有合约按此价值先进行现金结算。提交过实物结算需求的投资者,在此基础上完成违约债务的交割,其实质相当于经历了一次标准的实物结算。

例如,CDS保护买方,因持有券面总额为100万元的债券,出于避险需求,买入了一个名义本金为100万元的CDS合约。在CDS约定的信用事件发生后,该CDS信用事件所对应的违约债务,经拍卖确定的公允价值为票面本金的40%。那么,保护买方通过现金结算从CDS保护卖方获得60万元［100×(100%－40%)］的补偿。通过实物交割,CDS保护买方将100万元的违约债券,按照40万元的价格递交给相应的保护卖方,此时该信用保护买方获得金额总计100万元(40＋60)。与此同时,CDS保护买卖双方的托管账户上的违约债务被移除,相当于进行了一次"实物结算"。实物结算需求的大小和方向,受到提交方本身持有CDS净头寸的限制。如某投资者经轧差后持有CDS的净头寸为100万元,方向为买入,那么他只能提交金额范围在0~100万元的"卖出债券"实物结算需求。

宽限期是指增信偿付时间。在融资增信类型中,由于FIS融资者/发行人信用违约,RR归零,及时偿付是增信效果的必然要求。在投资增信类型中,可能未真正发生信用违约,一般有15天的宽限期。

5. 资产管理

资产管理如同前述增信管理,只是站在不同的增信层次上。增信管理只是站在增信机构角度,就资本金杠杆率所产生的主体信用如何进行有效的增信资产配置,即所谓增信资产优化配置。其实,所谓增信资产优化配置的增信管理,只是尽可能降低增信风险,但根本上无法改变主体信用所带来的增信风险。资产管理,站在增信市场高度,就增信产品交易所产生的市场信用如何进行有效的增信资产配置,从而掌控增信风险。

从宏观角度看,组建增信资产池本身,就是增信资产优化配置。根据质数定理,自然数越大,随机质数越少,且质数误差率越低。由于增信机构的增信额度来自资本金 10 倍杠杆率,增信额度就非常有限,这样也就导致增信机构所开展的增信业务在随机违约率条件下对违约率的预测出现较大偏差,产生所谓"肥尾现象",造成增信机构面对信用风险或随机违约率如同进入赌场的赌徒,如同行走在北冰洋上的"泰坦尼克"号。组建增信资产池,打破了增信机构资本金对增信额度的限制,增信额度在充分放大的条件下,对违约率的预测不会出现较大偏差,从而可以将随机违约率得以控制。另外,通过增信产品交易又可极大可能地组建增信资产池,无限地放大增信额度,并为控制违约率提供了无限可能性。

从微观角度看,与增信管理不同,增信资产配置已完成于组建资产池。对外投资,基于资产规模大,同样要根据偿付安排的现金流需求进行对外投资。偿付安排的现金流需求,就是不要追求短期投资利益,更是科学地排列变现能力、现金流与及时偿付之间的最佳关系。同时,应该引进专业资产管理人才组建资产管理部门,比如,诸多参与投资增信(CDS/CRMW)交易的资本机构,或者委托专业资产管理机构(AMC),比如在融资增信中(SCEP)的增信机构及其发行机构,需要这种专业的 AMC 代为管理。

6. 制度管理

在投资增信类型中,CDS/CRMW,是产品交易形成增信资产池,因此不存在增信产品发行问题。在融资增信类型中,首先进行增信资产批发交易,组建增信资产池,然后才是为了发行创新增信产品。

创新增信产品的发行,涉及发行场所、发行人、发行方式、承销商、投资人等产品发行制度。发行场所,可以在 FIS 交易场所,或在股票基金交易场所,也可以在保险交易场所,甚至专类产品交易场所。发行人一般为拥有增信资产池的人,或为开展增信业务的增信机构,或为专业购买增信资产而组建增信资产池的投行。发行方式可以先行路演募集,也可网上申购。承销商可以选择单一承销商,也可组团承销商。投资人可以是机构投资者,也可以是个人投资者。

创新增信产品的发行,如果发行人为开展增信业务的增信机构,存在一个道德风险问题。为了防止这种道德风险发生,应该采取联合发行人制度,即资产拥有人与产品坐市商共同为联合发行人;或者采取外部 AMC 制度,并由 AMC 参与 SCEP 发行过程中对增信资产池的审查,AMC 管理费用与管理绩效挂钩。

交易市场可以自发形成,如 CDS 交易市场;也可以规制形成,如 CRMW,未来可能会有创新增信产品。交易市场,除了交易场所外,还应包括下述要素:①产品交易及其交易规则。②产品坐市商及其坐市商制度。③产品权益登记机构及其登记制度。④资金结算机构及其结算制度。⑤产品交易监管及其监管制度。

第十五章　增信会计制度

基于市场信用的增信产品及其增信衍生产品，与基于主体信用的增信业务，在会计处理及其会计制度上具有完全不同的属性。

第一节　概述

基于市场信用的增信产品及其增信衍生产品,或者风险资产买卖,与基于主体信用的增信业务与在会计处理及其会计制度上具有完全不同的属性。正因为如此,作为现行增信产品的 CDS/CRMW,才能满足 FIS 市场规模化发展的需求,并且蓬勃发展,如日中天。但是,作为增信业务,金融担保业务/融资担保业务(FGa/FGc),则日渐式微且无足轻重,那么,中国为 CRMA、FAFT 的命运也将不得而知。从低级阶段的增信业务走向高级阶段的增信产品,则是增信历史发展的必然,同样也是对增信会计处理及其增信会计制度的认识过程。

如前所述,增信业务是增信机构通过非标准增信合约开展的。非标准增信合约亦称财务担保合约/保险合约。增信产品及其增信衍生产品,或者风险资产交易,是投资者通过标准增信合约的交易实现的。标准增信合约或增信产品,可视为金融产品或信用衍生工具。因此,增信业务与增信产品及其增信衍生产品,或者风险资产交易,在会计处理、会计确认等会计制度上有着不同的规定。

增信业务是以非标准增信合约为代表的,反映着增信机构与 FIS 发行人/持有人,或者 FIS 融资者/投资者之间的增信行为,即增信机构通过非标准增信合约为 FIS 及其发行人/持有人进行增信,由增信机构收取增信费用并承担信用风险。

首先,一份非标准增信合约,无论财务担保/债券保险的 FG 合约,或者 FAFT 合约,或 CRMA 合约,其赔偿范围仅限于债务工具到期不能偿债所产生的损失,并对债务持有人在持有债务时所承担的损失金额进行赔付,且不支付超过债务工具实际发生的损失,该增信合约应被确认为财务担保合约/保险合约,按照财务担保合约/保险合约的相关规定进行会计确认和计量。

其次,以《企业会计准则》为依据选择会计处理方法。按照《企业会计准则》,财务担保合约/保险合约可分为指定为以公允价值计量且其变动计入当期损益的金融负债,以及不属于指定为以公允价值计量且其变动计入当期损益的金融负债的财务担保合约。

增信产品与财务担保合约/保险合约的本质区别是,担保或保险的信用风险所引发的结果性质不同,即信用风险(信用事件)是否造成实际损失。如果发生实际损失,则可能适用财务担保合约或保险合约的会计处理;如果没有发生实际损失,则可适用增信产品的会计处理。因此,增信产品及其增信衍生产品,作为信用衍生工具,应当按照《企业会计准则第 22 号——金融工具确认和计量》(财会〔2006〕3 号)将其归类为信用衍生工具并进行会计处理。

第二节 中外会计准则

一、国际会计准则演变

在国际上,针对增信产品诸如 CDS/CRMW 的会计核算方式显然是有不同主张的。在国际财务报告准则体系的征求意见稿和修订稿上尤其如此,而且不同版本的国际财务报告准则仍然存在着异议。

1. 国际财务报告准则(2004 版)

根据国际财务报告准则(2004 版),财务担保合约规定担保人支付款项的条件为债务人的信用等级水平下降且低于事先约定的水平,那么该合约应该遵循金融工具准则否则应适用《国际财务报告准则第 4 号——保险合同》(IFRS4)。

在该 IFRS4 中,"结论基础"部分表明:"若一项财务担保合约要求签发人在特定债务人未能根据某项债务工具的原始或修正条款偿还到期债务时向合约持有人支付规定金额的款项以补偿其因此发生的损失,并且该财务担保合约导致了重大的风险转移,则该财务担保符合保险合约的定义"。针对该类财务担保合约,国际财务报告准则给出了以下两种可供选择的计量方法:

方法一:采用公允价值进行初始确认,后续计量时按照下列两者中的较高者进行处理:

(1)根据《国际会计准则第 37 号——准备、或有负债和或有资产》中对担保或有负债的确认要求计算的金额。

(2)初始确认金额减去按照《国际会计准则第 18 号——收入》要求所确认的累积摊销后的余额。

方法二:合约初始签订时不确认为负债,存续期间按照保险合约的会计处理规定进行负债充足性测试,据此确认相应负债并计提损益。

可见,国际财务报告准则(2004 版)倾向于把 CDS 这类增信产品视为一种保险合约,应适用于 IFRS4 的相关规定。但国际会计准则理事会却同时认同,基于市场上增信产品(CDS 合约)的具体条款较为复杂,针对某一特定的 CDS 合约能否完全适用保险准则仍然存在争议。据此,上述会计处理方法有待进一步征求意见,才能在准则正文中加以明确。

2. 国际财务报告准则(2006 版)的修订

国际会计准则理事会于 2004 年 7 月发布了对《国际会计准则第 39 号——金融工具:确认和计量》(IAS39)和 IFRS4 关于"财务担保合约和信贷保险"事项提议修改的征求意见稿。此次关于对财务担保合约的范围和会计处理的征求意见正式反映或明确规定在国际财务报告准则(2006 版)中,对财务担保合约的会计处理方法意见进行了广泛征求。

1)财务担保合约的定义

国际财务报告准则(2006 版)认为,财务担保合同是"要求签发人支付款项以补偿持有人由于特定债务人未能如期按照债务工具的初始或修改条款支付款项而受到的损失"。可见,CDS 可以确定属于财务担保合约的范围。

2)关于财务担保合同的适用准则

国际财务报告准则(2006 版)规定,除非财务担保合约的创设方可以明确宣称其之前一直将财务担保合约作为保险合约进行会计处理;否则,财务担保合约的会计处理应适用 IAS39 有关规定。

3）确定财务担保合约的会计处理方法

国际财务报告准则（2006 版）在正文中明确了财务担保合约的会计处理，即采用前文所述的会计处理方法一。

IAS39 的修订，虽然明确了财务担保合约的定义、范围以及适用准则，然而在会计计量方面，仍然参照或有事项和预计负债的会计处理方法对其进行处理，没有将其明确纳入金融资产或金融负债项下，这也是金融工具会计准则中的一个特例。

在财务担保合约处理规定之外，IAS39 还提供了一种备选计量方法，即可将财务担保合约指定为以公允价值计量且其变动计入当期损益的金融工具。该补充规定为会计计量更加准确反映企业的经营意图营造了空间。也就是说，如果企业买卖的财务担保合约是为了与其他合约进行匹配对冲，或者企业以公允价值为基础对该项合约进行管理。这样，IAS39 允许按照公允价值对 CDS 合约进行计量，以便更准确地体现 CDS 合约交易的整体财务结果。

3. 国际财务报告准则（2008 版）的修订

其与 2006 版国际财务报告准则相比较，在本质上并无变化。

上述会计准则制定的结果，不仅考虑/反映一项业务的交易实质，而且更要考虑/反映会计核算方法是否能够合理反映业务交易各方的风险状况和经营结果。制定 CDS 合约交易的会计准则，实际上是一个不断认识业务实质和会计处理方式的过程，亦是会计准则相关利益方互相"博弈"的过程。

二、中国会计准则变化

1.《企业会计准则第 22 号——金融工具确认和计量》（财会〔2006〕3 号）

在 2006 年颁布、2007 年实施的财政部《企业会计准则第 22 号——金融工具确认和计量》中规定，应当按照以下原则对金融负债进行后续计量：不属于指定为以公允价值计量且其变动计入当期损益的金融负债的财务担保合约或没有指定为以公允价值计量且其变动计入当期损益并将以低于市场利率贷款的贷款承诺，应当在初始确认后按照下列两项金额之中的较高者进行后续计量：

（1）按照《企业会计准则第 13 号——或有事项》确定的金额。

（2）初始确认金额扣除按照《企业会计准则第 14 号——收入》的原则确定的累计摊销后的余额。

2.《企业会计准则解释第 5 号》

财政部于 2012 年 11 月 5 日发布的《企业会计准则解释第 5 号》明确规定,信用保护买方和卖方应当根据 CRM 的合约条款,按照实质重于形式的原则,判断 CRM 是否属于财务担保合约。属于财务担保合约的,除融资性担保公司根据《企业会计准则解释第 4 号》第八条的规定处理外,增信双方应当按照《企业会计准则第 22 号——金融工具确认和计量》中有关财务担保合约的规定进行会计处理。

其中,增信受益人支付的增信费用和增信方取得的增信收入,应当在财务担保合约期间内按照合理的基础进行摊销,计入各期损益。不属于财务担保合约的,增信双方应当按照《企业会计准则第 22 号——金融工具确认和计量》(财会〔2006〕3 号)的规定,将其归类为增信产品进行会计处理,即增加购买方的会计核算方法和增信费用、收入的核算方法。

据此,应综合考虑业务性质、交易目的等因素,从以下 3 种会计核算方法选择一种进行处理:其一,采用公允价值进行初始确认,按照《企业会计准则第 13 号——或有事项》与《企业会计准则第 14 号——收入》的要求计算金额中较高者进行后续计量;其二,指定为公允价值计量变动,计入当期损益类金融工具;其三,融资性担保公司发生的担保业务按照保险合约进行核算。

第三节　增信业务会计处理

一、会计处理依据

《企业会计准则讲解——金融工具确认和计量》规定,财务担保合约是指"保证人和债权人约定,当债务人不履行债务时,保证人按照约定履行债务或者承担责任的合约"。IFRS9 与 IAS39 都指出,财务担保合约是"要求签发人支付款项以补偿持有人由于特定债务人未能如期按照债务工具的初始或修改条款支付款项而受到的损失"等类型合约。这些类型合约可能具有多种法律形式,如保证、某些种类的信用状、金融(融资)担保合约、债券保险合约或信用违约合约。但是,关于增信的会计处理并非取决于法律形式,而是采用实质大于形式的会计处理原则。

在 IFRS4 的条文中,保险合约的定义,是指其中一方(保险人)接受另一方(保单持有人)的重大保险风险,如果一个指定的未来不确定事件(保险事故)对保单持有人造成不利影响,同意对保单持有人赔偿的合约,并认为保险风险涵盖了信用风险。

　　我国《企业会计准则第 25 号——原保险合同》中将保险合同明确定义为,保险人与投保人约定保险权利义务关系并承担源于被保险人保险风险的协议。保险合同与其他合同的区别在于,保险合同承担被保险人的保险风险,这也是保险合同的本质特征。保险人承担的保险风险是被保险人已经存在的风险,其表现形式有多种,包括信用保险和保证保险。

　　根据《企业会计准则解释第 4 号》的解释,融资性担保公司发生的担保业务,应当按照《企业会计准则第 25 号——原保险合同》《企业会计准则第 26 号——再保险合同》《保险合同相关会计处理规定》(财会〔2009〕15 号)等有关保险合同的相关规定来处理,鉴于目前尚未有标准的协议条款对保险合同进行会计处理,对其性质的判断只能通过其定义进行。

　　根据中国财政部《企业会计准则解释第 5 号》的建议,企业发行的 CRMA,或者进行担保保险,属于财务担保合同的,应当按照《企业会计准则第 22 号——金融工具确认和计量》(财会〔2006〕3 号)中有关财务担保合同的规定进行会计处理;同时,还需根据市场参与主体的商业模式进行判断。

　　由此可见,信用保险合同与财务担保合同并无本质区别。两者形式可能会有所差别,但实质相同。因此,这种合同既可适用保险合同有关会计处理,也可适用财务担保合同有关会计处理。但是,一经选择,就不能更改。当然,如果符合条件,这种金融合同也可按照信用衍生工具有关规定进行处理。

　　国际金融行业基本上认为,满足财务担保/保险合约的 3 个界定条件为:第一,担保合约赔偿范围仅限于债务工具到期不能偿债所产生的损失;第二,担保合约仅对债券持有人在持有债券时所承担的损失金额进行赔付;第三,担保合约不支付超过债务工具实际发生的损失。上述 3 个界定条件为充分必要条件,否则判定为信用衍生工具。

二、确认和计量

　　根据《企业会计准则第 22 号——金融工具确认和计量》(财会〔2006〕3 号)第三十三条,不属于指定为以公允价值计量且其变动计入当期损益的金融负债的财务担保合约,应当在初始确认后按照下列两项金额之中的较高者进行后续计量:

　　(1)按《企业会计准则第 13 号——或有事项》确定的金额;

（2）初始确认金额扣除按照《企业会计准则第 14 号——收入》的原则确定的累计摊销额后的余额。

同时，允许将财务担保合约指定为以公允价值计量且其变动计入当期损益的金融负债。

融资担保业务（FG）。按照保险合同进行会计处理的情形只适用于融资性担保公司，具体可参照《企业会计准则第 25 号——原保险合同》《企业会计准则第 26 号——再保险合同》《保险合同相关会计处理规定》（财会〔2009〕15 号）等有关保险合同的相关规定进行会计处理。

信用风险缓释协议（CRMA）。CRMA，如同 FG，也是一种财务担保合约/保险合约。

金融资产远期交易（FAFT）。风险资产交易的非标合约（FAFT），也是一种财务担保合约/保险合约。

当 CDS/CRMW 卖方无法从市场上买入 CDS/CRMW 进行风险对冲，或者市场产品消失，也可以此参照与类推。

但需要注意的是，风险资产交易（FAFT）的买方，正是 CRMA 卖方；CRMA 买方，正是风险资产交易（FAFT）的卖方。

1. 增信方（FG 担保方、FAFT 买方、CRMA 卖方）

1）初次确认

交易日即初始确认日，增信方应按 FG/FAFT/CRMA 的公允价值进行初始确认。由于担保价格/成交价格是增信双方在公平交易和自愿的情况下所确定的价格，因此，交易价格可被视为公允价值，会计处理如下：

借：银行存款　　　　　　　　　×××　（FG/FAFT/CRMA 交易价）
　贷：业务负债——增信费用　　　×××　（FG/FAFT/CRMA 交易价）

2）后续计量

在合约存续期间，增信方应将收到的增信费用一次性或者分期确认为增信收入，并按照《企业会计准则第 13 号——或有事项》《企业会计准则第 14 号——收入》的要求计算的两者金额中较高者，计提或者冲减预计赔付负债。

根据《企业会计准则第 13 号——或有事项》第四条和第五条规定，与或有事项相关的义务同时满足下列条件的，应当确认为预计负债：其一，该义务是企业承担的现时义务;其二,履行该义务很可能导致经济利益流出企业;其三,该义务的金额能够可靠计量。预计负债应当按照履行相关现时义务所需支出的最佳估计进行初始计量。

所需支出存在一个连续范围,且该范围内各种结果发生的可能性相同的,最佳估计数应当按照该范围内的中间值确定。因此,增信方应在资产负债表日,结转收入并计算或有负债金额。如果企业一次性确认收入,会计处理如下:

借:业务负债——增信费用 　　　　　×××　（FG/FAFT/CRMA 交易价）

　贷:业务收入 　　　　　×××　（FG/FAFT/CRMA 交易价）

如果增信方分期确认收入,应在每个资产负债表日分别确认当期应摊销的收入,并计增信业务摊余价值,即增信业务价格减去已摊销金额后的账面价值,则会计处理如下:

借:业务负债——增信费用 　　　　　×××　（当期应确认收入）

　贷:业务收入 　　　　　×××　（当期应确认收入）

同时,根据资产负债表日增信业务的公允价值,计算增信业务或有负债金额,将其与增信业务账面价值进行比较,如或有负债应有金额大于账面价值,应补提预计赔付负债至或有负债应有金额;反之,应冲减预计赔付负债明细科目。会计处理如下:

借:业务偿付支出 　　　　　×××　（或有负债大于账面价值的差额）

　贷:业务负债——预计偿付准备 　　　　　×××　（或有负债大于账面价值的差额）

或:借:业务负债——预计偿付准备 　　　　　×××　（账面价值小于或有负债的差额）

　贷:业务偿付支出 　　　　　×××　（账面价值小于或有负债的差额）

3) 终止计量

终止计量时,应考虑增信对象(标的企业)是否发生信用事件,以及增信方在存续期内是否提前终止或者回购,应依据不同情况进行不同的会计处理。主要涉及以下情形:

如果在财务担保合同存续期间,增信对象未发生信用事件,合约正常到期,未发生赔付,对于增信业务分期确认收入的,应结转尚未确认的收入,同时转销已计提预计偿付的负债;如果业务一次性确认收入,此时仅需转销已计提预计偿付的负债。会计处理如下：

借：业务负债——增信费用 　　　　　　　×××（尚未确认的收入）
　　贷：业务收入 　　　　　　　　　　　×××（尚未确认的收入）
借：业务负债——预计偿付准备 　×××（已计提预计偿付的负债）
　　贷：业务偿付支出 　　　　　　　×××（已计提预计偿付的负债）

如果在担保期间，增信对象发生信用事件，按约定履行赔付义务，并解除信用保护责任。

（1）在实物交割条件下，增信方应在结转业务未确认的交易收入的同时，转销预计偿付负债，收到的实物债权按照公允价值计入待处理偿付资产，差额计入赔付支出。会计处理依次如下：

借：业务负债——增信费用 　　　　　　×××（尚未确认的收入）
　　贷：业务收入 　　　　　　　　　　×××（尚未确认的收入）
借：待处理偿付资产 　　　　×××（收到的实物债权）
　　业务负债——预计偿付准备 　×××（已计提预计偿付的负债）
　　贷：银行存款 　　　　　　×××（按照约定支付给买方的赔偿金额）
　　　业务偿付支出 　　　　×××（差额）

增信方处置买方或增信对象的交割资产，向买方或增信对象追偿时，会计处理如下：

借：银行存款 　　　　　　　　　×××（处置债权取得的价款）
　　业务偿付支出 　　　　　　×××（差额）
　　贷：待处理偿付资产 　　　　×××（收到的实物债权）

（2）在现金交割条件下，仅需结转业务未确认的收入，并按照协议约定，以现金支付被增信方实际遭受的损失即可。会计处理如下：

借：业务负债——增信费用 　　　　　　×××（尚未确认的收入）
　　贷：业务收入 　　　　　　　　　　×××（尚未确认的收入）
借：业务负债——预计偿付准备 　×××（已计提预计偿付的负债）
　　业务偿付支出 　　　　×××（差额）
　　贷：银行存款 　　　　　　×××（当期公允价值）

2. 增信受益人（FG 被担保人、FAFT 卖方、CRMA 买方）

在增信目的之下，增信受益人为 FG 被担保人、FAFT 卖方和 CRMA 买方，因预期 FIS 发行人/融资者可能存在违约风险，故进行 FG/FAFT/CRMA，以保证 FIS 到期时能够按时足额回收本息。在约定期间如果发生信用违约，增信受益人可因增信合约而获得增信方的补偿，减少信用违约损失。因此，相关增信合约应属于一份财务担保合同/保险合约，类似业务可以此参照与类推。

1）初始确认与后续计量

交易日，增信受益人应将业务所发生的费用视为对标的债券投资收益的抵减，计入投资收益。若是前端一次性付费，则在交易日一次性确认。若双方约定以季付、半年付或者年付的方式进行支付，则应在合约存续期间内的每次付费时，分次确认业务费用。会计处理如下（融资担保除外）：

借：投资收益　　　　　　　　　　　　×××　（当期应确认费用）
　贷：银行存款　　　　　　　　　　　　×××　（当期应确认费用）

2）终止计量

在终止计量时，增信受益人应考虑标的债券是否发生信用事件，不同情形下应采取不同的核算方法。

在合约到期日，如果增信对象没有发生信用事件，业务正常到期。增信受益人如果已向增信方支付全部增信费用，不需要作任何会计处理，自动终止该笔业务。如果尚未全部支付该笔费用，应在到期日支付剩余款项，并进行会计处理。会计处理如下（融资担保除外）：

借：投资收益　　　　　　　　　　　　×××　（尚未支付的费用）
　贷：银行存款　　　　　　　　　　　　×××　（尚未支付的费用）

如果发生信用事件，将获得增信方支付的赔偿金额。

（1）在实物结算条件下，增信受益人应向增信方交付其购买的债券，相当于将追偿权转移给增信方，终止该笔业务。增信受益人应同时结转该债券的成本，若已计提资产减值损失，也应同时结转，差额计入投资收益。

假设增信受益人将其购买的债券划分为可供出售金融资产，且已计提减值损失，会计处理如下：

借:银行存款　　　　　　　　　×××　（取得增信方赔付金额）

　可供出售金融资产——公允价值变动　×××　（已确认的公允价值变动）

贷:可供出售金融资产——成本　　　×××　（购买该债券时确认的成本）

　资产减值损失　　　　　　　　×××　（已计提的资产减值损失）

　投资收益　　　　　　　　　　×××　（差额,或借方）

（2）在现金结算条件下,增信受益人应按照公允价值重估该债券的价值,抵减增信方应支付的赔偿金额,按照相关增信协议约定应向增信受益人支付的赔付金额减去该债券当前公允价值后的差额,计入投资收益。会计处理如下:

借:银行存款　　　×××　（取得增信方赔付金额减去公允价值后的差额）

贷:投资收益　　　×××　（取得增信方赔付金额减去公允价值后的差额）

第四节　增信产品会计处理

一、性质争议

对于增信产品(CDS/CRMW)的性质,目前没有法律上或会计法规方面的明确界定,但可从以下方面去了解一下争议。

《企业会计准则》规定,信用衍生工具是指具有以下3个特征的金融工具或其他合约:其一,价值随特定利率、金融工具价格、商品价格、汇率、价格指数、费率指数、信用等级、信用指数或其他类似变量的变动而变动,变量为非金融变量的,该变量与合约的任一方不存在特定关系;其二,不要求初始净投资,或与对市场情况变化有类似反应的其他类型合约相比,要求很少的初始净投资;其三,在未来某一日期结算。《企业会计准则》指出,属于信用衍生工具的金融资产或金融负债应当划分为交易性金融资产或金融负债,但是属于财务担保合约的衍生工具除外。可见,《企业会计准则》对信用衍生工具的定义与IFRS9基本一致。

《企业会计准则第25号——原保险合同》中对保险合同有明确定义,如果保险人没有承担被保险人的保险风险,承担的是其他风险,如金融工具价格、商品价格、汇率、费率指数、信用等级、信用指数等可能发生变化的风险,则该合同不是保险合同。

在IAS39版本中,也规定了这种状况:某些信用保证合约的给付先决条件中,并未要求持有人必须负有债务人在保证资产到期时无法付款的风险,且因此发生损失时才能获得赔偿,如依特定信用等级或信用指数变动而要求支付的保证合约。此类状况的保证合约并不符合财务担保合约的定义,也不符合保险合约的定义,该类状况的合约系信用衍生工具,应按照信用衍生工具有关规定进行处理。

根据上述各项定义比较可以得知,当民事担保走向商事担保后,民事担保这种形式则转变为商事担保的一种特殊形式。作为商事担保的增信产品,或者会计规则中的信用衍生工具,其范围较为宽广,但财务担保合约定义却较为严格,财务担保合约则是非标增信合约,或信用衍生合约的一种特殊形式。当,且仅当满足仅"对到期未能偿还债务的赔付担保"的条件时,这种信用衍生合约才能将其归类于财务担保合约。当信用衍生合约约定"信用等级或信用指数的担保",则必须选择使用信用衍生工具处理,而不能采用财务担保合约处理。也就是说,增信合约既可以选择信用衍生工具的会计处理方法处理,又可以选择财务担保合约的会计处理方式处理。通过上述分析可以看出,对增信产品及其增信衍生产品的会计判断,可以分为两大类:一是信用衍生工具;二是财务担保信用或保险信用。

二、增信产品与增信衍生产品

1. 增信产品

CRMW合约,如同CDS,不符合财务担保的条件,应作为信用衍生工具。风险资产交易,及其发行的单一增信产品,SPCE/BTCE也可参照。

与CDS有所不同,同一份CRMW合约可能会经手不同的参与主体/交易对手,交易主体共可分为两类:产品创设方(卖方)和买方。CRMW交易动机可分为创设、回购、注销、信用风险保护、套期保值、投机(套利)等6种,CDS则没有回购、注销。

风险资产买卖,即单一产品只是与CRMW/CDS买卖关系相好相反,零售、批发、发行业务,与CDS/CRMW的投机(套利)流转过程基本一致。

2. 增信衍生产品

与CLN/MS-ABS一样,SPCE/BTCE作为增信衍生产品,本质上属于权益产品。只是前者属于FIS,后者类似基金产品或者ABS。因此,增信衍生产品,

SPCE/BTCE 应该按权益产品进行会计处理。其中,APCE 可作为无限责任的权益产品进行会计处理,BTCE 本质上属于有限责任的权益产品,如同基金产品进行会计处理。因此,APCE/BTCE 本文不作会计处理的赘述。

1) 增信方(CRMW 创设方、CDS 卖方、单一增信买方)

创设相当于增信产品及其增信衍生产品发行,或相当于 CDS"首交易"中的卖方。它是指参与主体针对标的基础资产设立 CRMW,向市场中其他参与主体发行,或者卖出信用(保护),实际上是买入风险(资产)并承担最终结算责任。因此,作为风险资产零售业务中单一增信的买方,及其他类似方均可以此参照与类推。

回购是指 CRMW 的创设机构将自身创设的某份 CRMW 部分或全部购买回来,减少对外承担的结算责任。注销是指 CRMW 的创设机构将自身创设的某份 CRMW 部分或全部购买回来,并予以撤销,取消承担的结算责任。

2) 增信受益人(CRMW/CDS 买方、单一增信卖方)

针对特定增信对象买入信用保护或卖出风险资产,以期覆盖未来的风险敞口,降低或避免预期的违约损失,一般将增信产品持有到期。

套期保值是指买入 CRMW/CDS,并用以管理或对冲信用风险引起的价值波动,或是指为规避信用风险,买入 CRMW/CDS 指定为套期工具,使 CRMW/CDS 的公允价值变动预期抵消被套期项目(可计量的信用风险)的公允价值变动(严格符合会计套期要求)。

投机(套利)买卖增信产品/风险资产,目的只是为了通过买入和卖出,赚取中间差,增信产品/风险资产并不会因买入卖出交易而持有到期。既可作为信用(保护)的买方,或者风险资产的卖方,又可作为信用(保护)的卖方,或者风险资产的买方,这种交易角色/地位互换,只是为了达到套利目标,可能与增信无关。因此,开展零售业务的增信机构,开展批发业务的风险资产经营机构或者增信产品发行机构,及其他类似方均可以此参照与类推。

三、增信方确认和计量

根据《企业会计准则第 22 号——金融工具确认和计量》第九条的相关规定,信用衍生工具不作为有效套期工具的,也应划分为交易性金融资产或金融负债。因此,CDS/CRMW 作为增信产品,应当划分为交易性金融资产或金融负债,会计确认和计量应按以下方式进行:其一,当企业成为 CDS/CRMW 的一方时,应当按照公允价值确认一项金融资产或金融负债;其二,在 CDS/CRMW 存续期以公允价值计量且变动计入当期损益;其三,增信产品 CDS/CRMW 到期结束、发生信用事件或交易双方经协商提前终止后,应当进行终止确认,并将终止确认部分的账面价值与支付的对价之间的差额计入当期损益。

1. 初始确认

增信产品及其增信衍生产品,CDS/CRMW 及其单一增信的价格会随着市场因素的作用而产生波动。在持有增信产品期间,卖方需要根据市场状况,以公允价值来计量增信产品价格,并在资产负债表日对相关增信产品价格进行调整,重新确认,以使增信产品的价格信息符合真实性、可靠性的信息披露要求。因此,卖方应按照衍生金融工具相关规定,在交易日按照公允价值进行初始确认。

在增信产品存续期间,由于标的企业可能会触发信用事件,需要对增信产品持有人做出赔付,因此,在初始确认时,卖方应将收取的增信产品费用确认为金融负债。如果是前端一次性付费,则在交易日一次性确认。如果双方约定以季付、半年付或者年付的方式进行则应在每次付费日分次确认增信费用。会计处理如下:

借:银行存款　　　　　　　　　　　×××　（当期应确认收入）

　贷:衍生金融负债——增信费用　　　×××　（当期应确认收入）

2. 后续计量

在增信产品存续期间,产品的价格会随着市场的波动而变动。因此,卖方应在资产负债表日按照公允价值对产品价值进行重估。如估价产生收益,则应确认公允价值变动损益会计处理如下:

借:衍生金融负债——公允价值变动　×××　（当期确认公允价值变动收益）

　贷:公允价值变动损益　　　　　　　×××　（当期确认公允价值变动收益）

同理,如估价产生损失,则:

借:公允价值变动损益　　　　　　　×××　（当期确认公允价值变动损失）

　贷:衍生金融负债——公允价值变动　×××　（当期确认公允价值变动损失）

3. 终止计量

在判定增信产品为衍生金融工具的终止计量时,卖方也应考虑标的企业是否发生信用事件,或者卖方在存续期内是否提前。

(1) 如果正常到期未发生信用事件,卖方未发生赔付,则将未结转的增信产品收入全部结转,确认投资收益。会计处理如下:

借:衍生金融负债——增信费用　　　　　　　×××　(尚未确认的收入)
　　贷:投资收益　　　　　　　　　　　　　×××　(尚未确认的收入)

同时,转销公允价值变动收益或者损失:

借:公允价值变动损益　　　　　　×××　(已确认的公允价值变动收益)
　　贷:衍生金融负债——公允价值变动　×××　(已确认的公允价值变动收益)

或:借:衍生金融负债——公允价值变动　×××　(已确认的公允价值变动损失)
　　贷:公允价值变动损益　　　　　　×××　(已确认的公允价值变动损失)

(2) 如果触发信用事件,卖方应履行赔付义务并解除信用保护责任,结转初始成本和公允价值变动累计金额:

其一,以实物交割的,实物债权应按照公允价值计入待处理偿付资产,差额计入投资收益。会计处理如下:

借:衍生金融负债——增信费用　　　　　　×××　(尚未确认的收入)
　　贷:投资收益　　　　　　　　　　　　×××　(尚未确认的收入)
借:待处理偿付资产　　　　×××　(收到的实物债权)
　　衍生金融负债——公允价值变动　×××　(已确认的公允价值变动)
　　投资收益　　　　　　×××　(差额)
　　贷:银行存款　　　　　×××　(按照合同约定实际支付给买方的赔偿金额)
　　公允价值变动损益　　×××　(已确认的公允价值变动)
借:银行存款　　　　　　　　　×××　(处置债权取得的价款)
　　投资收益　　　　　　×××　(差额,或贷方)
　　贷:待处理偿付资产　　　　×××　(收到的实物债权)

其二,以现金交割的,应按照约定进行赔付,差额计入投资收益。会计处理如下:

借:衍生金融负债——增信费用　　　　×××　（尚未确认的收入）

　　衍生金融负债——公允价值变动　　×××　（已确认的公允价值变动）

　　投资收益　　　　　　　　　　　　×××　（差额,或贷方）

　贷:银行存款　　　　　　　　　　　　×××　（实际偿付的金额）

　　公允价值变动损益　　　　　　　　×××　（已确认的公允价值变动）

其三,增信方在增信产品存续期内提前终止增信产品或回购注销已发行的 CRMW,应将提前终止或回购部分的成本及累计公允价值变动一次性结转,回购 成本与账面价值的差额部分计入投资收益。会计处理如下:

借:衍生金融负债——增信费用　　　　×××　（尚未确认的收入）

　　衍生金融负债——公允价值变动　　×××　（已确认的公允价值变动）

　　投资收益　　　　　　　　　　　　×××　（差额,或贷方）

　贷:银行存款　　　　　　　　　　　　×××　（实际支付的回购成本）

　　公允价值变动损益　　　　　　　　×××　（已确认的公允价值变动）

四、增信受益人确认和计量

1. 套期保值目的

套期保值是指企业为规避外汇风险、利率风险、商品价格风险、股票价格风险、信用风险等,指定一项或一项以上套期工具,使套期工具的公允价值或现金流量变动,预期抵销被套期项目全部或部分公允价值或现金流量变动。这是依据《企业会计准则第 24 号——套期保值》规定。套期工具是指企业为进行套期而指定的、其公允价值或现金流量变动预期可抵销被套期项目的公允价值或现金流量变动的衍生工具。被套期项目是指使企业面临公允价值或现金流量变动风险,且被指定为被套期对象的下列项目:其一,单项已确认资产、负债、确定承诺、很可能发生的预期交易,或境外经营净投资;其二,一组具有类似风险特征的已确认资产、负债、确定承诺、很可能发生的预期交易,或境外经营净投资;其三,分担同一被套期利率风险的金融资产或金融负债组合的一部分(仅适用于利率风险公允价值组合套期)。

作为 FIS 持有者,为规避所持有的 FIS 信用风险,可以购入增信产品进行套期保值,将增信产品作为套期工具,将所持有的 FIS 作为被套期项目,以使该增信产品的公允价值变动能够全部或部分抵销其所持 FIS 价格的变动。因此,可以按照《企业会计准则第 24 号——套期保值》的相关规定进行会计处理。

1）初始确认

在交易日,增信受益人应根据其所购 FIS 划分的金融工具类型,进行初始确认。例如,企业将所购 FIS 划分为可供出售金融资产,进行会计处理如下:

借:可供出售金融资产——成本 　　　　　　　　　　×××　（面值）

　　　　　　　　——利息调整 　　　　　　　　　　×××　（差额,或贷方）

　贷:银行存款 　　　　　　　　　　　　　　　×××　（实际支付价款）

在特定日期,该 FIS 发生公允价值变动,企业预期会产生损失,因此购入增信产品进行套期保值,FIS 公允价值变动将体现为信用风险的增减,即 FIS 公允价值变动与增信产品公允价值变动呈相反关系。在此,设立“可供出售金融资产——信用风险价值”科目来核算 FIS 公允价值的变动。

在增信产品交易日,应确认 FIS 的公允价值变动及信用风险的增减,并制定套期关系。FIS 成本与 FIS 当期公允价值之间的差额,确认为被套期项目。会计处理如下:

借:资本公积——其他资本公积 　　　　×××　（确认 FIS 公允价值变动）

　贷:可供出售金融资产——信用风险价值 　　×××　（确认 FIS 公允价值变动）

借:可供出售金融资产——信用风险价值 　×××　（已确认的 FIS 公允价值变动）

　被套期项目 　　　　　　　　　×××　（差额）

　贷:可供出售金融资产——成本 　　　×××　（面值）

同时,应按照当期增信产品公允价值将其确认为套期工具,会计处理如下:

借:套期工具 　　　　　　　　　　　　　　×××　（当期公允价值）

　贷:银行存款 　　　　　　　　　　　　　×××　（当期公允价值）

2）后续计量

在资产负债表日,应判断该增信产品即套期工具的公允价值变动,是否能够全部或部分抵销购买方所持 FIS 即被套期项目信用风险价值的变动。因此,需要分别确认增信产品和 FIS 的公允价值变动。

（1）对于增信产品公允价值变动的确认。会计处理如下:

当产生利得时:

借:套期工具　　　　　　　　　　　×××（公允价值变动）

　贷:套期损益　　　　　　　　　　　×××（公允价值变动）

当产生损失时:

借:套期损益　　　　　　　　　　　×××（公允价值变动）

　贷:套期工具　　　　　　　　　　　×××（公允价值变动）

（2）对于 FIS 信用风险价值即公允价值变动的确认。会计处理如下:

当产生利得时:

借:被套期项目 FIS　　　　　　　　×××（公允价值变动）

　贷:套期损益 FIS　　　　　　　　　×××（公允价值变动）

当产生损失时:

借:套期损益 FIS　　　　　　　　　×××（公允价值变动）

　贷:被套期项目 FIS　　　　　　　　×××（公允价值变动）

3）终止计量

在套期保值目的下,增信产品的终止计量应考虑被套期项目在 FIS 到期日是否发生信用事件。

（1）如果被套期项目即 FIS 按期兑付,增信产品则终止,套期关系自动解除。因此,当终止计量时,FIS 的信用风险价值和增信产品的公允价值相关科目余额应全部结转为 0。会计处理如下:

其一,FIS 到期兑付,增信受益人按照实际收到 FIS 发行人支付的价款确认收入时:

借:银行存款　　　　　　　　　　×××（实际收到 FIS 兑付价款）

　贷:被套期项目　　　　　　　　×××（实际收到 FIS 兑付价款）

其二,结转损益,FIS 的信用风险价值结转为 0,并结转已计入资本公积的 FIS 公允价值变动时:

借:被套期项目　　　　　　　×××（持有期间 FIS 公允价值累计变动）

　贷:套期损益　　　　　　　×××（持有期间 FIS 公允价值累计变动）

或：借：套期损益 　　　　　　　　×××　（持有期间 FIS 公允价值累计变动）

　　贷：被套期项目 　　　　　　　×××　（持有期间 FIS 公允价值累计变动）

借：套期损益 　　　　　　　　　×××　（已计入资本公积的公允价值变动）

　　贷：资本公积——其他资本公积 　×××　（已计入资本公积的公允价值变动）

其三，到期终止，将增信产品的公允价值结转为 0 时：

借：套期损益 　　　　　　　　　×××　（持有期间公允价值累计变动）

　　贷：套期工具 　　　　　　　×××　（持有期间公允价值累计变动）

或：借：套期工具 　　　　　　　×××　（持有期间公允价值累计变动）

　　贷：套期损益 　　　　　　　×××　（持有期间公允价值累计变动）

（2）如果被套期项目发生信用事件，未能按期兑付，增信方将按照约定方式，以 FIS 的市场公允价值对增信受益人进行赔付，此时增信产品到期终止，并解除套期关系，然后结转所有损益科目；同时，由于 FIS 已无法按期兑付，实质上已经形成坏账，不再合适划分为持有至到期投资，可转为待处置资产，按照市场公允价值进行计量。会计处理如下：

其一，确认套期损益，即最后一个会计期间 FIS 及增信产品公允价值变动。由于此时 FIS 已不能按期兑付，公允价值下降，被套期项目发生损失时：

借：套期损益 　　　　　　　　　×××　（FIS 公允价值变动）

　　贷：被套期项目 　　　　　　　×××　（FIS 公允价值变动）

而由于增信产品公允价值与 FIS 公允价值呈反向关系，当 FIS 被套期项目发生损失，则增信产品套期工具公允价值上升时：

借：套期工具 　　　　　　　　　×××　（产品公允价值变动）

　　贷：套期损益 　　　　　　　×××　（产品公允价值变动）

其二，解除套期关系，将 FIS 划分为待处置资产，确认增信方支付的赔偿款，并将相关损益科目结转为 0 时：

借：待处置资产 　　　　　　　　×××　（FIS 市场公允价值）

　　银行存款 　　　　　　　　　×××　（增信方支付的赔偿）

　　贷：套期工具 　　　　　　　×××　（产品当期公允价值）

　　　　被套期项目 　　　　　　×××　（FIS 信用风险价值余额）

　　　　套期损益 　　　　　　　×××　（差额）

借:套期损益　　　　　　　　　×××　（已计入资本公积的公允价值变动）

　　贷:资本公积——其他资本公积　　×××　（已计入资本公积的公允价值变动）

2. 套利交易目的

在套利交易目的之下,增信受益人投资可转让的增信产品,以期通过增信产品公允价值变动,获取差价收入。投资增信产品的交易机构最终将在增信产品协议到期前平仓,持有期间直接指定为以公允价值计量且其变动计入当期损益的金融资产。因此,在套利交易目的之下,增信产品应按照《企业会计准则第22号——金融工具确认和计量》(财会〔2006〕3号)规定的方式处理。

1) 初始确认

交易日,增信受益人应将增信产品确认为衍生金融资产,按照公允价值(即增信产品交易成本)进行初始确认。会计处理如下:

借:衍生金融资产——成本　　　　　　　　×××　（产品公允价值）

　　贷:银行存款　　　　　　　　　　　　　×××　（产品公允价值）

2) 后续计量

在资产负债表日,增信受益人应根据增信产品的市场价格,确认其公允价值变动,如产生利得会计处理如下:

借:衍生金融资产——公允价值变动　　　　×××　（产品公允价值变动利得）

　　贷:公允价值变动损益　　　　　　　　　×××　（产品公允价值变动利得）

如为公允价值变动损失,则作相反分录:

借:公允价值变动损益　　　　　　　　　　×××　（产品公允价值变动损失）

　　贷:衍生金融资产——公允价值变动　　　×××　（产品公允价值变动损失）

3) 终止确认

增信受益人会在以下3种情况之一出现时对增信产品进行终止确认:增信受益人预期未来价格会下跌;买方已获得可观利润;增信产品价值持续下跌且无回转迹象。此时,买方将在市场上出售所持有的增信产品,结转相关损益,差额计入投资收益会计处理如下:

借:银行存款　　　　　　　　　×××　（出售产品所得价款）

　公允价值变动损益　　　　　　×××　（产品公允价值累计变动,或贷方）

　贷:衍生金融资产——成本　　　×××　（产品成本）

　　　　　　　——公允价值变动

　　　　　　　　　　　　　　　×××　（产品公允价值变动）

　投资收益（或借方）　　　　　×××　（差额）

第十六章　增信历史与监管演变

增信是市场经济发展的产物，也只有在市场经济中得以发展和完善。

第一节　概述

　　担保，或者民事担保，属于古罗马法上的法律概念。在古老的等级社会中，德高望重且谓之高等级、高种姓之人因某些特殊利益为某人的行为或未来利益进行担保。一般来说，担保人都比被担保人等级较高或者同等阶级，被担保人一般为其同等阶级或较低阶级之人，而且之于担保人有着重要关系/特别关系，但这种关系并不以经济利益或直接收取担保费用为前提条件，但可能有其他重大隐性利益。因此，担保属于有身份地位之人的作为，故涉及人格权或人身权，一般不可让渡/转让。但是，不可让渡/转让，其实并非完全基于担保人本身的独立人格权或人身权，而是基于担保人与被担保人之间重要的或者特殊的关系。这种重要的或者特殊的关系，才是担保人所具有这种人格权或人身权的实际基础，才是民事担保这种不可让渡/转让属性的法律基础。以这种重要的或者特殊的关系为基础的担保，在现代称之为关联担保，这种关联担保沿袭至今并无多大变化。

　　在过去中国专制社会法律中，存在着与关联担保相关的另一个法律概念："连坐"。这种发生在族群或家庭里的相互人身（人格）担保，对中国专制社会形成超稳定系统有着重要作用。尽管"连坐"概念有违于以个人责任为基础的近代法律，但是"连坐"这个概念却把个别不安定因素以均衡化的方法处理于族群或家庭，却是有助于社会安定和形成超稳定社会结构。同理，"连坐"概念，对于商事担保或者增信，化解随机概率化的个别 FIS 信用风险，却有着曾经相识的借鉴意义。

除了上述关联担保，连坐等概念外，世界各个国家也都曾出现了以黄金、白银等贵金属作为各国纸币的增信物（权）的历史，产生了实物增信这个历史阶段。由于此类贵金属的有限性，不足以反映、支持整个世界经济发展的需求，于 20 世纪 70 年代逐渐地从实物增信转向主体增信（以国家信用和机构信用为基础的增信）的历史阶段，又于 20 世纪末最终走向产品增信，即以市场信用为基础的增信时代。

时至今日，除了美国具有完全增信意义的金融担保及其增信产品，民事担保在中国的最主要形式，仍然是关联担保。随着现代经济的迅速发展，尽管存在一些关联（企业）担保，但这种依赖于关联关系所开展的担保业务已经不足以满足 FIS 市场规模化发展的需求。于是，中国开始有了与美国金融担保相似的融资担保，但由于不注重及时偿付的法律责任，好似只有一只脚刚刚跨入增信门槛，却还未完全进入增信大门。CRM 系统尽管由中债增信开创，将中国带入了增信大门，却并未将 CRM 系统纳入增信范围。

CDS 从设计到 CDS 市场的规模性发展，没有经历一个完整的经济周期。在快速发展的同时，缺少对 CDS 市场的全面认识，忽略 CDS 特有性质，同时也缺乏应对 CDS 市场系统风险爆发的经验。CDS 监管机构没有正确估算市场泡沫膨胀的速度，所以对 CDS 市场抱着一种自由放任的态度。由于这些监管机构对市场错误的认识，导致了错误的 CDS 市场监管体系。不仅这些监管机构对 CDS 市场做出错误的监管，信评机构也为了自身利益，做出并非客观的信用评级。信用评级失真，让市场参与者做出错误的投资判断，最终导致更大的市场风险。

持有大量 CDS 合约的主要是投资银行、保险公司和对冲基金等金融机构和非金融机构，一旦房地产泡沫破裂，这些机构突然面对交易对手的违约风险，可能造成自身的巨大风险敞口。最终，因这些机构对 CDS 缺少认识，导致 CDS 市场崩溃及其金融危机产生。在这同时，CDS 也因此产生负面效应，即 CDS 是金融机构"大而不倒"的罪魁祸首。

即使目前 CDS 从合约增信产品转向规制增信产品，中国则将其规制为权证型增信产品，宁愿进行"打补丁"式的修改 CDS，也不愿从产生交易对手风险的形式信用(保护)买卖回到实际上的风险资产交易。这种所谓的 CDS 改革,不仅使增信产品继续仅限于投资增信类型,无法适用于占中国 FIS 市场 2/3 的融资增信类型,限制了增信产品的深度发展。而且,形式信用(保护)买卖实际上已经走进了死胡同,CDS 合约已为清算中心(所)的交易合约所替代,根本不可能在此基础上进行任何创新,使增信产品及其增信衍生产品难以满足全球 FIS 市场发展的需求,特别是中国 FIS 市场规模化的飞跃发展。

第二节　增信业务历史

一、美国增信业务历史

1. 起源

20 世纪 70 年代早期,美国出现了专营金融担保业务的专业债保机构,这类专业债保机构早期通常只被批准进行单一债保业务。因此,开展金融担保的专业债保机构,有时亦称为"专类保险公司"。因为专类保险公司仅从事一种产品的保险业务,即金融担保业务,这与传统保险公司经营各类保险产品(多产品)形成鲜明对照。在美国,特别是在纽约和其他某些州,拥有保险执照的多产品保险公司是被限制或不允许开展金融担保业务的,却可以通过资本分离的子公司来开展金融担保业务。值得关注的是,专业债保机构名称,无论叫"担保公司",还是称"保险公司",都是从事金融担保业务,不是债券保险业务,尽管有时这样称呼。可见,金融担保,其实由两种不同监管类型的债保机构持牌经营:一类是专业债券担保公司或专类(单产品)保险公司;另一类是大型多产品保险公司。

在 20 世纪 70 年代早期,美国发生了几个吸引眼球的破产案,促使了投资者对债券信用风险的认识和了解,金融担保的价值也由此得到较为广泛的承认。在 70 年代早期,第一批建立的专业债保机构是美国的 Ambach Indemnity Corp,MBIA Insurance Corp(MBIA)。10 年后出现了第二波,包括 Capital Markets Assuance Corp(CapMAC)、Financial Guaranty Insurance Co(FGIC)、Financial Security Assurance Inc(FSA),其中 CapMAC 于 1999 年并入 MBIA,使 MBIA 成为世界最大的债券担保公司。

直至 1998 年,美国金融担保市场上主要有 11 个提供金融担保业务的债保机构,金融担保市场主要由 4 大机构掌控,它们包括 AMBAC 赔偿公司(AMBAC)、金融担保保险公司(FGIC)、金融证券担保公司(FSA)、市政债券投资者担保公司

（MBIA）。这 4 个大型债保机构既从事市政、州政府和其他非联邦政府实体的金融担保业务，也开展结构融资的金融担保业务，在 1997 年金融担保市场上占取了很大的份额，并且这是 3A 级别的金融担保市场。

2. 分化竞争

在美国增信历史上，从事市政债券市场的金融担保业务，与从事证券化产品市场的金融担保业务，这些专业债保机构之间有着一条明确的划分。起初创建专业债保机构是为了对市政债券的信用风险进行套利，使用高度结构化的保险策略对那些基础评级低于这些专类保险公司的信用评级的债券发行进行增信。但是，随着专业债保机构业务的多样化和行业内竞争的加深，这些区分已经模糊起来。这是因为市政债券市场的较慢增长，证券化产品市场的迅速扩张，以及重视欧洲和亚洲建立市场份额等原因所造成的。

随着固定收益产品国际市场的不断发展，美国专业债保机构在海外越来越活跃。在阿根廷、澳大利亚、法国、中国香港地区、意大利、印度尼西亚、墨西哥、新西兰、西班牙、泰国和英国的固定收益产品交易中，美国专业债保机构提供了大量的金融担保业务。FSA、FGIC、AMBAC 和 Cap Re 在海外都开设了办事处。MBIA则和英国的金融证券担保有限公司（Financial Security Assurance Ltd）在巴黎和伦敦设立了附属机构，集中经营欧洲市场。此外，AMBAC 和 MBIA 于 1995 年成立了合资企业，充分利用美国以外的业务机会。

CapMAC 与亚洲开发银行、新加坡政府投资公司、马来西亚雇员储蓄基金共同于 1995 年 12 月组建了亚洲担保公司（ASIA Ltd）。在 1997 年中期以来亚洲评级降级的影响下，亚洲担保公司被标准普尔由 A 级降到 BB 级，这是一个金融担保机构第一次被降级。至此之前，所有专业债保机构，包括亚洲担保，都没有遭受任何信用损失或支付任何索赔。

3. 演化方向

随着 FIS 市场规模化发展，专业债保机构急需扩展金融担保赖以发展的资本金市场，主要是朝以下三个方向发展。

首先，美国最初的专业债保机构为专类保险公司，对美国市政债券的发行进行金融担保。随着金融担保业务的发展，反映了投资者越来越接受第三方提供的增信业务，以及债券市场对最大风险的额外承受能力的需求。因此，专类保险公司的数目增加了，一些再保险公司也参加进来，还出现了一些专类再保险公司。这些专业债保机构又提供了再保险能力，提高了专类保险公司的风险多样化程度和承保能力,并对涉及资产池的结构融资交易进行增信。这些再保险公司为主要的专类保险公司提供额外的承保能力,支持了投资者对经过保险 FIS 的蓬勃需求。

其次,自 20 世纪 80 年代起,许多大型多产品保险公司也在寻求新的保险产品,力图在它们成熟的传统市场之外扩展保险业务。在金融担保市场众多机会的吸引下,越来越多大型多产品保险公司也开始提供金融担保服务。其实,大型多产品保险公司,如美国的 AIG,Reliance,Chubb,以及欧洲的 AXA 和 Lloyd's,很早就在使用保证保险单为 FIS 提供金融担保。只是在 20 世纪 80 年代以后,从事金融担保以及其他种类风险担保的大型多产品保险公司,其数目呈爆炸性增长。随着金融担保业务在其他一些发达国家的蓬勃发展,如日本的 Tokyo Fire and Marine,瑞士的 Zurich Insurance 和 Swiss Re,澳大利亚的 QBE 等大型多产品保险公司,也都开始"出租"它们的信用等级以提升复杂的资本市场投资,极大地促进了 FIS 市场的快速发展,迎合了 FIS 市场规模化发展的需求。

再次,大型多产品保险机构只为投资级 FIS,即 3B 以上的 FIS 提供保险。在增信市场上,3A 信用等级专业债保机构比其他信用等级的专业债保机构在数量上要多。如增信结构是以保险为基础的,在保险人信用等级下降时,金融担保使 FIS 更易于保持其信用等级。

自从金融担保行业 1971 年建立以来,经美国金融担保行业担保的债务已超过 1 万亿美元,直到 1998 年之前都没有任何债保机构担保的任何债务出现违约。在近 30 年的增信历史中,任何美国的专业债保公司都没有遭受降级之困,投资者对金融担保债券的投资也从未损失或漏掉一次本金或利息。因此可以说,金融担保,是代表了资产市场上的一种有吸引力的增信技术,即构成了一种分离固定 FIS 信用风险和利用投资机会的技术手段,并为 FIS 发行人和投资者广泛接受。

4. 大型综合保险公司

1) 优势

大型综合保险公司介入金融担保,具有诸多优势:优渥雄厚的资本金,可以极大地满足 FIS 市场规模化发展的需求;保险额与资本金的杠杆更大于担保额,可形成比担保更为有利的保险概率;声名显赫,可使 FIS 投资者更有信心;专业精神,精算技术和保险概率等专业领域令人信服等。

大型综合保险机构提供的 FIS 保险,必须为每笔投保的交易保留一定的资本,用以保护投资者。对一个被保险的 3A 信等债券来说,保险机构担保债券投资者及时得到利息和最终偿还本金。保险机构发出的免受损失保险单,保护作为结构融资或债券发行基础的抵押品价值,通常并不保证债权人能收回本金和利息。债权人能否收回本息,除了取决于支撑 FIS 的资产表现,还要取决于其他风险,如流动性风险、信用风险等。

通常是多个大型综合保险机构设计同一 FIS 结构,如其中一个保险机构信用等级下降,结构内部可将其转移至另一位置,另一具有符合要求的保险机构可被移过来填补空缺。另外,由于 FIS 投资者对任何一种证券或专业债保机构都有一定的投资限制,因此在多个保险机构参与的结构下,这些限制将不易于引起流动性困难,更重要的是,可以保证 FIS 信用等级不变。

2）劣势

尽管众多大型综合保险公司进入金融担保业务,为 FIS 市场的迅速发展提供了至关重要的条件。但是,大型综合保险公司进入的这个金融担保业务市场是与传统保险市场有着不同的规则和义务,仍有许多不确定的风险,特别是传统保险单和付款惯例与金融担保不符,由此所带来的与之伴生的风险是难以避免的。

（1）偿付及时性问题。根据传统保险行业惯例,在合同争议的解决时期,大型综合保险公司通常推迟索赔的付款。这一惯例对 FIS 投资者来说可能是很高的代价。因为推迟付款引进了一个选择因素,它可能严重地影响向 FIS 投资者支付现金的能力。FIS 投资者,如养老基金,要求本息的及时支付,以与退休金计划的现金流入和流出相匹配。

对于金融担保,FIS 投资者关心的问题包括两个方面:一个是金融担保机构的支付能力;另一个是偿付及时性。偿付及时性,显示了金融担保业务中的特征,专类（单一产品）保险公司就是针对这种暗含的期望发展起来的。对市政债券和证券化产品资产池的金融担保,经常包含对及时偿付的担保,大型综合保险公司索赔款支付的惯例,通常不能满足这种偿付及时性的要求。

（2）大型综合保险公司的增信风险。专类（单一产品）保险公司开展以及时偿付为增信效果的金融担保业务,代表着金融担保行业已逐渐成熟。大型综合保险公司进入金融担保行业,虽然增加了供给,却带来了竞争和价格下降,又产生了及时偿付这类新的风险。

对于大型多产品保险公司来说,巨额和及时的偿付能力是一个新挑战。虽然很多金融担保都是在零损失或低损失标准下承保的,但仍然经常包含重大的单一风险。索赔金额和时点可能很容易促使这些大型多产品保险公司将违约资产回收,给予大型多产品保险公司进行资产组合所需的较长平均期限,以便及时地将资产兑现。这种处理方法对金融担保不仅是不可能的,而且也是很困难的。金融担保的风险不同于传统保险之点就在于,一旦索赔出现,就是严重的,而且根据保证契约,可能要求高效率赔付,即立即偿付。

对很多大型多产品保险公司而言,是偶然参与金融担保的,而且不认为这是其核心业务的一部分。这样,即使一个大型多产品保险公司完全地开展金融担保业务,但作为大型多产品保险公司一个业务部分通常会购买再保险,这也可能将金融担保的付款复杂化。再保险尽管可以降低一个保险公司的风险,像银团贷款中的参与银行一样可以分散风险,但理清再保险的关系对固定收益产品的投资者却是一个难题。如果金融担保业务遵循传统保险惯例,等待再保险公司对索赔进行证实后再支付赔款(再保险公司是否准备及时支付赔款也是一个值得投资者仔细考察的问题),那么,一个再保险公司因为不能及时兑现金融担保的承诺,可能引起大型多产品保险公司承担 100%的风险暴露和流动性风险。

5. 金融担保走进增信大门

从民事担保角度看,金融担保也是民事担保的一个部分,是以担保行为转移信用风险的。但是,金融担保却是以信用出租、出售,信等差所形成的利差作为定价基础,与担保行业以行业规则、潜规则定价不同。尽管都是行业定价,但定价基础不同。据此,金融担保一只脚踏进了增信门槛。当金融担保注重及时偿付的法律责任,并将其作为增信合约的偿付安排条款执行,以区别于民事担保/保险,金融担保就完全走进了增信大门。

二、中国增信业务历史

到目前为止,中国增信行业以融资担保行业为主,融资担保全行业的机构总数在 7 000 家左右,核心资本金近万亿元人民币,平均核心资本金 1 亿元人民币左右。基本上是以主体增信为基础的增信业务,都是行业监管并持牌经营。其基本特征是融资担保机构的担保率低下。截至 2014 年年底,融资担保机构担保存量为 2.2 万亿元人民币,担保率低至 3.0~3.5 倍,比中国融资担保法规所规定的担保杠杆(10 倍)要低得多。

1. 融资担保

同为 FG,金融担保在中国则称为融资担保(FG)。由中国国务院依据担保法制定了融资担保法规,并由银监会非银司监管融资性担保公司及其融资担保业务。中国担保业务早期主要是为银行贷款配套的,自 2010 年国家 7 部委联合制定颁布了《融资性担保公司管理暂行办法》以后,持牌经营的融资性担保公司,开始正式涉入债券担保业务,包括 FIS 的担保业务。直到现在为止,中国的增信业务主要表现为融资担保业务。其主要特征如下。

1）资产金及其限制

《融资性担保公司管理暂行办法》第二十条规定:"融资性担保公司可以为其他融资性担保公司的担保责任提供再担保和办理债券发行担保业务",并且"注册资本应不低于人民币 1 亿元,并连续营业两年以上"。融资性担保公司的债保业务受其资本金限制,资本金不可突破 10 倍杠杆率的限制。

《融资性担保公司管理暂行办法》第二十六条规定:"融资性担保公司收取的担保费,可根据担保项目的风险程度,由融资性担保公司与被担保人自主协商确定,但不得违反国家有关规定。"第二十七条规定:"融资性担保公司对单个被担保人债券发行提供的担保责任余额不得超过净资产的 30％。"第二十八条规定:"融资性担保公司的融资性担保责任余额不得超过其净资产的 10 倍。"第三十一条规定:"融资性担保公司应当按照当年担保费收入的 50％提取未到期责任准备金,并按不低于当年年末担保责任余额 1％的比例提取担保赔偿准备金。担保赔偿准备金累计达到当年担保责任余额 10％的,实行差额提取。差额提取办法和担保赔偿准备金的使用管理办法由监管部门另行制定。"

2）保证担保

保证担保又分为一般担保和连带责任担保。我国《担保法》第十七条规定:"当事人在保证合同中约定,债务人不能履行债务时,由保证人承担保证责任的,为一般保证。一般保证的保证人在主合同纠纷未经审判或者仲裁,并就债务人财产依法强制执行仍不能履行债务前,对债权人可以拒绝承担保证责任。"第十八条规定:"当事人在保证合同中约定保证人与债务人对债务承担连带责任的,为连带责任保证。连带责任保证的债务人在主合同规定的债务履行期届满没有履行债务的,债权人可以要求债务人履行债务,也可以要求保证人在其保证范围内承担保证责任。"

一般担保,在 ABS 增信业务中,可称为补足担保或者余额担保等,尽管最终可以向融资担保机构追偿,但在资产处置之前或因信用违约而需要偿付时,却得不到偿付费用而失去增信效果,此可称为"事后增信"。连带责任担保,尽管担保责任清楚,应该及时支付偿付费用。但是,能否及时偿付,作为合约形式的增信,似乎难以真正做到,中国融资担保机构因从事融资担保业务而诉讼的案件时有发生。因此,如果因 FIS 信用违约,却可能得不到及时偿付费用而失去增信效果,这种事后增信应有"伪增信"之嫌。

3）金融担保

目前,我国融资担保机构的资本金总额平均在 1 万亿元人民币左右,存量担保总额在 2.2 万亿元人民币,造成这种低资本金杠杆率的原因如下:其一,平均资本金比较低。除了不到 10 家大型担保机构的资本金为 20 亿元人民币以上,近 3 家大型担保机构的资本金为百亿元人民币外,平均融资担保机构的资本金不足 1 亿元人民币。其二,很多融资担保机构抽逃资本金,无法开展正常的融资担保业务。其三,由于巨大市场需求和实际监管不力,近 10 家大型担保机构的资本杠杆率大多超过 10 倍,担保风险巨大。

2010 年以后,中国大型融资担保公司以其百亿元人民币级资本金开始真正介入债保业务。由于中国融资担保机构不够专业,融资担保业务不够透明,信用评级尽管为 3A 或者 2A＋(中国式信评结果),但融资担保后的 FIS,其融资利率甚至达不到银行同期贷款利率。融资担保业务主要是为低信用等级的中小企业融资担保,因此融资担保风险较大,近年融资担保公司甚至落得 10% 以上的破产概率。其实,中国的融资担保也开始以信等差所形成的利差作为定价基础,但并未将及时偿付作为法律责任。因此,中国的融资担保只是一个脚进了增信的门槛,却未完全进入增信大门,称为"准商事担保"或"准增信"。

需要特别提示一下,中国真正的增信业务实际上开始于 2005 年下半年中国证监会的企业资产证券化产品(ABS)。2005 年 7 月,在两个证交所正式挂牌交易 ABS,都是由商业银行作为 ABS 的增信机构并开展增信业务的。这种商业银行增信,只是依据中国担保法开展的担保业务。根据大部分 ABS 担保内容或增信条款来看,这种担保属于一般担保,称为补足担保或者余额担保等。2006 年年底中国银监会却要求商业银行停止为 ABS 进行担保,自始 ABS 暂停发行,直至 2012 年重启 ABS。但是,重启的 ABS,大部分失去了第三方担保,则是集团关联担保。

2. 债券保险

增信在中国的另一形式,是债券保险(BI)。自 2009 年开始,中国有些激进的保险机构,比如平安保险,开始涉入增信业务,即以所谓"信用险"形式开展债券保险业务。平安保险对上海陆家嘴国际金融资产交易所(下称"陆金所")的 FIS 进行保险,使得陆金所的金融产品交易在中国地方金融资产交易所中占有很大份额。

中国保险法关于"信用险"概念与美国增信业务中的"金融担保"概念是完全不同的,保险机构以中国象形文字特有的相似性替代了增信业务的真实性。"信用险"在刚性兑付占主流意识的今天,其实对被保险的 FIS 及其发行人来讲,也只是形式意义,即所谓"安慰函"上的意义。"信用险"对保险机构来讲,也不可能按债券保险要求进行资本金监管或资本拨备。2017 年上半年,浙商保险对广东一家私营企业进行保险的 10 亿元债券发生信用违约,又涉及有关地方商业银行的反担保,各方诉之法院解决。

因此,中国保险机构对金融担保业务的参与水平比较低,而且保险业与证券业分业经营,分业管理,保险机构难以正大光明地开展债券保险。根据保险法规及其保险监管部门的相关规定,尽管保险公司可以对资产支持证券(ABS)提供保险,但保险品种的推出需要经过监管部门的批准。

3. 金融资产远期买卖

金融资产远期买卖(FAFT)产生于 2009 年左右,由中国银行系 4 大资产管理机构创立。但受到中国银监会的行业监管,现在已经不存在 FAFT 了。因为是非标准增信合约,所以 FAFT 的总量或规模也无法统计。

4. 信用风险缓释协议(CRMA)

中国的 CRMA,由中债增信首创,并于 2016 年 9 月底被中国银行间债券交易商协会(下称"交易商协会")进一步进行市场规范,出台相关文件予以确认。根据交易商协会公告规定,我国可参与 CRMA 交易的创设机构(核心交易商)达到近 1 400 家。如果按平均 40 亿元人民币资本金/家计算,核心交易商总资本达 5.6 万亿元人民币之巨,按目前规定的 5 倍杠杆计算,增信总额可达 28 万亿元人民币之多,比原来中国主导的增信行业,即融资担保行业的资本金高出近 5 倍之多。

2010 年 11 月 5 日,中债增信与中国工商银行股份有限公司签署贷款 CRMA 交易确认书,正式达成了以银行贷款为标的的"信用风险缓释合约"交易——债券 CRMA(中债Ⅲ号),共 7 笔,合计名义本金 5 亿元人民币,期限小于等于 1 年,这是我国第一笔贷款 CRMA。此后,中债增信又与光大银行、兴业银行等交易对手达成了首批以中国银行间债券交易市场已发债券为标的的 CRMA 交易。

第三节　增信业务监管

一、金融担保

美国的金融担保，一开始就作为特殊概念区别于担保与保险。这种概念的特殊性在于，金融担保已经不属于民事担保，而是商事担保，是信用增级，已经涉及金融本质。因此，金融担保一开始就属于金融监管的内容。换句话说，任何机构只要与金融担保相关，必受监管。即使中国正在打破融资担保的垄断经营地位，CRMA 的增信机构也就是中国 FIS 市场上的 1 400 多家机构投资者，也必在监管之列。

二、持牌经营

在 20 世纪的美国，任何机构，只要是持牌经营的债保机构，都可以从事金融担保业务，除非与金融担保无关。但是，目前中国除了持牌经营的融资担保机构外，还有市场认可的，近 1 400 家从事 CRMA 业务的增信机构。未来，从事零售增信业务的增信机构，是否需要持牌经营，应由市场自主决定。

三、机构专门设立

美国从事金融担保业务的，必为专门设立的债保机构，即使大型综合保险机构也必须设立分支机构才能从事金融担保业务，而不是大型综合保险机构本身可以直接持牌经营。中国除了从事融资担保业务的机构需要专门设立外，其余那些市场认可的，从事 CRMA 业务的增信机构则是无需专门设立。未来，从事零售增信业务的增信机构，更多的将是增信产品发行人的授权代理机构，或经授权的零售增信机构。

四、维护信用等级

美国对于债保机构的市场监管，除了持牌经营、专门设立债保机构外，主要通过信评机构对债保机构的市场化评级来监管债保机构。中国除了持牌经营监管外，或者只管"生"不管"死"的监管外，没有更多的市场监管。未来，从事零售增信业务的增信机构，如果不滞留增信资产，或干"私活"，或无法转让增信资产，应该不存在这种维护信用等级的市场监管。

1. 违约事件

违约事件是监管债保机构所从事金融担保业务的一个重要指示。美国从事金融担保业务的债保机构，在 20 世纪结束前的近 30 年内，所开展的近 1 万亿美元的金融担保业务，没有发生过实质性违约事件，因此也没有发生过债保机构信用等级下调现象。随着 2008 年美国金融危机的发生，有些大型债保机构所增信的 FIS 发生了违约事件，并被下调信用等级。近几年，中国发生多起融资担保机构，甚至新型增信机构所增信的 FIS 发生了违约事件，但未见下降其信用等级。

在未来，违约事件对从事零售增信业务的增信机构不再危及其信用等级，也不再属于市场监管。因为违约事件所产生的违约损失不再由增信机构承担，而是由增信产品发行人及其增信产品承担，对增信机构的市场监管转化为对增信产品发行人及其增信产品的市场监管。

2. 及时偿付

从民事担保转向商事担保，或增信业务，最本质的精神就是及时偿付。及时偿付，不但是增信效果的要求，也是增信市场监管的要求。美国的金融担保完成了从民事担保转向商事担保的华丽转型。美国一些大型、综合的、多产品保险机构在这个方面由于没有认识到及时偿付这一本质精神，也就未能适应金融担保业务发展的需求。如果因违约事件而未及时偿付，甚至诉之法院，那么，作为对增信机构的市场监管措施，其信用等级必然会被下调。中国的融资担保机构还正在从民事担保转向商事担保的途中，中国的新型增信机构也正在学习和认识过程中。

在未来，及时偿付对从事零售增信业务的增信机构不再危及其信用等级，也不再属于市场监管。因为及时偿付所产生的经济损失不再由增信机构承担，而是由增信产品发行人及其增信产品承担，对增信机构的市场监管转化为对增信产品发行人及其增信产品的市场监管。

3. 资本金限制

由于增信额度与信用等级均受限于增信机构的资本金，增信额度在 10 倍资本金范围内，增信机构的信用等级一般不会发生下调；否则，难以维护增信机构的信用等级。资本金限制，既是增信机构维护信用等级的重要措施，同时又导致增信机构因无法承受随机违约率的冲击而处于巨大风险之中。

在未来，资本金限制对从事零售增信业务的增信机构不再危及其信用等级，也不再关乎增信额度，当然也不再属于市场监管。因为资本金不再限制增信机构,也不再限制增信产品发行人及其增信产品,对增信机构的市场监管转化为对增信产品发行人及其增信产品的市场监管。

第四节　增信产品历史

一、美国增信产品历史

1. 产生过程

1995 年,Blythe Master,这个美国大型著名金融机构——JP 摩根的财务总监所组织的创新团队首创了 CDS。JP 摩根的第一份 CDS 合约就是成功地把安然公司的信贷风险转移给欧洲复兴开发银行,将资产负债表上商业贷款的部分信用风险一并转移给独立第三方——欧洲复兴开发银行。这样,JP 摩根运用 CDS,不仅转移了商业贷款的信用风险,还节省了 JP 摩根的资本金。因此,JP 摩根开发的这个增信产品(CDS),成功地得到了美国市场参与者和监管当局的认可,以参考公司为实体的 CDS,很快就出现在美国金融市场上。但也有人认为,信孚银行1993 年第一个运用了 CDS。

1996 年,CDS 在美国当地银行第一次使用,经有关方调查,当时 CDS 市场的规模为 100 亿美元。1996 年 8 月,美联储正式允许美国银行使用 CDS,并统一银行根据信用风险转移的情况来降低资本储备,其最低程度可降低到风险资产的1.6%,也就是认可了银行利用 CDS 释放储备金的做法。以 1996 年年底计算,CDS 余额仅为 400 亿美元。

1998 年,ISDA 开始将 CDS 合约标准化,又于 1999 年创立了标准化的 CDS合约,规范场外交易秩序,促进了这种 CDS 交易的蓬勃发展,CDS 交易开始快速的发展。从 1996 年起算,经过 5 年时间的逐步发展,2001 年的 CDS 余额已经达到近 1 万亿美元。

2. 发展阶段

在 2001 年年底到 2002 年年初所发生的安然公司和世界通信公司的特大破产案中,美国多家银行正是由于运用了 CDS 交易,才得以幸免于难,因此使得CDS 名声大震。2002 年后,CDS 开始呈爆发式增长,每年以 100% 以上增速成长。根据 Fitch 的统计显示,2005 年全球 CDS 合约的名义本金余额已经达到了17 万亿美元,2006 年交易量达到了 50 万亿美元。截至 2006 年,CDS 占信用衍生产品市场的一半以上的份额。2007 年则达到顶峰,仅 2007 年 1 年内 CDS 总量上涨 81％,从 34 万亿美元上升到 62 万亿美元。

2007 年 3 月 27 日,泛欧交易所推出了全球首个在交易所上市交易的 CDS 衍生产品——CDS 指数期货(CDx)。2007 年,仅 AIG 一家金融机构就持有 5 130 亿美元的 CDS 资产,占 AIG 总资产的 50％。2008 年全球金融危机全面爆发,美国的衍生品市场中 CDS 仍然继续着增长的趋势,这是因为在金融危机爆发初期,市场信用风险敞口的扩大反而刺激了交易商(金融机构)通过购买 CDS 合约进行套期保值的想法,所以美国的 CDS 市场规模不但没有减小,反而小幅扩大。2008 年 6 月,光花旗银行一家金融机构持有 CDS 资产就高达 3.2 万亿美元。

到 2007 年年底,住房抵押贷款(Mortgage-Backed Security,MBS)为 12 万亿美元,如果估计 MBS 的市场规模为 7.3 万亿美元。那么,用于对冲 MBS 风险或债务抵押担保凭证(CDO)的 CDS 债务规模,则在 2007 年从 33 万亿美元增长至 47 万亿美元,这是因为住房抵押贷款是支撑 CDS 及其他金融衍生品的基础产品。

2008 年美国金融危机后,CDS 总量则一路走低,下降速度迅速,直至 2016 年,CDS 余额仅为 12 万亿美元。各国 CDS 市场的经济情况不同致使全球 CDS 市场情况复杂,多国出现因为违约风险必须偿付或者一方宣告破产,全球 CDS 未清偿名义总值大幅度降低。

在国际市场上,CDS 的市场参与者主要是银行、保险公司、证券公司和对冲基金,其中保险公司占产品出售方的绝大多数份额。当前国际市场上参与 CDS 的投资者比较广泛,简单看,净买方是商业银行,净卖方是保险公司,对冲基金充当流动性提供和价格发现的角色。据统计,在信用评级的分布上,高信用等级 AA 级以上的,低信用等级 3B 以下投机级的占比不高,3B 与 A 级的占比接近 60％,剩余期限的分布也以 1～5 年为主。

根据 2002 年英国银行家协会(British Bankers Association,BBA),CDS 市场上信用衍生品份额接近 50％。单一 CDS(Single-name)仍然是最流行的产品,占有 45％的市场份额。CDS 组合产品(Portfolio Product/CLOs)则占有 22％的市场份额,并且该比例目前还在逐年稳定增长中。CDS 占信用衍生品市场的份额高达 90％以上,其他衍生产品的市场份额目前均未超过 8％。

3. 发展前景

经历了 2007 年到 2008 年年末的经济动荡,美国金融市场对 CDS 开始重新认识。2009 年,ISDA 新的标准文件的颁布和 2010 年美国《多德-弗兰克法案》的出台,对美国 CDS 市场起到了积极调整的作用。但是,新的评级方法亟待定型,监管体制亟待更新。美国金融危机前一两年创造出的高杠杆、超复杂的金融衍生产品所产生的不良资产，有待彻底清理。总的来说，美国的 CDS 市场仍会稳步发展。例如，在 2009 年 9 月的 G20 首脑峰会上面，G20 国领导人共同承诺为 CDS 构建标准化场外交易合同，以及在 2012 年年底前形成集中清算第三方机构等。截至 2012 年 1 月底，共有约 26 万亿美元的 CDS 进行集中清算。

二、中国增信产品产生

2010 年开始中债信用增进股份有限公司，先后推出了包括 CRMA 和 CRMW 的 CRM 体系。2010 年 8 月，中建投创设 CRMW，为第一家。交易商协会 2010 年 11 月 19 日称，3 家创设机构正式发布 CRMW 创设公告，首批 4 只 CRMW 共计名义本金 4.8 亿元，这是我国第一批 CRMW。截至 2012 年 3 月 19 日，已有 29 家机构备案成为 CRMW 创设机构。截至 2012 年 5 月 2 日，已有 26 家金融机构备案成为核心交易商。截至 2012 年 9 月 3 日，CRMW 交易商已经达到 45 家，包括国有银行、外资银行、股份制商业银行和证券公司，其中以商业银行交易为主。因中国 FIS 市场上盛行刚性兑付，对 CRMW 认识不足，因此导致 CRMW 需求不多。

2016 年 9 月底，交易商协会公告中，正式确认 CRMW，引进 CDS，并由近 1 400 家核心交易商中被认可为创设机构进行创设，可与一般交易商进行产品交易。这就是说，CRMW，它们可以在中国由任何人进行任意流转交易，即使任何人对同一产品有 100% 的交易额。因为，除核心交易商外，一般交易商理论上可由任何人/投资者（法人及非法人产品）组成，并只能与核心交易商交易前述产品。对目前盛行理财产品（食利者）的中国来说，一般交易商加上核心交易商，基本上可称得上整个中国资本市场。

第五节　增信产品监管

一、美国及其国际监管

1. 监管滞后

美国证券交易委员会、联邦商品期货交易委员会、联邦储备委员会、美国货币监理局和美国保险监理官，是负责场外金融衍生品的监管机构。由于 CDS 的复杂特性，监管难度很大。这些监管机构并没有对 CDS 市场实行严格监管，它们主要关注 CDS 的信息披露。因为,如果 CDS 信息披露不及时,亦没有促进 CDS 的透明性,会使 CDS 市场的系统风险成倍增加。另外,CDS 给金融市场带来巨大的促进作用,使监管机构对 CDS 市场产生了错误认识。

2. 国际监管合作困难

一方面,不同国家都有各自不同的经济结构、人文背景和发展水平,对金融市场发展战略和监管方向都有各自不同的想法和见解,因此不同国家形成了各自不同的金融监管体制。这样,全球监管的合作基础是显得非常薄弱。另一方面,ISDA 发布的用于 CDS 市场交易的标准文本,以及《巴塞尔协议Ⅲ》对 CDS 市场只起到规范性或指导性建议,并没有强制力和法律约束力。在国际合作上,各个国家都会选择对本国最有利、负面影响最小的条件。因为场外交易本身的信息量较大,信息严重不对称,较弱的市场透明度,信息调查难度相对比较大,场外交易市场发展迅速。因此,各个国家之间的信息共享难度很大,如果出台一套 CDS 新的标准文本,市场发展已经超越了现有体制,监管体制的更新永远滞后于 CDS 市场的发展。

3. 市场风险管理缺失

在美国金融市场上存在大量 CDS 时,金融市场本身还未经历一个完整的经济周期。美国对这种对冲风险、投机套利的 CDS,在其风险管理上还存在严重缺陷,对 CDS 没能完全掌握。

1) 市场交易不透明

CDS 作为一种进行场外交易的增信工具,合约安排复杂,交易对手众多。在金融危机发生以前,CDS 交易的第三方信息披露制度长期缺位。信息披露仅限于名义金额和市场价值,造成该市场信息不对称现象严重、透明度差。这样,CDS 交易者很难客观地预测 CDS 市场交易价格,容易造成市场交易偏差。

2) 过于依赖模型

CDS,作为金融创新的产物,风险定价建立在一系列数学模型基础上。数学模型是一把“双刃剑”,一方面,CDS 可使信用风险量化,帮助市场参与者更加客观地管理投资风险;另一方面,CDS 也使市场参与者过于依赖数学模型给出的预测结果。

数学模型的实质是通过对某一特定产品历史交易过程产生的数据作为预测基础,通过对市场条件的假设而预测未来市场的变化。然而金融市场是时时变化的,里面包含了许多人为因素和不可抗力,这些是无法预测到的,也无法通过数字模型表现出来。所以数学模型只是提供对未来市场的大概预测,并不精准,不能过度依赖。

3）低估交易对手风险

对 CDS 交易对手风险的低估,实际上就是对增信机构/增信产品交易者的信用风险在 CDS 定价中未能充分考虑。因为,在 CDS 产生时,CDS 仅作为信用(风险)衍生产品,仅针对增信对象的信用风险,而不是作为增信产品,既要针对增信对象的信用风险,又要针对风险载体的信用风险。因此,CDS 的交易对手风险,直接导致了美国次贷危机中金融机构的巨大风险敞口无法解决,并致使美国救市前的金融市场一度混乱不堪。自从美国金融危机爆发后,人们开始重新评估 CDS 交易对手风险。

二、最新监管

经历了 2007 年到 2008 年年末的经济动荡,美国金融市场对 CDS 开始重新的认识。2009 年,ISDA 新的标准文件的颁布和 2010 年美国《多德-弗兰克法案》的出台,对美国 CDS 市场起到了积极调整的作用。但是,新的评级方法亟待定型、监管体制亟待更新。美国金融危机前一两年创造出的高杠杆、超复杂的金融衍生产品所产生的不良资产,有待彻底清理。总的来说,美国的 CDS 市场仍会稳步发展。例如,在 2009 年 9 月的 G20 首脑峰会上面,G20 国领导人共同承诺为 CDS 构建标准化场外交易合同,以及在 2012 年年底前形成集中清算第三方机构等。截至 2012 年 1 月底,共有约 26 万亿美元的 CDS 进行集中清算。

2008 年美国金融危机后,针对 CDS,一场大规模的、全面的改革爆发了。ISDA 为了标准化单一名称的 CDS 合约,在 2009 年 4 月的"大爆炸"里出台了一系列改革文件。这些改革文件规范了单一名称 CDS 合约的票息付款和违约交割。包括对 CDS 交易者监管新发展、支付票息变更、建立决定委员会、设立中央结算等。

1. 对 CDS 交易者的监管

1）风险出售者

2010 年 5 月 18 日,欧盟各国财长在布鲁塞尔举行会议,通过了一项旨在规范欧洲金融市场并加强监管投机行为的协议。该协议计划规范欧洲金融市场,特别是要加强对 CDS 交易监管和信评机构监管。

美国证监会则首次将内幕交易扩大适用于 CDS,原来"互换"是被明确排除在

《1933 年证券法》的证券定义之外的。《1934 年证券交易法》中内幕交易规则中涉及的"证券"与《1933 年证券法》的"证券"一词定义相同，但美国在近期的案件（SECRorech et al，U. S. District Court for the Southern District of New York）却将这一规则应用到 CDS，扩大了内幕交易的适用范围。

2）风险买受者

美国目前开始建立新的监管协调机制，用来改变 CDS"多头"监管下的"监管重叠"和"监管空白"这种顽疾，并成立相应的金融稳定监督委员会。同时，美国将原有的货币监管署和储蓄机构监管署进行了有机整合，以监管全国性的银行机构，新成立的监管机构由财政部负责牵头，其主要职责在于识别和防范系统性风险。

美国政府还颁布新的法案提出更高的资本充足率、杠杆限制、流动性和风险管理要求，但具体标准将由新成立的金融稳定监督委员会确定。此法案特别强调了对 CDS 的法律监管，要求银行将 CDS 等高风险的衍生产品剥离到特定子公司。对从事 CDS 交易的机构实施特别资本比例、保证金、交易记录和职业操守等监管要求。为防止银行机构通过证券化产品转移风险，要求发行人必须将至少5％的风险资产保留在其资产负债表上。

3）债券发行者

2010 年 6 月，美国金融危机以及在部分欧盟成员国发生的债务危机，促使美国加强了对信评机构的问责和监管力度，美国国会目前正在制定一部专门的金融监管法案并已进入最后讨论阶段。为了加强对信评机构的监管，提高信用评级的质量和准确性，正是美国国会将进入最后阶段讨论的金融监管法案的内容之一。美国参议院日前通过的文本中包括一项修正条款，该条款要求在美国证券交易委员会内创立一个信评理事会，由该理事会指定信评机构对证券进行评级，而不是由银行等证券发行人自行选择，但众议院文本中并不包含这一内容。如果这一条款最终保留在最后的统一文本中，将从根本上改变美国的信用评级模式。此外，参议院和众议院的法案文本都大大便利了投资人对信评机构提起诉讼。如果信评机构关于某一投资安全性的判定最终证明是错误的，信评机构将承担法律责任。

2．减缓交易对手风险

经历了全球金融危机，人们对交易对手风险有了新的认识。根据发展中的 CDS 市场，国际证券事务监察委员会（OICU-IOSCO）在 2012 年 6 月的报告中提出了两点有效缓解交易对手风险的措施。

1）出具抵押

根据国际证券事务监察委员会 2012 年 6 月的《The Credit Default Swap Market》报告中指出为了减缓场外交易的交易对手风险,市场参与者可以要求出具抵押(Post Collateral),以防交易对手违约而遭受损失。抵押物一般要求为现金,或者和现金类似的高信用、流通性较高的金融产品。

在订立合约初,CDS 合约买方便可要求卖方提供初始保证金。当参考资产的信用评级下降或交易对手出现财务危机时,买方通常会要求卖方追加保证金,保证金因此提高,也增加了卖方的风险。

在实际操作中,由于场外交易存在跳违约风险(Jump-to-default Risk),在双方订立 CDS 合约时的初始保证金可以达到 10%～30% 的名义金额,这通常远低于其他场外衍生工具。虽然保证金不是 CDS 合约中所要求必须有的,但在最近几年,越来越多的 CDS 合约中都要求提交保证金。

2）中央交易对手清算机制

中央交易对手(Central Counterparties,CCP)是指为证券交易买卖双方提供清算的中间媒介,作为每一份交易的买卖双方的交易对手而存在。中央对手方清算是指在 CDS 交易完成后,引入一个中央交易对手,与交易双方分别订立两份新合约取代初始合约,成为 CDS 交易"买方的卖方"与"卖方的买方",以承担交易对手风险。

中央清算的建立使监控和管理交易对手风险统一要求、提高了市场参与者管理风险的能力,多边净额结算提升了合约标准,降低了交易各方的风险。在 2009 年,G20 集团规定 CDS 交易必须在 2012 年全部实行 CCP 清算。2009 年 3 月,美国证券监督管理委员会接受洲际清算所为 CDS 的中央清算机构,并在《多德-弗兰克法案》(Dodd-Frank Act of 2010)中介绍了合格场外衍生品交易的清算义务。例如,美国存托信用和清算公司(DTCC)会每周将在其公司登记结算的信用风险互换相关数据向外界公布。

3）美国《多德-弗兰克法案》

2010 年 7 月 21 日,美国总统奥巴马签署了《多德-弗兰克法案》,该法案宗旨在于通过改善美国金融体系中的透明度问题,建立金融稳定监察委员会,实施"沃尔克规则"。"沃尔克规则"是对混业、分业经营的一种纠正,其目的是为了有效隔离银行与自营交易中的风险。在"沃尔克法则"下,高盛、摩根士丹利等投行的自营业务将受到很大限制。

2010年9月,巴塞尔银行监管委员会宣布《巴塞尔协议Ⅲ》决议通过,对银行最低资本要求和银行资本缓冲、逆周期缓冲资本、流动性比率、系统重要性银行的额外资本、银行杠杆比率和信用等级的信评机构方面做出了新的规定,旨在提高银行业应对金融和经济冲击的能力和吸收损失的能力。

《多德-弗兰克法案》的另一个突破就是将之前缺乏监管的CDS市场纳入监管视野,限制银行自营交易及高风险的CDS交易。美联储将拥有监管系统性风险的职能:银行、证券、保险、基金各业界的大型机构均被纳入自己的监管范围之下,其监管权力大大加强。

参考文献

［1］陈松男. 信用风险管理［M］. 北京：机械工业出版社，2014.

［2］陈松男. 信用挂钩产品设计与应用［M］. 北京：机械工业出版社，2014.

［3］陈松男. 信用连结商品个案之分析与评价［M］. 台湾：新陆书局，2006.

［4］大卫·格雷伯. 债［M］. 孙碳，董子云，译. 北京：中信出版社，2012.

［5］Douglas M. Walker. 博弈经济学［M］. 许怡萍，译. 台湾：扬智文化事业股份
有限公司，2008.

［6］成之德. 资产证券化理论与实务全书［M］. 北京：中国言实出版社，2000.

［7］Murray N. Rothbard. 银行的秘密［M］. 杨农，译. 2 版. 北京：清华大学出版
社，2012.

［8］中国金融博物馆. 百年美联储：一个独立帝国的金融真相［M］. 北京：北京联
合出版公司，2015.

［9］赵承寿. 金融衍生产品交易法律问题研究［M］. 北京：法律出版社，2015.

［10］顾功耘. 金融衍生工具的法律规制［M］. 北京：北京大学出版社，2007.

［11］孙茂强，李传良. 融资担保［M］. 北京：经济科学出版社，2001.

［12］程啸. 保证合同研究［M］. 北京:法律出版社,2006.

［13］张亚斌,冯睿. 信用违约互换定价机制的缺陷与金融危机的产生［J］. 财经理论与实践,2009(6).

［14］王乐乐,边保军,李琳. 基于信用等级迁移的信用违约互换定价［J］. 同济大学学报(自然科学版),2010(4).

［15］郭军,张道宏,王琼,等. 非对称信息下信用违约互换风险交易的博弈分析［J］. 西安理工大学学报,2003(3).

［16］贾菁菁. 信用违约互换会计信息披露规范的中美比较［J］. 商场现代化,2012(23).

［17］许南星. 基于中国市场的市场隐含评级研究［J］. 金融发展评论,2011(6).

［18］王程远. 信用缓释工具定价理论与实证研究［D］. 天津财经大学硕士学位论文,2013.

［19］唐元琦. 信用违约互换定价研究［D］. 浙江大学硕士学位论文,2004.

［20］徐琳. 美国信用违约互换市场发展分析［D］. 东北亚研究院,2013.

［21］周鹏. 信用违约互换定价分析［D］. 同济大学硕士学位论文,2007.

［22］詹世鸿. 信用风险模型及信用评级综述［D］. 吉林大学硕士学位论文,2007.

［23］DUFFLE D, SCHRODER M, SKIADAS C. Recursive Valuation of Defaultable Securities and the Timing of the Resolution of Uncertainty［J］. Annals of Applied Probability,1996(6).

［24］LANDO D. Credit Risk Modeling［M］. Princeton, NJ: Princeton University Press, 2004.

［25］KIM I J, RAMASWAMY K, SUNDARESAN S M. Does Default Risk in Coupons Affect The Valuation of Corporate Bands? A Contingent Claims Model［J］. Financial Management, 1993(22).

［26］JARROW R, LANDO D, TURNBULL S. A Markov Model for the Term Structure of Credit Risk Spread［J］. Review of Financial Studies, 1997(10).

［27］MADAM D, UNAL H. Pricing the Risks of Default［J］. Review of Derivatives Research,1998(2).

［28］HULL J, WHITE A. Valuing Credit Default Swaps I: No Counterparty Default Risk［J］. Journal of Derivatives, 2000(8).

[29] JARROW R, YU F. Counterparty Risk and the Pricing of Defaultable Securities[J]. Journal of Finance, 2001(56).

[30] FRANCOIS P, MORELLEC E. Capital Structure and Asset Price: Some Effects of Bankruptcy Procedures[J]. Journal of Business, 2004(77).

[31] HACKBARTH D, MIAO J, MORELLEC E. Capital Structure, Credit Risk, and Macroeconomic Conditions[J]. Journal of Financial Economics, 2006(82).

[32] CREAMERS M, DRIESSEN J,PASCAL M, DAVID W. Individual Stock-Option Prices and Credit Spreads[J]. Journal of Banking and Finance, 2008(32).

[33] ECCLESIA R L, ROBERT G T. Estimation of Credit Default Probabilities [J]. Journal of Banking and Finance, 2008(7).

[34] DUQUERROY A, GAUTHIER N, GEX M. Credit Default Swaps and Financial Stability: Risks and Regulatory Issues[J]. Financial stability review, 2009(3)

[35] ERICSSON J, JACOBS K, OVIEDO R. The Determinants of Credit Default Swap Premia[J]. Journal of Financial and Quantitative Analysis, 2009(44).